新时代

刘云厚 丛 阳 ◎ 主编

职业教育典型案例

中国电力出版社
CHINA ELECTRIC POWER PRESS

内 容 提 要

为落实国家职业教育改革精神，适应职业教育和企业培训并重并举要求，山东电力高等专科学校（国网技术学院）组织专门团队对新时代电力职业教育进行专题研究。本书既有职业学校教育案例，又有企业职工培训案例，包括五篇十二章，从办学体制机制、培训体系、专业建设、校企共育、"三教"改革、"四化"（定制化、现场化、市场化、国际化）驱动、科技创新等方面，详细诠释了职业教育的类型特色和产教融合的创新实践。

本书可作为教育管理工作者、教育研究工作者、广大职业教育教师的参考书。

图书在版编目（CIP）数据

新时代职业教育典型案例 / 刘云厚，丛阳主编 . —北京：中国电力出版社，2021.8
ISBN 978-7-5198-5934-3

Ⅰ.①新… Ⅱ.①刘…②丛… Ⅲ.①职业教育－案例－山东 Ⅳ.① G719.2

中国版本图书馆 CIP 数据核字（2021）第 171518 号

出版发行：中国电力出版社
地　　址：北京市东城区北京站西街 19 号（邮政编码 100005）
网　　址：http://www.cepp.sgcc.com.cn
责任编辑：冯宁宁（010-63412537）
责任校对：黄　蓓　朱丽芳
装帧设计：赵姗姗
责任印制：吴　迪

印　　刷：三河市百盛印装有限公司
版　　次：2021 年 8 月第一版
印　　次：2021 年 8 月北京第一次印刷
开　　本：710 毫米 ×980 毫米　16 开本
印　　张：24.5
字　　数：332 千字
定　　价：70.00 元

编委会

职业教育，一头连着学校，一头连着企业。

2021年4月，习近平总书记对职业教育工作作出重要指示，"在全面建设社会主义现代化国家新征程中，职业教育前途广阔、大有可为。要坚持立德树人，优化职业教育类型定位，深化产教融合、校企合作，深入推进育人方式、办学模式、管理体制、保障机制改革，加快构建现代职业教育体系。"这不仅为职业教育改革发展明确指出了逻辑起点、发展路径、改革关键，更为做好新时代职业教育工作指明了前进方向、提供了根本遵循。

党的十八大以来，我国职业教育进入大改革大发展的新阶段，职业教育面貌发生了格局性变化，职业教育制度体系的"四梁八柱"基本形成。但是，在构建现代职业教育体系的新征程中，在多元办学、双元育人、校企合作、产教融合、"三教"改革、职业教育和培训并重并举等方面，职业院校还存在诸多不适应，人才供给侧与产业需求侧对接还不紧密，迫切需要基于问题导向、目标导向和结果导向的有益探索和实践。

这其中，办学源头始于1958年的山东电力高等专科学校，坚定不移走类型特色的发展道路，全面落实立德树人根本任务，牢牢把握教育质量生命线，突出教师素质、教材改革、教法创新重点，聚焦办学体制机制、人才培养、考核评价、创新发展，在职业教育研究方面形成了很多有价值的研究成果。特别是依托山东电力高等专科学校设立国网技术学院后，实施院校一体化运作，逐步形成培训与评价、职业教育、国际化业务、企业网络大学"四轮驱动"的业务布局，有效促进了教育链、人才链和产业链、创新链的深度融合，为国有企业办职业教育提供了特色样本。

由此，我们组织专门团队对新时代职业教育典型案例进行立题研究与梳理，最终形成五篇十二章典型案例。这本书稿记录的是山东电力高等专科学校（国网技术学院）对新时代职业教育的研究与实践，与前期出版的《新时代职业教育改革探索与实践》相辅相成、互为支撑、相融并促。鉴于众人实践之过程、众智汇聚之结果，从系统性来看，可能不够完整；从前瞻性来看，可能不够显著；从普及性来看，可能不够精准。但是，我们希望通过不懈的努力，能够有助于建立新时代中国职业教育新理论，能够有助于培育新时代中国职业教育新模式，能够有助于促进新时代中国职业教育新提升，以电力职业教育的探索实践，推动中国职业教育实现高质量发展，为祖国培养更多高素质技术技能人才、能工巧匠、大国工匠。

编者

2021 年 6 月

扫码阅读

前言

第一篇　产教一体是根本

第二篇　双向育人是关键

第三篇 "三教"改革是重点

第四篇　"四化"驱动是*特色*

第五篇　创新发展是*动力*

第一篇

产教一体是根本

第一章

产教深度融合，激发无限活力

> 加大人力资本投入，增强职业技术教育适应性，深化职普融通、产教融合、校企合作，探索中国特色学徒制，大力培养技术技能人才。
>
> ——"十四五"规划

职业教育离不开企业的参与，企业是职业教育重要办学主体。产教融合、校企合作是职业教育的办学特色，近年来，山东电力高等专科学校依托产教一体、企校合一的优势，充分发挥企业办学主体作用，促进了电力人才培养供给侧和企业需求侧结构要素的全方位融合，提高了人才培养质量，服务了国家电网有限公司（简称国家电网）的高质量发展。深化产教融合，促进教育链、人才链与产业链、创新链有机衔接，是推动教育优先发展、人才引领发展、产业创新发展、经济高质量发展相互贯通、相互协同、相互促进的战略性举措。

本章分别从创新实施现代学徒制、创新办学体制机制、打造世界一流企业培训体系、校企合作等方面阐释了产教深度融合问题，体现了"产教一体是根本"。其中，构建电力特色的职业教育、打造省际高职院校协同创新中心两个案例位于二维码中。

深入推进产教融合
创新实施现代学徒制

□ 李勤道

一、案例背景

国家大力推进职业教育改革，尤其在深化产教融合方面，陆续出台了一系列政策和支持举措。2014年6月，国务院下发《国务院关于加快发展现代职业教育的决定》（国发〔2014〕19号）指出"要推进人才培养模式创新，坚持校企合作、工学结合。开展校企联合招生、联合培养的现代学徒制试点"，为职业院校开展人才培养模式改革提供了有力的政策支持。2015年，国家电网发布《国网人资部关于做好2015年艰苦边远地区"订单＋定向"培养工作的通知》，组织山东电力高等专科学校、西安电力高等专科学校、四川电力职业技术学院开展"订单＋定向"下现代学徒制人才培养，旨在解决艰苦边远地区供电企业生产一线人才短缺问题。山东电力高等专科学校（简称学校）牢牢把握此次难得的机遇，将国家政策和企业需求有效结合，主动与国网蒙东电力、国网新疆电力合作，在供用电技术和电力系统继电保护两个专业推行现代学徒制人才培养模式试点改革，当年从两地分别计划招生50、60人，单独组班，量身定制人才培养方案，采用现代学徒制模式开展人才培养。随后学校不断拓宽现代学徒制试点合作渠道，先后又与国网北京电力、

第一篇 产教一体是 **根本**

国网浙江电力、国网综合能源服务公司合作，建立了常态化的校企合作机制。截至目前，学校共培养三届 434 名毕业学徒，为国网新疆电力、国网蒙东电力等艰苦边远地区企业的生产一线培养了一支"上手快、下得去、留得住、用得上"的高素质技能人才队伍。

经过五年的运行实施，试点在校企协同育人机制落实、课程体系构建、教学模式运用、培养过程管控、培养质量认证等方面进行了探索和实践，取得了良好效果并于 2017 年成功申报成为山东省第三批现代学徒制试点。

二、案例典型做法

（一）推进校企责任"双主体"

校企双方牢牢把握现代学徒制人才培养的内涵，一是按照"招生即招工、入校即入厂"的定位，签订校企"双主体"现代学徒制协议，明确校企双方职责、分工，推进校企紧密合作、协同育人；二是共同研究建立了学徒培养成本分担机制，建立健全了实训基地建设、人才培养管理、质量评价等保障措施；三是建立灵活的人才流动机制，推动教师、技术人员双向挂职锻炼，开展学徒培养管理，共同承担管理职责。

（二）推进招生招工一体化

通过校企之间的相互协商，制定了《现代学徒制招生招工一体化管理办法》，明确招生章程、招生标准、录取细则等，形成现代学徒制招生与招工一体化机制；组建招生小组，精心策划宣传方案，共同开展招生宣传；按照双向选择原则，学徒、学校和企业签订三方协议，明确学徒的学校学生和企业员工双重身份，确定了各方权益及学徒就业岗位、学习内容、权益保障等。

（三）　创新设计人才培养体系

组织学校教师和企业现场专家共同研讨，精准提炼岗位典型工作任务，构建基于岗位工作过程、突出核心职业技能的"双证书"人才培养方案。现代学徒制人才培养按"1.5+1+0.5"的模式划分教学内容和工作内容，实现工学交替，训教结合，岗位训练，岗位成才，即第一、二、三学期共1.5年学徒完成必备基础知识学习、职业素养和职业技能的训练。第四、五学期共1年参照企业新入职员工培养要求主要进行职业技能实训，获取相关职业资格证书。第六学期为0.5年，学徒赴企业通过师傅带徒形式，进行岗位工作训练，实施岗位培养；并由企业师傅和学校教师共同指导学徒毕业设计，实现毕业生到员工的"零"过渡。基于岗位工作过程、突出核心职业技能的"双证书"的人才培养路线见图1-1。

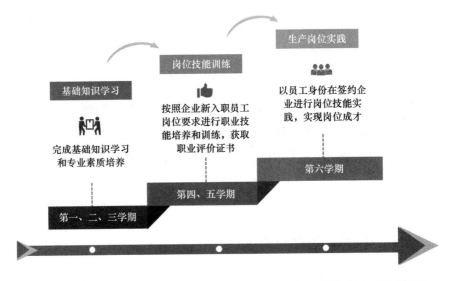

图1-1　基于岗位工作过程、突出核心职业技能的"双证书"的人才培养路线

（四） 坚持全过程"双师"培养

校企双方建立了专兼结合、校企互聘共用的"双师"团队，对学徒进行全过程"双师"培养。企业选派优秀高技能人才参与教学，开设企业文化课程、岗位技能专业课程等。校企共同制定了现代学徒制师傅管理办法，组织开展拜师仪式。

在识岗学习、顶岗训练、毕业设计期间，实施学校教师和企业师傅"双导师"制，共同指导学徒岗位训练、毕业设计，共同组织毕业答辩。拜师现场（师徒签署拜师协议）见图1-2。

图1-2 拜师现场（师徒签署拜师协议）

（五） 共同建立质量监控机制

根据现代学徒制的育人特点，融入立德树人要求，校企共同制定了学徒管理办法，实施德智体美综合量化考核；完善岗位训练标准，制定识岗学习、顶岗训练考核要求，切实同生产现场工作标准对接。校企共同参与学徒培养质量管理，联合制定岗位训练考核评价标准，将教师评价、企业导师评价、企业评价相结合；同时对考核情况及时跟踪、评价和反馈，提高学徒学习的积极性、主动性，培养高素质、高技能"忠诚员工"。

三、案例创新与亮点

（一） 构建"五双"特色的校企协同育人模式

按照职业教育"产教融合、校企合作、工学结合"的办学思路，学校的现代学徒制培养打破了传统的"学校一管到底"的模式，推动国网新疆电力、国网蒙东电力等企业多种方式共同进行人才培养。校企相互配合，进一步明确学徒培养的责任和分工，落实培养责任"双主体"。学校以职业教育要求为根本，策划基本素质和岗位能力训练方案；企业以生产过程为导向，编制岗位训练计划，实施培养计划"双方案"。校企选派师资共同进行人才培养方案开发、教学设计、教学实施、教材开发，实施培养过程"双导师"。共同确定生产性训练场所和方案，实施培养地点"双场所"。共同制定人才培养质量评价标准和跟踪培养评估办法，实施培养效果"双认证"，打造现代学徒制"五双"特色，实现"工学交替、训教结合、岗位培养、岗位成才"的育人模式，人才培养精准、快速、到位。

（二）　重构对接产业链的知识与技能体系

通过深入的调研分析，精准把握与专业相关的岗位知识和技能需求，以岗位胜任标准重新设定培养目标，同步重构知识体系。在通用能力知识体系设计上，注重企业文化、职业素养、岗位通用知识和技能的学习；在核心能力知识体系方面，以涵盖岗位典型工作任务的课程为主要内容；在拓展能力知识体系方面，充分考虑岗位群中关联岗位能力标准和 X 证书试点要求，增加相关学习内容，切实培养学徒熟悉岗位知识，锤炼岗位技能，实现岗位成才。2019 年，学校积极落实课程思政，组织深入挖掘提炼各类专业课程所蕴含的思政要素，重新设计了内容载体，优化了课程标准。

（三）　建立具有产教融合特色的资源体系

合作企业积极承担育人责任，每学期主动选派 10 余名专家来校参与授课，进行企业文化宣讲，传授岗位知识和技能；对于 2015—2017级学徒，企业为学徒配备了 170 余名师傅，指导学徒在校期间的岗位技能训练、顶岗工作训练及毕业设计，校企共同打造了一支素质优良、专兼结合的师资队伍。校企共担教学资源开发工作，共同开发基于情境任务式课程标准 40 余门、行动式教材 20 余本，编制基于岗位标准的实训作业指导书 30 多项、网络课件 100 余个，初步建立了凸显企业特色、突出岗位特点的教学资源库。学校教师与企业专家共同策划设计，在校内先后建成国内一流的实训 220kV 智能变电站、继电保护实训室、营销服务实训室等实训室（场）30 余个实训室（场），有力地支撑了学徒的岗位能力训练。

企业专家利用"做、教、学"一体化方式指导学生实训一、二分别见图 1-3 和图 1-4。

图 1-3　企业专家利用"做、教、学"一体化方式指导学生实训一　　图 1-4　企业专家利用"做、教、学"一体化方式指导学生实训二

（四）　深化"做、教、学"一体化组织方式

学校大力推进课堂组织方式改革，深化应用"做、教、学"一体化教学方式，以岗位工作任务为驱动，让学徒在"做"的过程中，提高动手能力；在"教"的环节，通过教师讲解和演示，加深知识和技能的理解；在"学"的环节，组织分组研讨，促进知识和技能的吸收。在效果考核环节，采取过程考核和结果考核相结合，既注重对学徒专业知识与技能的考评，又加强对学徒具体学习过程的掌控，促使学徒改变"平时不学，临阵磨枪"的习惯，改进其学习的方式、方法。

（五）　成功探索校企人才培养成本共担机制

充分发挥现代学徒制"校企双主体"的作用，学校和合作企业针对学徒培养成本分担机制进行研究探讨。学校主要承担资源建设投入，包括校内实训设施建设、教材课件开发以及教学管理产生的费用；企业则承担学徒在校期间产生的所有成本，包括学费、住宿费、实训费、保险和交通费、教材费等，按月向学徒发放生活补贴。校企费用共担机制缓解了学徒及其家庭的压力，增强了学徒对企业的认同感和归属感。

四、案例的实施成效

（一）　试点取得丰硕研究成果

学校的现代学徒制人才培养工作办得有声有色。依托试点提炼形成的《"行企校"一体化办学模式创新与实践》项目荣获 2018 年山东省教学成果特等奖，公开发表了《关于"学校—行业—企业"融合办学的创新与实践》《"现代学徒制"人才培养模式的认识与思考》等多篇论文，试点的创新举措正逐渐固化成为理论经验。

（二）　试点成效被广泛推广

2017 年，山东电视台做了关于《一带一路看教育：现代学徒制助力电网人才培养》的宣传视频，国家电网报进行了题为《校企同努力育才为边疆》的宣传报道，学校现代学徒制培养模式已获得国家电网的充分肯定和高度认可。2018 年，经国家电网批准，学校牵头国家电网系统内部分职业院校开发现代学徒制人才培养方案；2019 年牵头组织编制国家电网职业院校行动式教材，将成熟经验在国家电网内推广，进一步提升电力行业人才培养质量。

（三）　培养模式获得企业高度认可

学徒来自当地生源，毕业后在当地电力单位工作，解决了"留得住"的问题；在学徒制培养模式下，学徒作为"准员工"，在毕业前能够多次赴就业单位进行识岗、跟岗、顶岗，在步入工作岗位前就熟悉了岗位知识和技能，具备了较强的岗位胜任能力，这对企业来说是一支毕业就能"用得上"的技术技能人才队伍，有效地解决了企业边远地区员工队伍整体性缺员和结构性缺员的突出问题。

（四）　建立了巩固的校企合作平台

学校和企业共同建立了现代学徒制人才培养共同体，共同出谋划策，共同督促实施；共同建立专兼结合的双师型师资库，共同开发教学资源，特别在具体教学过程中，组织企业管理人员、生产技术专家担任兼职教师，与学校教师配合，不断更新授课内容，完善教学资料，规范操作流程，极大丰富了专业的教学资源。目前校企建立了通畅的沟通平台，为进一步深化推行现代学徒制人才培养工作，实现学校、企业和学徒三方共赢提供了保障。

（五）　解决了精准扶贫问题

脱贫攻坚，教育先行，与国网新疆电力、国网蒙东电力合作实施的现代学徒制试点项目是学校贯彻执行国家脱贫攻坚这一重大政治任务的重要举措。新疆维吾尔自治区作为山东省对口帮扶省区，通过校企合作培养学徒，不仅解决了艰苦边远地区适龄人员上学难、就业难的问题；还为当地培养了技术技能人才，为当地电力发展提供了可靠的人才保障。该成果作为东西帮扶案例获得全国扶贫宣传教育中心优秀奖，形成东西帮扶教育扶贫的品牌。

五、不足及改进计划

自学校实施现代学徒制试点以来，校企共同组织召开座谈会 20 余次。2019 年先后组织两次深度调研，对毕业学徒成长进行深度调研和回访，深入了解和掌握了现代学徒制培养的意见和建议，需要改进和完善的方面有如下几点：

（一）优化学徒培养质量管控机制

在学校与企业合作实行的现代学徒制人才培养模式下，学徒作为"准员工"，入学就确立了就业单位，与普通专科生相比，缺少了就业的压力，学习动力相对不足。下一步，学校将和合作企业共同深化学徒培养质量研究，探索将过程考核成绩与企业补助发放指标挂钩，将年度总成绩作为重要影响因素纳入岗位准入指标，激发学徒内在动力，进一步提高培养效果。

（二）强化学徒毕业后的跟踪评价

毕业学徒已步入工作岗位，得到用人企业的初步认可。从长远来看，还需要学校和企业持续关注毕业学徒的发展，共同探索跟踪评价机制，联合开展 3~5 年的"回头看"活动，在跟踪评价的过程中寻找提升点，推动现代学徒制人才培养工作再上新台阶。

（三）落实职业资格书证融通

基于岗位工作过程的人才培养为开展学徒职业技能等级评价奠定了基础，X 证书的实施将进一步满足企业对学徒能力培养的需求和学徒提升自身素质的期望。下一步学校将依托作为国家电网技能等级评价指导中心的资源优势，与企业联合开发学徒职业技能等级证书、标准及配套学习资源，共同开展技能等级评价工作，切实将 1+X 证书制度落实到现代学徒制人才培养过程中。同时，学校与企业研究制定岗位任职资格认证标准，探索将高压电工证、高空作业证、计算机等级证、中国少数民族汉语等级证书等纳入学徒上岗考核内容，进一步拓展学徒职业能力素质。

（四）. 深化校企"双场所"育人机制

目前学校依托优质的实训条件，安排学徒在校内进行岗位技能综合训练，并将识岗学习和顶岗训练安排在企业生产现场。通过调研结果来看，现场工作训练非常重要，也是实现岗位培养、在岗成才的重要途径。下一步校企要进一步探索构建协调机制，落实现场工作训练的有效方案。同时，优化企业师傅激励机制，加强师傅的指导作用，促进师傅在学徒培养过程中发挥更大作用。

以企业为主体，创新办学体制机制

□ 魏书印

职业教育离不开企业的参与，企业是职业教育重要的办学主体，也是电力职业教育办学的特色所在。近年来，党和国家支持将企业引入职业教育教学的各个环节，其主要目的是发挥行业企业在产业发展规划、人才供需、学校发展规划、专业布局、课程体系、评价标准、教材建设、实习实训、师资队伍等方面的指导作用，进而提高职业教育人才培养的针对性和适应性，推动企业与学校双赢发展。

一、实施背景

《国家职业教育改革实施方案》（简称《方案》）明确指出，职业教育与普通教育是两种不同的教育类型，具有同等重要地位。作为一种教育类型，职业教育的显著特征是跨界与融合，既要有知识与技能的融合，又要有教育领域与产业领域的融合。为此，该《方案》特别指出"职业教育要由参照普通教育办学模式向企业社会参与、专业特色鲜明的类型教育转变"。具体而言，就是要促进产教深度融合、校企协同育人。因此，职业院校必须着眼发展的重点和"痛点"，创新办学体制机制，着力解决职业教育面临的突出困难和问题，加快建设具有中国特色、世界水平的现代职业教育。

电力职业教育具有鲜明的类型特征。国家电网举办 12 所电力职业院校，除山东电力高等专科学校与国网技术学院合署办公外，其余均与所在省级电力公司的技能培训中心合署办公，是一种"企业＋学校"联合培养的"双元制"职业教育模式。在这种模式下，企业既是投资主体，又是用人主体；学校既是教育主体，又是企业培训运营管理主体。在岗实训环节以企业为主，教育环节以学校为主，是典型的具有互补教育培训功能的"产教一体"的职业教育和培训一体化模式，相对于当前所提的产教融合，更能贴近产业实际，并且可以实现学生的"三职并举"，即职前教育（校内学历教育）、入职教育（公司新入职员工教育）、职后教育（公司技术技能人员培训），实现职工的终身教育，这将是未来职业教育和培训的主流模式。

二、主要目标

创新打造电力特色产教一体的体制机制，以"人才共育、专业共立、课程共研、教材共编、基地共建、师资共享、过程共管、责任共担、就业共促"模式促进校企深度融合、全面合作，以"企业＋学校"为主体共同打造产业人才培养共同体，以项目化促进教育和产业在人才、智力、技术、资本、管理等方面集聚融合，构建功能完善的职业教育与培训一体化的人才培养体系，力争在国家职业教育深化改革中发挥重要示范作用，在技术技能人才培养中发挥引领作用，着力推进职业教育现代化发展，加快提升职业教育质量。

三、实施过程

（一） 职前教育

1. 创新实施校企一体化办学模式

电力职业院校与各省电力企业建立"共同体"，实施企校一体化办学。国家电网及所属省级电力公司、直属单位等，为职业院校发展提供财力、物力、人力支撑；共同开发专业人才培养方案，共建课程体系、教学标准和实训基地，共建专兼结合的教学团队，共同承担高职教育、新员工入职培训、高端技术技能培训，培养电力生产、建设、管理、服务高素质技术技能性人才。

2. 创新实施校企共育人才培养模式

一是推进培养责任"双主体"。职业教育既要坚持职业院校的主体责任，也要强化企业的主体责任，做到校企协同联动，相互配合；各省级电力公司深度介入学生培养过程，建立有效机制，保障企业工程师、技师、专家在专业理论教学、岗位技能训练、顶岗工作训练等阶段发挥主体作用；职业院校也要推动企业强化主体责任，加大校企合作、订单培养的力度。二是确保培养内容"双面向"。职业院校教学内容既要面向国家社会对人才的基本需求，服务人的全面发展，又要面向企业生产实践和一线岗位需求，重点提高就业能力。要优化理论教学，突出实践教学，强化岗位技能训练。三是落实培养地点"双场所"。职业教育的培养场所不能局限在学校，要把专业实践课的教学场所安排到供电企业的生产场所、工程现场。各省级电力公司有责任接纳职业院校学生到供电企业进行在岗训练。四是实现培养效果"双认证"。职业院校的毕业生在获取毕业证书的同时应获取相关岗位的职业评价证书，公司招聘的毕业生还要通过岗位任职资格认证。

3. 创新实施"四真一实"行动式教学模式

基于现场生产过程和行动导向，校企共建专业齐全、设施先进、覆盖电力生产服务各专业的实训基地，将行业企业有关技术标准、生产工艺要求融入教学改革，切实推进教学做一体化情境教学模式。以学生为主体，在"真环境"中，做"真任务（项目）"，按照"真工艺"，动手实做，做出"真产品"，获取现场工作经验，培养学生职业能力和职业素养。

（二）　入职教育

为了指导毕业生实现从学生到社会人、国家电网人的角色转变，尽快融入企业，帮助毕业生实现从理论学习到岗位实践的状态转化，学会履职基本技能，加速适应岗位，建立职业成长愿景，为新员工职业生涯发展开好头、起好步，校企合作分四个阶段对毕业生开展入职培养。

1．入职教育

在报到后一个月内进行，时间为 3~7 天，由省级电力公司级单位统一组织实施。

2．轮岗见习

在入职教育后进行，时间不少于 3 个月，由地市电力公司组织实施。安排毕业生 2~4 人到与所学专业或拟定岗位紧密相关的一线单位岗位跟班见习，了解生产或业务基本流程，领会工作要求，学习现场规程，建立岗位体验。

3．定岗实习

在轮岗见习后，毕业生到班组进行定岗实习，时间不少于 6 个月，全方位、全过程了解、参与、体验、领会本班组工作任务、岗位职责、角色流程及其对上岗员工知识技能的要求。

4．集中培训

定岗实习后，毕业生到国网技术学院（即山东电力高等专科学校）进行 4~8 周的集中培训，由专职培训师和企业兼职培训师共同开展专业理论再学习、岗位技能训练。

（三）　职后教育

1．建成覆盖全产业链的培训专业体系

对接产业建成了理工类 18 个方向、非理工类 9 个方向的专业体

系，培训专业涵盖了电力企业生产全过程，形成了专业种类齐全的电力技术技能培训体系。

2. 开展多样化的培训业务

一是扎实开展了电力高端紧缺人才短期培训，每年承接国家电网计划内培训300余期。二是重点推进了国际化培训，积极响应国家"一带一路"战略，不断扩大国际化培训规模和影响，先后承办菲律宾、泰国、巴西、巴基斯坦等国家电力技能人员和高校教师培训。三是创新开展了技能等级评价工作。院校充分发挥国家电网技能等级评价指导中心作用，指导国家电网下属企业开展职工技能等级评价工作。

四、实施效果

（一）实现了行业、企业、学校共同发展

通过"企业＋学校"联合培养的"双元制"职业教育模式，国家电网全方位构建了职业教育与培训人才培养体系、技术技能培训体系，实现了职业教育、职工培训一体化发展。国家电网下属3家省级电力公司入选教育部公布的首批24家产教融合型企业，国家电网也于2020年入选国家产教融合型企业。国家电网成为教育部职业教育培训评价组织，校企合作开发的9个电力类X证书正式向社会公布。一所职业院校入围国家"双高"建设计划，成立两个区域性电力行业职业教育集团，逐步形成了产教深度融合、校企协同合作的办学新格局。

（二）职前教育人才培养质量不断提升

一是持续加大订单人才培养力度，国家电网统一组织特高压、智能电网、物联网、新能源等专业人才的订单培养，支持其二级单位与驻地电力高校合作实施订单式人才培养。二是山东电力高等专科学校等4家电力职业院校开展定向式"教育＋扶贫"人才培养，为供电公司一线

艰苦岗位及艰苦偏远地区供电企业培养用得好、留得住、能力过硬、富有工匠精神的高技能人才。各电力职业院校毕业生一次就业率在95%以上，培养质量越来越高。进入国家电网各下属企业的毕业生数量逐年增加。

（三） 培训规模和能力达到国际一流

国家电网每年教育培训项目投入 30 亿元左右，2018 年实施脱产培训 380 万人次、1300 万人天，2019 年完成脱产培训 385 万人次、现场培训 558 万人次、全员培训率 94.65%，实施网络培训 2300 万学时。2016—2019 年，国家电网各电力职业院校共举办新员工入职集中培训班 15 期，培训量 6.94 万人、472.55 万人天。

五、条件保障

（一） 建成完备的规章制度体系

国家电网贯彻落实国家教育培训最新政策精神和改革要求，制定并落实全员培训规划，持续加大教育培训投入，不断完善教育培训管理制度体系，制定发布《国家电网有限公司关于推进职业院校高质量发展的意见》《国家电网有限公司教育培训管理规定》《国家电网有限公司教育培训项目管理办法》《国家电网有限公司技能等级评价质量管理实施细则》《国家电网有限公司考评员管理实施细则》《国家电网有限公司高级技师评价管理实施细则》《国家电网有限公司技能等级评价基地管理实施细则》等办法和制度。

（二） 建成示范性产教融合机制

国家电网积极推行现代学徒制和企业新型学徒制，大力实施"四个双元"培养方式，积极推进"三教"改革，试点推行 1+X 证书制度，加大订单定向培养力度。全面推进产教融合、校企合作，挂牌成立产教融合实训基地，面向社会、企业、学校提供员工培训和学生实习实训服务。

（三）建成高效的培训管理机制

国家电网实施培训统一管控，坚持全员培训计划管控一盘棋、费用管控一本账，每年统一组织编制教育培训专项计划，实行项目经费综合标准和分项标准双控模式，抓好项目分级负责和分类实施，强化总部指导监控作用。

（四）建立校企协同的人才培养管理机制

一是以企业岗位需求为导向，双方共同确定学生培养专业和员工培训专业，共同制订和发布年度招生计划和企业职工送培计划；二是以企业人才培养需求为中心，共同实施人才培养过程管理，包括学生人才培养方案和员工培训方案制定、选派兼职教师共担教培任务、学生顶岗训练等；三是以企业岗位标准为目标，建立常态化人才培养质量评估评价机制，开展毕业生调查，实施职工培训四级评估等。

（五）建立师资联合培养机制

大力推行"双挂制"，电力职业院校教师到企业进行为期至少两个月的岗位学习，参与企业生产过程，学习生产岗位知识和技能；企业选派优秀专家人才作为兼职教师和培训师到电力职业学校参与人才培养过程，传授岗位知识、训练岗位技能。

六、体会与思考

以国家电网为主体举办电力职业院校，不但把学校和企业这两个共同体的作用推向了更深层次、更深领域，也使各电力职业院校之间在一定程度上实现了横向联合。职业院校除做好职前人才培养外，还利用应有的优势为国家电网提供技术支持和员工培训，形成了办学合力和整体优势，扩大了人才培养的途径。其重要意义主要体现在以下几个方面：

一是紧扣国家发展战略，有利于实现职业院校内涵发展。电力职业院校紧扣"互联网+""中国制造2025""一带一路"等国家重大战略和电力创新驱动发展战略，充分利用电力行业与自身优势，加快办学步伐，为中国职业教育发展贡献"电力模式"。

二是充分发挥企业主体作用，有利于增强职业院校与企业关联度。电力职业院校在专业建设、实训基地建设等方面要围绕企业需要与发展进行。同时发挥企业办学的优势，深化企业与学校的联系，将企业生产、学校教学、科学研究三者通过一定的纽带和机制联系起来，实现"产、学、研"的结合。

三是以职业能力为本位，有利于更新人才培养观念。电力职业院校围绕电力行业人才与岗位需求设置专业课程及内容，以企业文化为灵魂，以师资队伍为根本，以办学机制为保障，按照企业标准培养人才，增加了人才培养的针对性、实用性。

四是学历教育与职工培训相互融合，有利于教育培训资源共享。学历教育与职工培训相辅相成、相互促进，学历教育为培训提供教学理论、模式等支持，培训工作为学历教育提供发展活力。

但是，电力职业院校在建设与发展过程中也面临着一些挑战和问题：

一是人才培养供给侧和产业需求侧差距还较大，办学规模偏小，教学方法和教学内容仍需要提高。

二是专业设置还不能完全适应电力发展与岗位要求。电力职业院校现有专业与电力行业岗位工种还没有完全对应，个别专业招生人数不足100人，缺乏办学规模效应，难以提高办学质量。

三是电力职业院校运行机制仍需完善。《国家职业教育改革实施方案》出台后，国家电网高度重视职业教育改革发展，及时召开国家电网系统职业院校座谈会，发布了《推进职业院校高质量发展的意见》，给予了政策倾斜与资金支持。但是，部分院校仍然存在经费短缺与经费来源渠道单一的问题，资金投入保障机制亟须进一步完善。

院校一体，构建电力特色的职业教育

□ 魏书印

《国家职业教育改革实施方案》明确要求，"完善职业教育和培训体系，优化学校、专业布局，深化办学体制改革和育人机制改革"。山东电力高等专科学校立足自身优势，紧紧围绕电力行业人才需求，积极推进产教结构要素全方位融合，逐步形成了"一体双育四化"职业教育创新发展模式，集中体现了现代职业教育的实践性和类型教育的特点。

更多精彩内容
请扫码阅读

产教一体，打造世界一流企业培训体系

□ 甘言礼

2020 年 6 月，国务院国有资产监督管理委员会（简称国资委）下发《关于开展对标世界一流管理提升行动的通知》，对国有重点企业开展对标提升行动做出了具体安排部署。国家电网有限公司（简称公司）对照国资委"三个领军""三个领先""三个典范"标准，瞄准世界一流企业，研究提出"建设具有中国特色国际领先的能源互联网企业"的战略目标，确定了 28 个对标指标、八大战略工程和 35 项战略举措，对标东京电力、美国电科院等国外企业，制定了实施行动纲领及行动方案。公司要建设国际领先能源互联网企业，其关键是提升企业全球竞争力。而提升全球竞争力，关键在于是否拥有一支世界一流的员工队伍。国网技术学院（即山东电力高等专科学校），简称院校，作为公司直属的教育培训单位之一，应对标世界一流企业大学的标准，不断改进和优化培训体系并提高企业的人力资本。

一、实施背景

公司要建设国际领先能源互联网企业，其关键是提升企业全球竞争力。而提升全球竞争力，关键在于是否拥有一支世界一流的员工队伍。

对于拥有 156 万人的特大型中央企业，提升员工能力的主要途径就是教育培训工作。"十三五"期间，院校作为公司直属教育培训单位，肩负着培养优秀产业工人和"国网工匠"的神圣使命和重大责任。院校聚焦政治建设、聚焦战略落地、聚焦创新驱动、聚焦基础建设，在培训业务、技能等级评价、国际化业务等方面实现了跨越式发展，培训能力大幅跃升，业务形态不断完善，对公司的智力和人才支撑作用日渐彰显，正朝着技术技能人才培养基地、全产业链培训服务平台、国际合作交流平台、职业教育发展研究中心、技能等级评价指导中心和网络大学与知识集成中心"一基地、两平台、三中心"的战略定位稳步前进。

同时，院校还需要逐步实现培训产业化升级。公司在促进产业升级专项行动指导意见（国家电网办〔2020〕429 号）中指出，要以内质外形建设为重点，推动软实力培育业务升级做优，对抓好全员教育培训、构筑人才高地提出了明确意见，要求院校主动融入公司业务运作和专业管理，紧跟国家改革部署和技术发展趋势，针对技术技能干部员工开展精准培训和职业全周期持续提升培训，明确提出了以评促培、线上线下结合、建设全业务数字化平台等工作要求，这将对院校培训业态产生深远影响。

在未来，院校将围绕基本建成国际一流企业大学的总体目标，明确新员工集中培训、技术技能培训、国际化培训、技能等级评价、职业教育、公司网络大学运营六大核心业务以及实施的保障措施，明确实施强根铸魂、培训产业、"双高"建设、科技强院、市场运管、数字化建设六大工程，全面完成各项战略任务，推动院校高质量发展，为公司人才队伍建设和软实力提升做好人才支持和智力支撑的功能定位，全力支撑院校创建国际一流企业大学。

二、主要目标

院校通过对国内外企业大学进行调研分析，提出世界一流示范性企业员工培训体系的"八个维度"：

战略适配度：与企业战略的适配程度。

组织协同度：组织结构的完善程度、组织之间的协同程度。

资源匹配度：培训设施设备的硬件和以师资为主的软件等方面的配置程度。

内容契合度：课程体系的专业度和与组织要求及个人发展的契合程度。

方法灵活度：培训方式方法的多样性和实用性程度。

工具先进度：应用数字化技术工具的领先程度。

知识创新度：在知识集成、知识管理、知识创新方面的程度。

价值贡献度：在培训效果价值创造、组织资本提升、国际化发展和品牌影响力等方面的贡献程度。

总体来讲，以上八个方面的完善程度也体现在人才培训体系健全程度，能否对技术技能类人才培养实现全方位、全天候、多层次培训的全覆盖，能否积极适应社会数字化发展，能否全面推动公司战略实现和人才发展，以及能否充分体现"做大、做强、做优"的目标和方向上。

三、实施过程

首先，院校对国内外标杆企业的培训体系进行研究，采用案例研究法、文献法、访谈法、观察法、问卷法等，提出世界一流示范性企业员工培训体系的"八个维度"评价体系，树立院校努力方向和标杆。

其次，院校对公司所属省级电力公司的培训机构进行观察访谈。选择公司下属的四川电力、宁夏电力、青海电力、湖南电力、陕西电力、浙江电力、山东电力、江苏电力和上海电力等省级电力公司的培训机构以及该院校进行了参观考察和现场访谈，对公司的整体培训体系有了直观印象，对各单位的培训体系运行情况有了基本了解，力争做到"知己"。

最后，院校经过与内部、外部人员的多次总结、研讨、沟通，形成了适合院校现阶段发展的培训体系优化方案。该方案在院校现阶段已取得的优异成绩的基础上，剖析院校在技术技能人才培训方面还存在的不足，对标英特尔、摩托罗拉、IBM 等国际一流企业大学的培训体系，分析和借鉴其优点和好的做法，提出从组织变革开始到整体改善的总体思路和路径。同时，院校全面考虑公司的培训体系及职能分工，结合对部分省级公司培训中心的调研成果，深入研究院校与省级电力公司培训机构之间的优劣势，为实现院校在技术技能人才培养体系的主导作用，提出了资源共享、优势互补建议，加快实现具有中国特色国际领先的能源互联网企业的战略目标。

四、实施效果

（一） 战略适配度方面

院校与公司战略高度契合，在技术技能人才培养方面取得了显著成效。

技术技能人才全覆盖，全面完成了公司新员工集中培训任务。自2016 年以来，院校紧紧围绕"为党育人，为国育才"的工作宗旨，以公司标准岗位分类为依据进行优化整合，设置理工类专业 13 个、非理工类专业 4 个，课程体系含公司企业文化宣传、公司发展战略解读、综合素质提升、专业技能提升等模块，开发 230 余门培训科目、21 册专用教材、2.6 万余道标准化试题，结业考评全面实现无纸化，学员管理与服务凸显人性化。"十三五"期间共举办新员工集中培训班 20 期，培训 6.94 万人、472.55 万人天，培训计划完成率 100%，全面完成了公司新员工集中培训任务。

高技术技能培训类培训体系与时俱进、日渐完善。院校紧跟公司发展战略，主动适应业务发展趋势，着力发掘各岗位新技术、新技能培训需求，配齐全产业链服务能力，与公司总部专业部门汇报沟通，强化组织实施、项目筹备、资源匹配、效果评估等全过程管理，不断提升教学和服务水平，高水平、高效率实施公司类高技术技能培训任务。"十三五"期间共举办公司类高技术技能培训班 742 期，培训 5.72 万人、23.89 万人天。

服务公司竞赛调考任务。先后承办首届中央企业网络安全攻防大赛复赛、公司"学习张黎明、争做时代新人"青年演讲比赛、公司 2019 年继电保护专业技能竞赛、第七届供电服务之星劳动竞赛、公司 2020 年变电运维竞赛、2020 年省管产业配电技能竞赛等，圆满完成公司各项竞赛调考任务。

积极履行社会责任，牢固树立市场意识，突出品牌塑造，市场化业务发展良好。积极履行社会责任，牢固树立市场意识，找准市场定位，开展定制化培训，服务能源行业、社会企业技术技能进步，打造行业、社会服务品牌。"十三五"期间，院校共举办市场化培训班 461 期，培训 2.16 万人，16.19 万人天。

取得荣誉：被中华人民共和国人力资源和社会保障部首批命名为"专业技术人员继续教育基地"；荣膺"中国最佳企业大学"排行榜第一名，"中国最有价值企业大学"称号，"国家技能人才培育突出贡献单位"称号，美国人才发展协会（ATD）"先进人才发展组织奖"，"卓越实践奖"和第二届上合组织国家职工技能大赛"优秀组织奖"等。

（二） 组织协同度方面

设有高效的组织结构，各职能部门之间分工合理，运行高效。院校以企业内部专业技术、生产技能人员培训为主，逐步发展国际合作办学、职业技术学历教育，以此加强高层次、实用型人才培养，传播企业文化，沉淀、管理和发展企业内部知识，增强企业核心竞争力。坚持以人为本，充分运用先进人才培养理念和现代技术手段，全面提升院校技术技能人才培养综合实力、学习平台运营能力和国际影响力。

建立"快速、高效"的培训教学调度指挥运作体系。建设调度指挥中心，形成培训调度指挥管理实施细则、培训运营数据管理办法等制度38项，以实现核心业务协同高效为目标，打造新型集约化核心业务管控体系，建成院调和运营室两级"1+9"调度指挥运作体系，基本实现培训教学业务全覆盖，规范培训教学业务运作全过程管控。

推行综合调度模式。实现对公司计划内培训、计划外培训、市场化培训、国际化培训、技能等级评价等业务所需食宿学训资源的统一调配，通过调度日报、周报和专项资源调度令，提高了管理效能。

（三） 资源匹配度方面

院校培训设施设备齐全，能够满足技术技能类的各种培训需求，配有高素质的培训师资且师资实力强大。

硬件方面：培训设施健全。院校占地 121 万 m^2，校舍建筑面积48.8 万 m^2，各类实训室（场）总数 279 个、操作训练工位 8340 个、餐位 7700 余个、床位 1.2 万余个，具备了年培训 200 万人天的能力。按照"专业齐全、技术先进、设施配套、工位充足"的原则，院校大力开展实训设施建设，先后建成国内首个实训 220kV 智能变电站、1000kV交流和 ±800kV 直流特高压变电仿真实训室、1000kV 交流和 ±800kV直流特高压输电线路实训场、特高压检修大厅、公司级应急培训基地等各类实训室（场）279 个，基本覆盖了电网各主要专业（工种）。

软件方面：培训师资实力强大。院校积极建设专兼结合、结构合理、具有行业影响力的培训师资队伍，建立了培训师"选用育留"的体制、机制，探索建立了专职培训师能力评价标准和现场实践锻炼常态机制，与生产单位开展"双向挂岗"，提升了师资队伍技术技能水平和现场工作能力；实施以赛促练，连续举办 17 届院校教师教学技能大赛；实施专项培训，开展国际化人才"星火计划"英语、葡萄牙语培训，62人已取得 ATD 国际培训大师资质。

全员参与，打造德技双修教师队伍。"十三五"期间院校持续加强专职教师"双师型"人才培养力度。开展教师队伍"五力"建设，大力推进师德教育，弘扬新时代师德师风，举办培训师、教师教学技能大赛3届，举办国际化教学能力比赛1届，分别举办国际化人才"星火计划""育才计划"各2期，培养骨干英语师资110人，引导提升核心能力。

（四） 内容契合度方面

课程体系能够满足技术技能类人才培训的要求，遵循人才成长规律，建立了层次衔接有序、适应新时代要求的相对完善的公司技能等级评价体系。课程培训对学员的实际工作有较强的针对，能够满足技术技能类员工个人职业生涯发展需要。

定期发布年度教研教改研究计划，组织人员深入研究国家职业教育改革实施意见，深入研究国家关于终身职业技能培训的意见，深入研究现代学徒制和企业新型学徒制的人才培养规律，开展职后培训与职前教育的深度融合研究，形成包括人才培养方案开发、教学模式改革、新型教育形式等方面的产品，服务公司系统职业院校发展和人才队伍培养。

倡导以产业化的思维理念提升服务品质和服务能力，坚决改正和摈除"等、靠、要"的惯性思维和"得过且过"的惰性心理。组织开展大思考、大讨论，群策群力、同业对照，广泛开展调研学习，细致梳理新员工集中培训、技术技能培训、职业教育、技能等级评价、竞赛调考、国际化培训等各项主营业务分支。运用SWOT［strength（优势）、weakness（劣势）、opportunity（机会）、threat（威胁）］分析工具，深入剖析院校"产品"体系在能源电力领域培训市场中的优势、劣势以及面临的机遇和挑战，迎接挑战，抓机遇，对标先进补短板，凝聚优势变胜势。深入挖潜院校"产品"的产业特质，牢固树立主动服务的工作意识，建立以客户满意度为标准的工作质量评价体系。

（五） 方法灵活度方面

院校积极落实公司数字化建设战略部署，大力推进培训线上线下融合发展，使得培训方式多样、培训方法科学，灵活运用"网上学堂""电网云学"直播课堂，线上有效地避免了工学矛盾。

疫情期间，大力发挥线上的培训作用。面对突如其来的新冠疫情，院校不等不靠、及时调整思路举措，2020年上半年共举办线上线下培训班110期，培训14.34万人次，网络大学学习培训2225万学时、考试95.7万人次，"停工不停学"效果显著。2020年5月开始分两个阶段开展"国网新员工网上学堂"线上培训，面向公司系统2019年入职的新员工推送17个专业（理工类13个、非理工类4个）745门学习课程，实现公司的67家二级单位的17697名新员工线上复培。围绕公司战略宣贯等50个专题完成"电网云学"直播课堂。首季直播、点播量累计达95万人次。实施专项培训赋能项目，开发录制公司技术标准宣贯首批50门课程，承办变电站消防"万人大学习"和调度自动化专业岗位轮训，完成13期高端技术技能线上培训。

（六）　工具先进度方面

提供在线学习服务的智能化培训云平台，公司技能等级评价由企业内部评价上升为国家认可全社会通用的评价。

院校积极落实公司数字化建设战略部署，持续推进线上线下培训融合发展。"十三五"期间，大力开展了线上培训业务。

（七）　知识创新度方面

全面优化课程体系，打造精品培训课程，稳步推进国际化课程开发，建立层次衔接有序、适应新时代要求的公司技能等级评价体系，深化培训教学数据应用，持续进行知识创新。

打造精品培训课程与教材。全面优化新员工课程体系，突出习近平新时代中国特色社会主义思想指引，突出公司新战略"三进"，突出党建引领、技能提升和安全素养教育，注重公司发展理念和发展成就宣贯；完成52类54项电网设备技术标准执行指导意见全员宣贯，网络学习资源已覆盖公司系统各专业、各层级 27 万名技术技能人员，为公司技术标准全员宣贯和推广应用工作提供了有效支撑；完成 46 本新员工培训专用培训教材开发优化工作。

（八）　价值贡献度方面

培训服务于公司战略，培训了国内外技术人员 37 万人次，获得了众多国际国家级荣誉，服务"一带一路"，积极承办国际交流合作项目，提升了公司在社会上的品牌知名度。

院校紧跟公司国际化发展步伐，聚焦"专门、专项、专业"，全力实施"123"国际化发展战略，努力打造技术技能国际培训交流平台。举办菲律宾国家电网公司（NGCP）等高端技术技能体系化培训班，与美国东南电工培训中心合作举办配电网不停电作业培训项目高级班，选派骨干教师赴埃塞俄比亚开展配电网技术、安全及应用培训，成功承办第二届上合组织国家职工技能大赛、国际青年能源论坛、中电联国际化人才发展论坛、"一带一路"电力能源高级管理人员研讨班等一批具有国际影响力的培训竞赛项目。服务"一带一路"，电力国际合作交流成效显著。

五、条件保障

（一）　加强党的建设

院校作为公司的一分子，完全接受公司的指导，始终保持党的先进性，牢固树立"党领导一切"的权威性，统领工会、团委等政治生态领域各级组织，始终主导推进公司优秀企业文化，指导各级经营管理人员理清公司发展总体思路，占领公司意识领域的"桥头堡"，不断推进各项工作蓬勃发展，为员工注入新的活力和动力。

（二） 人力资源组织保障

在党组织的统一领导下，建立培训体系优化专项组织机构，紧抓组织建设不放松，按阶段和时间进程不断调整以适应公司发展。

指导人力资源管理单位不断完成组织架构调整及人岗匹配工作，考察评价各级各类人才，不断调整、引进各级各类人才，关心关注各级人才生存发展氛围和空间，指导做好员工思想政治工作，组织凝聚人心的各类活动，增加团队凝聚力，提升人才核心竞争力。

（三） 上级的各项支持

争取上级财政经济支持。该培训体系优化是院校适应新时代、推进新发展的一项重大决策，是助力公司创造、保持世界一流示范性企业的百年大计。由于新基建的投入将会很大，因此需要上级单位及国家财政予以全力支持。

争取公司内部人力资源向院校倾斜。该培训体系除硬件系统的升级之外，更需要整合聚集所有热心于教育培训事业的有志之士，尤其是成为最有价值的内部教师；因此，需要公司所属所有单位对该方案给予强力支持和配合。

（四） 建立技术技能培训服务联盟

要实现培训理念超前化、组织管理三台化、资源互补共享化、业务运营市场化、培训手段数字化的"五化"培训体系建设战略，需要全方位、多层次、多角度组织整合各类培训资源。为保证培训体系的良性运转和长久发展，必须建立以院校为核心的技术技能人才培训服务联盟，培养培训体系运行的良好生态环境，形成院校—培训机构—技术服务单位的"培训产业命运共同体"。

深入推进产教融合，打造省际高职院校协同创新中心

□ 李宏博

依托山东电力高等专科学校创新平台，联合华北电力大学、山东大学重点学科，深度融合国网山东电力、国网浙江电力等国网公司电力电缆实训基地以及科研单位的省部级实验、教学平台，有机结合特变电工鲁缆公司等电缆产业单位的成果转化机制，建立山东省高职院校"智慧城市电力电缆输电技术协同创新中心"，创建适应于不同需求、形式多样的协同创新模式。创新产学研、校企融合发展的协同创新发展模式，全面提升能源电力产业自主创新能力和创新创业人才培养水平，加快山东省新旧动能转换和乡村振兴建设以及能源电力产业的可持续发展。主要经验总结如下：

更多精彩内容
请扫码阅读

校企合作　培育大成果

□ 高安芹

近年来，山东电力高等专科学校（简称学校）坚持以习近平新时代中国特色社会主义思想为指导，深入贯彻落实国家职业教育改革精神，按照部省共建国家职业教育创新发展高地工作部署，把创新发展摆在更加突出位置，密切对接电力行业全产业链发展需求，紧跟山东新能源利用和节能服务产业发展，校企一家，产教融合、科研共创取得了系列成果，相关工作总结如下：

一、实施背景

产教融合作为职业教育的核心，是新时代解决产业与教育有效衔接的关键环节，其地位和作用日益凸显。习近平总书记对加快发展现代职业教育提出了"坚持产教融合、校企合作，坚持工学结合、知行合一，引导社会各界特别是行业企业积极支持职业教育，努力建设中国特色职业教育体系。"国家层面相继出台了《国务院关于加快发展现代职业教育的决定》（国发〔2014〕19号）及《关于深化教育体制机制改革的意见》《关于深化产教融合的若干意见》（国办发〔2017〕95号）、《职业学校校企合作促进办法》《国家职业教育改革实施方案》等系列文件，明确了职业教育是面向经济主战场的教育，是与产业状况、技术水平、经济发展密切相关的教育。校企合作体现了学校教育与生产实践相结合，是顺应国家社会经济发展的必然趋势，是实现产教融合的重要载体。紧跟职业教育发展形势，该校确立了"行企校"一体化办学模式，以深入推进产教融合为主线，坚持"院校一体"发展格局，产教融合、科研共创，培育大成果，为能源电力行业发展和山东省新旧动能转换提供高质量人才支撑和智力支持，实现了学校与企业双赢。

二、主要目标

充分发挥行业企业办学的主体作用，强化校企合作、产教融合，实现专业设置与产业需求对接、课程标准与职业岗位对接、教学过程与生产过程对接，建立覆盖电力生产和服务全产业链的特色教育培训专业、项目，开发完善专业体系、课程体系、资源体系，打造高水平的教研教改成果；树立创新导向，完善创新体系，健全创新机制，深化校企人才互通、资源共享，统筹开展重大课题研究和高层次常态化交流，全面培育创新成果，创新引领学校高质量发展。

三、主要做法

（一）坚持院校一体，实现校企"互融共生"

学校始终秉承开放、合作、服务的办学理念，坚持需求导向、深化产教融合、服务产业升级，充分发挥行业办学优势，与行业协会、电力行业装备制造企业、骨干企业建立了战略伙伴关系，以服务国家电网和山东省发展战略建设为目标，突出能源电力特色，确定了国际一流企业大学建设标准和指标体系，建立了国际一流职业院校指标体系，坚持一流企业大学与一流职业院校两翼齐飞、协调发展，做实"院校一体"。一方面，在战略融合、知识管理、人才培养、企业文化传播等方面落实国家电网的新要求、新举措；另一方面，发挥多年办学积累的文化底蕴、教育培训经验，以及独特的产教融合办学优势和品牌影响力，通过知识创新、理念进化与人才培养，实现对行业企业的人才支撑，促进企业的产业升级和创新发展，彰显企业大学与职业学校的价值贡献，持续推进校企"互融共生"。

（二）　凸显企业办学特色，确保职业教学的先进性

一方面，发挥企业办学优势，统筹行业企业人才资源，组建由生产现场权威专家、娴熟大师及专职教师组成的高水平专兼结合的教学指导团队，深入研究一线人才队伍的更新换代趋势，一线岗位的知识、技能和素质需求，在发挥学校传统核心的能源电力骨干专业、学科优势基础上，建优质专业群。另一方面，面向电力企业和能源服务企业技术技能类岗位（工种）设置专业，结合新工科、新基建的重点领域，进一步优化专业布局和人才培养体系，以电网类岗位为主，覆盖发电侧和用电侧企业主要岗位，灵活设置专业方向，申报特高压技术、配电网不停电作业技术、综合能源服务等新专业，逐步建立起适应新时代要求的能源与电力服务专业体系，优化课程体系和教学内容，确保人才培养标准与行业企业发展、产业技术进步相对接，使电力企业最先进的技术成就、最成熟的前沿技能第一时间进课堂、进头脑，充分发挥了企业办学优势，保证了职业教育教学的针对性、先进性。

（三）　深化产教融合，增强人才培养与创新服务能力

以创建国家级高水平结构化教学、科研创新团队为目标，吸收生产一线专家参与，在专家人才队伍、优秀教师中选拔、组建科研创新团队与名师教学团队；校企合作，统筹资源，共建立体化教学资源、科研创新平台和技术开发平台，加大教育培训、科研开发、技术服务、创新创业一体化平台融合共享，扎实推进教师工程实践、企业实践与科技实践；密切跟踪生产一线技术需求和人才培训需求，加强重大科技项目和

教研教改项目的需求立项，强力扶持教育教学、技术创新方面的研究开发工作；创建学校能源电力科普教育基地，借助国家电网网络大学平台服务行业和政府科普需求，引导青年人才关注并积极投身于能源电力事业；产教融合，校企共同完成品牌培训项目、各类立项开发项目，扎实开展知识产权获取、验收、鉴定工作，培育重大教学、科研成果，促进教育链、人才链与产业链、创新链有机衔接，提高对行业企业和经济社会的人才培养与科技服务能力。

四、实施成效

（一） 提升了专业办学实力

学校以国际一流企业大学为发展目标，以现代职业教育为发展方向，与电网行业、各省电力企业建立"共同体"，实施了"行企校"一体化办学。国家电网、各省级电力公司、直属产业公司等行业企业，为学校提供财力、物力、人力支撑，按照"装备先进、技术一流、现场一致、适度超前"的原则，建成覆盖电力发、输、变、配、供、用、调控、信通、建设等全生产流程，与中国特高压、智能电网、全球能源互联网建设相适应的各类实训基地279个、工位8340个；紧紧围绕现代职业教育发展，共同开发专业人才培养方案，共建课程体系和标准、生产性实训基地，创新人才培养模式和课程教学模式，将知识学习、技能训练、工作经历、素质培养融为一体，建立了"双主体、四联动"人才培养模式，推进了"四真一实"行动式课程教学模式；统筹师资培养、使用，共同承担高职教育、新员工入职培训、高端技术技能培训，建设了专兼结合的"两栖型"教学团队。学校办学实力逐步提升，已成为国家电网技术技能人才培养基地、全产业链培训服务平台、国际合作交流平台，职业教育发展研究中心、技能等级评价中心、知识集成中心；成为山东大学、东北电力大学、河海大学、三峡大学、长沙理工大学等具有强电专业的大学师资培训基地、大学生分段联合培养基地，以及面向公司的"现代学徒制"高职人才培养基地。学校先后被国家人力资源和社会保障部命名为首批"国家级专业技术人员继续教育基地"，连续荣获"中国企业教育先进单位百强""中国最具价值企业大学""中国企业培训示范基地""在线教育博奥奖""国家技能人才培育突出贡献单位"等称号，位居"中国最佳企业大学"排行榜第一名。

（二） 提高了关键领域的研发能力

深化学校科协、专家创新工作室运行机制，优化了专业培训部科技创新方面的对标指标，评优奖先，释放了员工创新潜能，学校科技创新体系和激励机制不断完善，"众创众智"研发氛围逐步形成；凝聚内外创新力量，紧跟电网发展的前沿技术，围绕公司和电网发展、学校战略发展、群众创新三个方面的重点需求，立足学校定位，在公司关键技术研究、教育培训新技术、群众创新三个方面优化了科研布局，联合高等院校、科研单位及生产一线专家，牵头完成公司科技研发项目 1 项，参与完成公司科技项目 7 项，完成山东省高校科研发展计划项目 5 项，完成学校立项科技项目 62 项，群众创新项目 68 项，年度项目完成率 100%，研发定位与攻关方向逐步明确，重点研发技术领域及关键技术进一步聚焦；学校荣获山东省科技工作者创新大赛二等奖 2 项，荣获"山东省科协企事业科协工作先进单位"称号。

（三） 建成了协同运作的研发平台

学校深化专业协同，统筹内外优势资源，推进学院培训、科研资源共享的研发平台建设。与中国电科院、平高集团、南瑞集团、许继集团以及山东大学等多家单位签订了战略合作协议，开展基础性、前瞻性研究，合作共赢。发挥学校科协、专家创新工作室等一系列科研创新平台作用，联合高等院校、科研单位、一线专家，积极申报国家电网和地方各类创新项目，加大校企协同创新，营造了开放合作的创新生态。采取跨专业、跨部门、跨单位等灵活开放的组织方式，组建了20个科研创新团队，研究领域覆盖了学校的核心业务，逐步形成了以团队和个人相结合、研究任务和专业发展相结合的科研组织。学校首个省级（高校）工程技术研发中心（电网设备状态监测与诊断工程技术研发中心）、首个技艺传承创新平台（继电保护传承创新平台）获批立项，获批山东省高职院校协同创新中心，学校协同运作研发平台初步建成。

（四） 培育了多项创新成果

"十三五"期间，学校科技成果培育工作取得了长足进步，学校创新成果荣获中国设备管理与技术创新成果一等奖2项、二等奖1项；山东省省级教学成果奖特等奖1项、二等奖3项；山东省高等学校科学技术一等奖3项、二等奖3项、三等奖3项；山东省高等学校人文社会科学二等奖1项、三等奖2项；全国电力职工技术成果一等奖1项、二等奖7项、三等奖3项；电力企业科技创新成果一等奖1项，山东电力科学技术二等奖1项、三等奖4项，学校科技进步奖13项等。知识产权实现新跨越，共获授权专利181项，其中发明专利53项；发表论文360篇，其中核心期刊、EI检索或收录论文超过60篇，每年度提前完成公司下达的综合影响力指标，科技成果培育与申报工作取得了新突破。

五、体会与思考

坚持校企合作成就了学校的特色专业与资源装备，打造了专兼结合的"两栖型"师资队伍，形成了"行企校"一体化办学新格局，在人才培养、教研教改、科技创新等方面取得了系列成果，但在核心关键技术研发、参加重大科技项目攻关、技术标准制定、顶尖人才培养、"大云物移智"技术在电网的集成应用方面，学校还没有形成有影响力的成果，鼓励创新、包容创新的机制和环境也有待进一步优化。进一步加大校企合作、创新引领，培育新成果的相关举措如下：

（一）　系统强化学校创新战略布局

完善学校科技领导决策机构，成立由公司、学校和外部专家为主组成的学校科技咨询委员会，开展能源互联网技术前瞻与展望，研判重大技术领域发展趋势，按照"有所为，有所不为"的原则，提出学校科技发展战略和科技创新重大方向建议。完善学校创新发展新战略布局，根据专业优势和特长，明确各个专业培训部的科技创新、培训教学创新重点和发展目标。紧扣公司能源网架、信息支撑、价值创造"三大体系"建设需求，加强关键技术体系布局，强化电力基础前瞻性技术、应用技术、数字化培训技术研究，服务公司发展和电网发展。紧跟能源互联网、数字化、新基建发展方向，在清洁高效可持续的能源电力关键技术方面加强项目预研，提高学校科技创新实力。系统谋划、统筹开展人员、场地、设施配置及资金和设备投入，为创新工作高水平开展打下坚实的基础。

（二）　强化电力技术与教育培训融合攻关

把握教育培训和线上线下融合发展机遇，围绕数字化转型升级需求和教育培训网络基础设施建设需要，加强先进信息技术与教育培训技术融合应用攻关，深入探索学校在"三个转变"过程中主营业务发展规律，在教育培训新技术、企业文化传播等核心业务领域加大研发投入力度。将先进信息技术应用到学校的业务发展的各个环节，深入推进教育培训模式、教育培训业态和教育培训方式的创新应用，助推学校培训产业化和运营市场化转型。按计划高质量完成研究开发项目和群众性创新项目，形成新时代国家电网新员工集中培训总体实施方案持续优化迭代机制。

（三）　全面激发体制机制活力

大力推进科技体制机制改革，健全科学研究、技术攻关、教研教改、群众性创新、QC活动等创新活动的项目管理、平台建设、成果转化相关制度体系。建立学校重大科技项目"揭榜挂帅制"管理规定并试行，真正形成"谁最能干谁挑梁"的价值导向。完善科技项目经费管理制度，用好政府专项创新支持资金，探索实行重点项目预算成本管理新模式。优化完善科研人员薪酬分配机制，增设"科研创新贡献度"评价维度，促进薪酬分配向核心科研人才和攻关团队倾斜。分类优化岗位工资比例结构，鼓励公司和学校两级专家人才承担科技创新工作任务。深化科技管理"放管服"改革，建立健全以团队（项目）为核算单元的投入产出考评机制，充分发挥柔性创新团队在高效整合资源、快速响应市场需求的优势作用，更好地适应学校新业务、新业态发展需要，促进学校运营市场化效率效益持续提升。

（四）　加强成果培育的全过程管理

以重大成果培育为导向，加大重大成果过程管控，将关注节点从成果申报环节扩展至项目实施的全过程。贯通创新成果转化渠道，围绕教育培训产业部署创新链及创新链布局资金链，通过多种方式加快创新成果转化应用。建立成果转化激励制度，定期开展科技成果转化应用情况专项检查，制订年度创新成果转化工作计划并强力实施，充分发挥重大创新成果的价值和群众性创新成果应用。建设成果孵化转化平台，畅通创新资源与要素的对接渠道，把成果及时有效地转化为市场化、产业化的教育培训资源。筹建电力科技展示推广中心，实现公司先进技术的示范应用平台，支持科研单位和孵化机构的优质科技成果公司化、商业化运营，推动更多创新成果价值转化。开展重大成果的立项、实施、知识产权获取、验收、鉴定、各级奖励申报的全过程督导。将科技成果奖励体系评价指标嵌入重大成果培育中，实现成果培育与奖励申报无缝衔接。

第二篇

双向育人是关键

第二章

『三位一体』，为党育人，为国育才

> "
> 加强党对教育工作的全面领导，是办好教育的根本保证。
>
> ——**习近平**
> "

为党育人、为国育才是山东电力高等专科学校的办学宗旨，"十四五"期间，学校发展以习近平新时代中国特色社会主义思想为指导，增强"四个意识"，坚定"四个自信"，做到"两个维护"，全面落实新时代党的建设总要求和新时代党的组织路线，坚持目标导向、问题导向、结果导向，强化党建引领，强化以文化人，强化立德树人，以坚持和加强党的全面领导为根本，以党的政治建设为统领，以调动学校各级党组织和全体党员积极性、主动性、创造性为着力点，系统加强党的领导、思想文化、基层组织、干部人才、监督保障工作，推动党的领导全面加强、党的建设全面过硬，为建设国际一流企业大学提供坚强保证。

坚持党建带群团，强化学生思想政治工作，实施思想、心理、文化"三位一体"成长关爱工程，助力学生的终身成长。

本章共有六个案例，分别从思想政治教育模式、党建教育、团的建设、精准扶贫、教育扶贫、"三全育人"六个方面阐释了立德树人的问题，体现了学校发展"双向育人是关键"。其中，"三问五微四观三练"开展党建教育、电力企业教育扶贫实践研究两个案例位于二维码中。

"三位一体"思想政治教育模式的探索与实践

□ 叶 飞 王 凯

习近平总书记在纪念五四运动 100 周年大会上明确指出,把青年一代培养造就成德智体美劳全面发展的社会主义建设者和接班人,是事关党和国家前途命运的重大战略任务,是全党的共同政治责任。国家电网党组坚决贯彻落实中央关于青年培养的重要指示,坚持党建带团建,通过开展"新时代、新青年、新作为"主题活动等系列举措,着力打造了一支朝气蓬勃的青年队伍。

山东电力高等专科学校(简称学校)以习近平新时代中国特色社会主义思想为指导,深入学习贯彻新时代党的建设总要求,认真落实国家电网各项工作部署,着眼于新员工思想政治教育,落实以人为本原则,探索建立践行以"政治引领、文化育人、立德树人"为主要内容的"三位一体"思想政治教育模式,并提供了新时代新员工思想教育的实践方案。

一、实施背景

（一） 党中央提出青年教育的新要求

党的十九大报告指出"青年兴则国家兴,青年强则国家强",向全党发出"要关心和爱护青年，为他们实现人生出彩搭建舞台"的号召，对广大青年发展提出"坚定理想信念，志存高远，脚踏实地"的殷切希望。习近平总书记在学校思想政治理论课教师座谈会上指出，青少年阶段是人生的"拔节孕穗期"，需要精心引导和栽培，要用新时代中国特色社会主义思想铸魂育人，引导青年增强中国特色社会主义道路自信、理论自信、制度自信、文化自信，厚植爱国主义情怀，把爱国情、强国志、报国行自觉融入坚持和发展中国特色社会主义事业、建设社会主义现代化强国、实现中华民族伟大复兴的奋斗之中。党中央对青年教育提出的新要求，为学校实践"三位一体"思想政治教育模式提供了根本遵循。

（二）　国家电网党组作出青年党员教育的新部署

国家电网党组坚决贯彻落实党中央新要求，着力加强青年党员教育，制定《大力发现培养选拔优秀年轻干部的实施意见》，完善选育管用全链条机制，敢于把"好苗子"放到党务岗位历练培养，为广大青年搭建了新舞台。同时，国家电网党组扎实推进"深根"工程，研究制定《青年发展行动计划（2019—2021年）》，为青年职工搭建成长平台，提供政策支持，引导青年职工建功立业，组织动员青年职工立足岗位，投身创新创造实践。国家电网党组对青年员工教育做出的新部署，为学校实践国家电网新员工党员"三位一体"思想政治教育模式提供了现实指南。

（三）　学校党委开启青年党员教育的新探索

每年在学校参加培训的国家电网新员工超过17000人，党团员占比达到90%以上。如何上好国家电网新员工入职第一课，如何教育引导国家电网新员工扣好人生第一粒扣子，一直是学校思考的问题。在这一目标导向下，学校党委认真按照国家电网党组部署安排，积极聚焦于培训教学这一主营业务特性，2019年明确指出，要持续加强青年思想政治建设，通过系列创新性举措，组织青年大讨论、大实践，引导青年守正创新、担当作为，激发青年职工干事创业的激情和活力。在此基础上，学校党委积极开启青年党员教育新探索，构建国家电网新员工"三位一体"思想政治教育模式并不断实践应用，扎实推进国际一流企业大学建设，全力培养符合国家电网成为世界一流能源互联网企业建设需要的新时代产业大军。

二、主要目标

在"三位一体"思想政治教育模式下，通过全面加强青年党员政治理论学习和形势任务教育，政治引领作用不断强化。通过加强中华优秀传统文化、国家电网企业文化、国家电网劳模先进等内容，全面强化文化育人成效。将激发立德树人强大文化动力作为重要内容纳入学校新时代发展战略体系，为贯彻落实立德树人根本任务提供了重要保障。

三、实施过程

（一）　强化政治引领第一位置意识

1. "一颗红心"坚定理想信念

开展"不忘初心、牢记使命"主题教育，是"一颗红心"坚定理想信念的关键。学校将国家电网新员工党员纳入"不忘初心、牢记使命"主题教育范畴，牢牢把握"十二字"总要求和"五句话"具体目标，突出学习教育、调查研究，扎实组织新员工开展"不忘初心、牢记使命"主题教育。另外，学校在入学之初组织新员工进行入职宣誓，铭记初心和使命；扩大调查研究范围，在新员工中广泛征求意见建议，不断提升学校培训教学能力；加强学习教育，组织新员工在认真学习原著的同时悟原理，学习党的十九大报告、党章、《中国共产党党内重要法规汇编》等必学篇目，组织开展"学习工匠精神，凝聚奋斗力量"主题党（团）日活动，组织学员学习时代楷模张黎明、大国工匠王进等人的优秀事迹，开设楷模论坛并邀请黄金娟等国家电网系统内涌现出的先进典型人物讲述奋斗故事，教育引导新员工党员不断筑牢初心使命。

2."三进"教育强化核心价值观培育

实施"三进"教育是学校强化核心价值观培育的基础。学校在新员工中开展以社会主义核心价值观进头脑、国家电网企业文化进课堂、国家电网新时代发展战略进考场为主要内容的"三进"行动，教育引导新员工在学习中不断坚定理想信念。持续在教学中用社会主义核心价值观引导新员工党员开展《红旗飘飘》《我和我的祖国》快闪、"我与祖国共成长"征文比赛等活动，让青年学子播下忠诚党、忠诚祖国、忠诚电网事业的种子。持续完善教育培训课程体系中的企业文化模块，采取课堂讲授、案例分析、情景模拟、研讨交流、团队参与、游戏体验等形式讲授企业文化，充分利用网站、宣传栏、班级板报、宿舍文化墙等形式对国家电网优秀企业文化进行宣传展示，实施"文化＋安全""文化＋纪律"方案，定期开展安全主题教育，全面从严纪律管理，增强新员工对安全文化、纪律文化的理解和认知，全面促进国家电网新时代企业文化宣贯。聚焦国家电网战略目标，采取研讨、竞赛等多种方式，在每期新员工培训班的综合考核和日常测评中，加入有关国家电网新时代发展战略的试题，增强包括青年党员在内的所有新员工学习贯彻国家电网新时代发展战略力度，实现精准宣传全覆盖、统一部署全落地。

3."四维"方式做实思想政治教育

"教导育行"四维方式是做实学校思政教育的有效方法。学校遵循"旗帜立场要鲜明、机制方法要创新、教育措施要抓牢、活动组织要经常"的总体要求，在"教"上下功夫，在"导"上求主动，在"育"上寻策略，在"行"上做文章，全方位、多视域、深层次、宽领域开展"新员工党性教育进课堂"工作，重点从强化青年学子组织管理、强化党性教育课程设置、强化新员工课余活动组织等方面入手，全面提升新员工党员党性教育效果。建立新员工临时党支部，强化"三会一课"等制度落实，定期组织开展学习教育活动。针对新员工当前的党性教育课程开展深入调研，开展对省内外高校、各省级公司培训中心党性教育课程的设置情况调研，并根据调研情况，提出新员工党性教育课程设置方案并深化实施。大力开展丰富多彩的课余活动，组织新员工在晚自习期间观看新闻联播，开展"我是党团课讲师"主题活动、党性教育板报设计大赛、优秀党（团）支部评选，切实强化新员工红色思想意识。

（二）　发挥文化建设第一动力作用

1. 教学并重让文化能被感受

对于中华优秀传统文化，必须要借助教和学两个层面进行传承，让文化可以被感受。学校牢牢把握社会主义先进文化前进方向，深入挖掘、充分利用中华优秀传统文化中蕴含的思想观念、人文精神、道德规范，创新文化传播表达，营造良好文化氛围，推动优秀传统文化传承发展，加强中华优秀传统文化教育。着力开展以天下兴亡、匹夫有责为重点的家国情怀教育，开展以仁爱共济、立己达人为重点的社会关爱教育，开展以正心笃志、崇德弘毅为重点的人格修养教育，把中华优秀传统文化教育系统融入课程和教材体系，以提高青年党员对中华优秀传统文化的自主学习和探究能力为重点，培养文化创新意识，增强青年党员传承弘扬中华优秀传统文化的责任感和使命感。教育引导青年学子完善人格修养，关心国家命运，自觉把个人理想和国家梦想、个人价值与国家发展结合起来，坚定为实现中华民族伟大复兴的中国梦不懈奋斗的理想信念。

2. "上墙落地"让文化能入心

将国家电网企业文化"上墙落地"，是培育新时代国家电网人的重要举措，让文化能够入心。学校基于提升新员工对国家电网价值观的认同感和自豪感，发挥学校文化传播基地作用的目标导向，充分挖掘中华优秀传统文化、国家电网新时代发展战略、国家电网企业文化、国家电网劳模先进等内容，在学校第三实训楼、培训楼集中开展楼宇文化设计宣传，全方位、多角度展示国家电网优秀企业文化。企业文化长廊主要包括中华优秀传统文化、国家电网企业文化、大国工匠、"特等劳模""道德楷模""青年榜样"宣传内容。企业文化长廊的建立有效彰显了学校作为国家电网企业文化传播基地的作用，推动了企业文化入脑入心。

2020 年 9 月，建成的国家电网企业文化教育实践基地占地 600m²，分为论坛厅和文化展厅两个功能区域。展厅包括"筑牢'根'和'魂'""砥砺前行　迈向辉煌""奋斗共筑中国梦"三个单元。该展厅跳出传统展厅模式，在技术上融声、光、电于一体，主要通过语言讲解与多媒体、电子书、多点触屏等多项高科技展示相结合等方式，以强烈的视听效果给实践者以全方位的感触，展现了国家电网充分发挥"六个力量"的作用，担当"大国重器"和"顶梁柱"的精神风采。

3. 学讲展演让文化能践行

学讲展演是企业文化践行活动的形式，使得文化传播格局全面拓展，让企业文化得以践行。为突出企业文化在新员工教育中的作用，着力培养适应国家电网事业发展的"国网工匠"，学校在每期国家电网新员工培训期间，固定每周三下午以班级为单位开展企业文化践行活动，用丰富多样的企业文化活动武装新员工头脑并指导新员工行为。已经组织开展"不忘跟党初心，牢记青春使命""薪火相传把心连，奋勇向前谱新篇""我和国网有个约定""忆峥嵘岁月，增党旗光辉"等 10 多项企业文化践行专项活动。学校在国家电网文化主题研讨会上，引导新员工聚焦国家电网企业文化，谈感想、讲体会、表决心，充分推动企业文化在新员工群体宣贯，实现国家电网新时代企业文化宣贯传播全覆盖、统一要求全落地。

（三） 坚持立德树人第一职责定位

1. 师德先行引领成长

立德树人、师德先行，是引领新员工成长的保障。为促进培训教学质量提升，加强教职员工作风素质建设，学校坚持把师德师风作为教师素质评价的第一标准，全面践行《新时代高校教师职业行为十项准则》，对教职员工做出师德建设"四个十条"的规定（主要包括教书育人"十项要求"、管理育人"十项要求"、服务育人"十项要求"、师德师风"十个不准"）。借助"七一"党员大会，组织开展"一张照片背后的奋斗故事"分享活动，进一步教育引导青年党员不忘初心、砥砺前行。学校组织开展"学校楷模""最美学校人""优秀教师""师德标兵""从教三十周年教师""优秀专家人才"等评选工作，对评选出的先进集体和个人进行了隆重表彰，并通过橱窗展板、内部网站等多种途径，对先进典型集体、个人优秀事迹和道德品行进行集中宣传，大力营造尊师重教的良好氛围，弘扬为党育人、为国育才的主旋律。

2. 打造堡垒保障成长

以党建工程打造新员工成长的坚强堡垒。学校以习近平新时代中国特色社会主义思想为指导，全面贯彻落实国家电网党组各项决策部署，发挥党建引领作用，加强各级党组织的政治建设，开展"先锋夺旗·创先争优"党建工程，实施"先锋示范""对标争先""作风登高""青春建功"四大项目，组织包括新员工临时党支部在内的各基层党支部聚焦一流建设，推进一流党建全面深化。学校在新员工中开展国家电网发展战略专题学习活动，推动国家电网战略深度根植，全面增强新员工对国家电网发展战略的认知，提升新员工党员服务国家电网发展的责任感和使命感。学校开展"党领青春"标准化基层党团组织建设、"党心传承"党团教育、"星火追梦"青年志愿服务、"百年五四"主题纪念活动，全面增强新员工报国意识。

3. 学思践悟加速成长

学思践悟是贯彻落实立德树人、确保新员工思想登高的原则。学校充分发挥自身特色载体在人才培养中的核心作用，换策略、换思路、换办法，改环境、改途径、改习惯，深入推进立德树人工作，着力培育新时代优秀产业工人。聚焦"打造铁的纪律"，全面加强新员工法治纪律教育、安全纪律教育、执行纪律教育。围绕"培育职业素养"，坚持榜样引领、载体培育、以评促培、常态锻造，创新职业素养培育模式，建立多维度全职业周期评价机制。结合"锻造工匠精神"，推进师德师风建设，常态化开展"传承工匠精神"主题活动，着力深化工匠精神主题教育，全面培养高技能人才队伍，引领新员工培育践行工匠精神，切实解决教育体系疏于德、弱于体和美、缺于劳的问题。

四、条件保障

（一）　有系统的全局性思考

学校高度重视新员工的思想政治教育，学校党建工作领导小组担当加强思想政治教育的领导作用，统筹指导新员工的思政教育工作，负责协调工作推进中的重大事项，审定重要决议。学校及时召集相关部门召开会议，安排部署重点工作，协调解决在活动开展中存在的问题，大力推进活动高质量开展，确保了教育的开展。

（二）　有明晰细致的措施

学校专门制定工作方案，分解落实工作任务，组织相关部门根据任务分解表成立工作小组、制定具体活动方案、开展具体工作。要求各相关部门召开动员会，对活动进行安排部署，借助各类宣传载体做好宣传工作。要求各相关部门立足活动方案和实际需求，创造性开展好工作，鼓励建设特色活动载体。认真开展年终和年度总结工作，深入凝练活动品牌，总结经验与不足，深化成果应用，推动新员工思政教育长期开展。

（三） 开展扎实有效的行动

自 2008 年以来，约 18 万名国家电网人在学校加速成长，成为新产业大军。截至目前，已连续 12 年实现国家电网新员工培训全覆盖。山东电专人始终牢记宗旨信念，坚持把国家电网的教育培训阵地守好。对新员工，教育他们扎根基层一线，绽放靓丽青春；对短期培训班学员，教育他们传承工匠精神，练就过硬本领；对国家电网优秀专家人才，教育他们敢于攻坚克难，勇攀科技高峰。在这种教育下，营造了"人人渴望成才，人人努力成才，人人皆可成才，人人尽展其才"的浓厚氛围。

五、主要成果与成效

（一） 政治引领让青年心中有阳光

在"三位一体"思想政治教育模式下，学校把学习贯彻习近平新时代中国特色社会主义思想和党的十九大精神作为首要政治任务，全面加强新员工政治理论学习和形势任务教育，政治引领作用不断强化。为强化思想政治引领，组织新员工党员围绕习近平新时代中国特色社会主义思想开展学习，组织学习贯彻国家电网新时代发展战略。强化舆情监控和应急处理，落实意识形态工作责任制，开展校园防范间谍、非法传教信教排查工作。在国家电网新员工集中培训班临时党（团）支部中编制下发了《支部学习参考》，掀起了学习党史、新中国史的热潮。

（二） 文化育人让青年脑中有理想

学校围绕中华优秀传统文化、国家电网新时代发展战略、国家电网企业文化、国家电网劳模先进等内容，建设形成包括 8 个楼层、总面积

大于 $1000m^2$ 的楼宇文化建设成果，扎实推动企业文化课题研究项目的建设和管理，全面强化文化育人成效。组织新员工以班级为单位，参观楼宇文化，并在新员工中组织召开文化主题研讨会，引导新员工聚焦国家电网企业文化，谈感想、讲体会、表决心，充分推动企业文化在新员工群体宣贯。采取答题竞赛、主题演讲等形式，大力宣贯《企业文化建设工作指引》，将其纳入学校各类培训中，推动国家电网新时代企业文化宣贯落地传播。通过调研显示，91% 以上的新员工对学校文化育人成效持良好评价态度。

（三） 立德树人让青年脚下有方向

学校基于国家电网建设具有中国特色国际领先的能源互联网企业的特征，明确了学校的属性及定位，提出了国际一流企业大学建设的发展战略，并将激发立德树人强大文化动力作为重要内容纳入学校新时代发展战略体系，为贯彻落实立德树人根本任务提供了重要保障；在立德树人指引下，系统学习习近平总书记关于教育工作重要论述和国家电网党组重要部署，围绕"培养什么人、怎样培养人、为谁培养人"这一根本问题，在全校范围开展职业教育大讨论活动，进一步统一思想、正本清源、回归初心、立德树人。

"三问五微四观三练"开展党建教育

——学校培训党建进课堂工程的创新与实践

□ 赵义术　邱梦怡

提升国有企业党建工作水平，重视员工党员党性修养，对于国有企业发展尤为重要。企业大学作为为企业发展提供坚实人才支撑的培训机构，承担着提升员工党员党性修养和党务工作者党建工作水平的重任。山东电力高等专科学校结合自身主营业务实际，将人才培养与党建教育有机融合，将党建理论与工作实践共同推进，创新实施"三问五微四观三练"方法，将党建进课堂工程置于学校教育培训工作和科学发展的整体规划中，为扎实推进公司党建计划提供了坚强保证。

更多精彩内容
请扫码阅读

第二篇　双向育人是　**关键**

团建谱写新章、网聚青春力量

——国家电网新员工集中培训班"六化"临时团支部建设实践

□ 王 亮

　　山东电力高等专科学校（简称学校）团委以国家电网新员工集中培训班临时团支部为阵地，从"三个标准化、两个规范化、一个制度化"入手，着力打造新员工临时团支部"六化"优秀团支部，创新了企业培训中临时团支部管理模式，彰显了重视心理健康服务、突出品牌活动引领、强化网络宣传教育等团建工作亮点，充分发挥出了共青团组织育人、实践育人、文化育人、服务育人、网络育人的五维育人功能，有效凝聚、团结、引领广大青年新员工积极投身于电网建设和国家电网发展，为实现中华民族的伟大复兴贡献青春、智慧和力量。

一、实施背景

　　随着国家电网实施人才强企战略的不断加深，全面开展新员工集中培训，大力培养高素质产业大军的任务越发艰巨。学校是培育新员工的沃土，其中每年在学校培训的新员工多达20000人，新员工中团员人数约占55%～60%，培训周期为1～3个月不等。如何加强新员工集中培训班临时团支部建设的规范化管理，提高新员工临时团支部的战斗堡垒作用，是学校团青工作面临的机遇和挑战。

（一）　大抓团青工作，是党中央做出的新时代战略部署

党的十八大以来，以习近平同志为核心的党中央从党和国家事业发展全局出发，高度重视和大力推进青年工作。党中央明确指出，必须把培养社会主义建设者和接班人作为根本任务，把巩固和扩大党执政的青年群众基础作为政治责任，把围绕中心、服务大局作为工作主线；强调青年工作攸关党和国家前途命运，各级党委要拿出极大精力抓青年工作、抓共青团工作，切实尽到领导责任。党中央对团青工作做出的新时代战略定位和工作部署，为国家电网和学校加强团的建设，努力培养德才兼备、全面发展的团员青年提供了根本遵循和行动指南。

（二）　全面从严治团，是国家电网面临新形势的重大任务

国家电网作为中央企业的排头兵，始终坚决贯彻落实党中央要求，制定《中共国家电网有限公司党组关于以习近平新时代中国特色社会主义思想为指导全面推进共青团工作高质量发展的意见》，要求各级党组织要全面从严管团治团，积极为共青团工作和青年成长成才、建功立业创造良好的条件；各级领导干部要关注青年愿望、帮助青年发展、支持青年建功立业，做青年朋友的知心人、青年工作的热心人、青年群众的领路人。学校作为国家电网青年人才培养基地、青年员工最为集中的场所，学校团委必须自觉肩负起团青工作新使命，充分发挥团组织凝聚青年、发展青年作用，全面推进共青团工作高质量发展。

（三）　持续深化改革，是学校提出新发展的重要举措

步入新时代，立足新起点，学校党委与时俱进地提出了聚焦"一个目标"，充分激发"两个动力"，做实做优"五大主营业务"，建强用好"六大功能体系"，着力打造具有国家电网特色的"一体双育四化"职业教育新模式，保障全力服务国家电网改革发展和青年成长成才。为保

证战略目标如期实现，学校团委必须主动适应新形势，创新工作思路，在改革中找准新坐标、寻求新发展、构建新格局，牢牢把握共青团"根本任务、政治责任、工作主线"三个根本性问题，坚持以政治建设为统领，不断提高共青团的组织力、凝聚力和战斗力，全力服务学校改革发展和青年成长成才，以团建高质量发展推动学校高质量发展。

二、主要目标

学校团委立足"思想引领、打造品牌、搭建平台、长效发展"的目标，从"三个标准化、两个规范化、一个制度化"入手，着力打造新员工临时团支部"六化"优秀团支部，实现企业培训中临时团支部管理模式创新，进一步彰显重视心理健康服务、突出品牌活动引领、强化网络宣传教育等团建工作亮点，充分发挥出共青团组织育人、实践育人、文化育人、服务育人、网络育人的五维育人功能，有效凝聚、团结、引领广大青年积极投身于电网建设和国家电网发展，为实现中华民族的伟大复兴贡献青春、智慧和力量。

三、实施过程

学校团委以习近平新时代中国特色社会主义思想和团的十八大精神为指导，深入学习贯彻新时代共青团的建设新要求，认真落实国家电网、学校团委工作部署，坚持党建带团建，以新员工临时团支部建设为阵地，从"组织建设标准化、组织生活标准化、团员管理标准化、主题团日活动规范化、志愿服务活动规范化、创先争优制度化"（即"三个标准化、两个规范化、一个制度化"）入手，着力打造新员工临时团支部成为"六化"优秀团支部。

1. 新员工临时团支部设置

在国家电网新员工培训班开班一周内，统计团员信息，建立信息管理台账。以新员工班级为依托，组建临时团支部，建立支部委员会和团小组，根据上级团组织要求，有序开展各项工作。

2. 支部委员设置

团支部委员会设支部书记、组织委员、宣传委员各一人。团支部委员应做到分工明确、责任落实、团结协作、优势互补，共同建设管理好支部。

3. 团支部委员、书记产生

团支部委员、书记按照《山东电力高等专科学校学员临时团支部组建实施细则》选拔产生。在同等条件下，组织委员和宣传委员候选人优先从该班级班委中的党员选拔。

4. 团小组设置

根据培训班实际情况，人数较多的团支部可划分为若干团小组，每个团小组不应少于10名团员，各小组应选团小组长1人，团小组组长原则上由支部委员或班委兼任。人数较少的团支部可不划分团小组。

（二）组织生活标准化

1. 会议制度

（1）支部团员大会。

频次：团支部团员大会原则上每季度（每个培训周期）召开1次，根据工作需要可随时召开。

内容：传达贯彻上级团组织决议指示；开展集中学习；进行团内选举；讨论和决定支部重大问题。

第二篇 双向育人是 *关键*

59

（2）团支部委员会会议。

频次：团支部委员会会议原则上每月召开一次，根据需要也可随时召开。

内容：研究提出落实上级团组织部署任务和团支部团员大会决定的具体措施；讨论处理团支部日常工作；制订团活动开展计划。

（3）团小组会议。

频次：团小组会每月至少召开一次。

内容：组织团员学习；讨论具体工作事项；研究执行团支部决定和工作任务的具体办法。

2. 团课制度

（1）保证次数。每季度（每个培训周期）至少开展一次，根据需要可适当增加团课次数。

（2）明确内容。主要内容是党和团的基本理论教育、爱国主义教育和形势任务教育。

（3）创新形式。鼓励在团课讲授过程中使用形式多样的教学辅助手段，如适当增加音频、视频、情景剧表演、三句半等形式，提高团课实际教育效果。

3. 主题团日制度

（1）固化团日时间。培训周期内，每周三下午作为主题团日活动时间，可与"三会一课"、企业文化践行活动结合进行。

（2）明确参与对象。参与对象为本团支部所有团员。

（3）确定团日形式。每次活动根据上级团组织要求的主题，通过集中讨论、主题实践、视频教学、演讲比赛、知识竞赛等多种方式开展活动。"不忘初心跟党走，青春建功新时代"演讲比赛海报和"我心向党，青春飞扬"摄影大赛优秀作品展版分别见图2-1和图2-2。

图 2-1 "不忘初心跟党走，青春建功 新时代"演讲比赛海报

图 2-2 "我心向党，青春飞扬"摄影 大赛优秀作品展版

（三） 团员管理标准化

1. 团员教育

（1）保证教育时间。每周三下午，以团支部为单位，组织全体团员进行集中学习，每次集中学习时间不得少于 1 学时。可以结合当天的主题团日活动同时进行。

（2）创新教育形式。可以通过案例分析、情景表演、交流研讨、知识竞赛、网络宣传等多种方法，开展理论知识学习，通过创新形式来提升教育效果。"珍爱生命，激扬青春，做时代新人"心理健康文化周海报和"漫心理画健康"心理健康文化周漫画大赛海报分别见图 2-3 和图 2-4。

图 2-3 "珍爱生命，激扬青春，做时代新人"心理健康文化周海报

图 2-4 "漫心理画健康"心理健康文化周漫画大赛海报

2. 团员管理

根据《山东电力高等专科学校学员手册》对培训学员严格管理，立规矩、明底线、严肃纪律、强化考核，切实保证学员在培训期间的人身安全。对学员日常表现和违纪行为根据相关办法予以考评并记录在《山东电力高等专科学校学员结业登记表》中的"奖惩情况"一栏，并在培训结束后，将学员结业登记表寄往各单位，存入学员个人档案。

3. 团员服务

健全团内关怀、帮扶机制，注重心理关怀与疏导。做好团员谈心谈话工作并召开学习座谈会、生活座谈会等，通过面对面的交流沟通，切实解决学习、生活中的实际困难，进一步帮扶、服务学员。

（四） 主题活动规范化

1. 活动内容

活动分为常态化主题活动和非常态化主题活动。

（1）常态化主题活动。每期培训班都需开展此项活动，通过常态化活动的开展，积累经验，总结特色，打造品牌活动。

（2）非常态化主题活动。根据国家大政方针、时下热点问题、中国传统文化、国家电网发展战略等方面设计主题活动，通过活动引导新员工思想，提高新员工政治意识、大局意识、担当意识。

2. 奖励办法

对活动中获奖团体和个人颁发证书，并在综合素质考评中予以加分。

3. 活动要求

（1）保证次数。每月至少组织一次主题活动。

（2）及时总结。对开展的主题活动进行总结，包括对活动文稿、照片、视频等进行归纳和提炼，最后统一以书册的形式保存。活动开展情况以及新员工个人获奖情况记入本期培训班《学员活动简报》中，并存入学校档案系统。

（五）　志愿服务活动规范化

1. 活动内容

通过与济南山青社会工作服务中心联合设立志愿者服务基地的志愿活动项目、国家电网电力扶贫项目等，开展电力特色志愿服务活动，增强新员工的社会责任感，提升新员工的大局意识和担当意识。扶贫志愿服务海报与出头石村扶贫项目木耳海报分别见图 2-5 和图 2-6。

2. 活动要求

（1）保证次数。每月至少组织一次志愿服务活动。

（2）提前申请。对各团支部自行组织的志愿活动，需提前向上级组织提交申请，申请通过后方可进行。鼓励在校园内利用周末的时间开展志愿服务活动。

图2-5 扶贫志愿服务海报　　　　图2-6 出头石村扶贫项目木耳海报

（六）　创先争优制度化

1. 开展优秀团支部评比活动

根据《山东电力高等专科学校学员优秀团支部评选办法》，按本期培训班临时团支部总数的 10% 评选出优秀团支部，并对其给予增加 1 个优秀干部的奖励，增加的优秀干部名额优先奖励给团支部书记和支部委员。

2. 将个人表现和突出贡献记入档案

在培训期间，新员工担任的团内职务以及在团组织开展活动中的获奖情况和突出表现，将记录在《山东电力高等专科学校学员结业登记表》中的"奖惩情况"和"突出表现"中。培训结束后，学员结业登记表寄发到各单位党委组织部（人力资源部），存入新员工个人档案。

四、条件保障

（一）　坚持党建带动团建，加强思想引领

以"党建带动团建"是落实党的方针政策的有效途径，也是团建工作得以顺利推进的根本保证。学校 2017 年党建工作报告中提出："要加强流动党团员管理，在兼职教师和新员工培训班级中，组建临时党团支部，确保党团员管理教育和活动开展全覆盖"。学校团委积极落实学校党委的工作部署，实现学员团员标准化管理和活动开展全覆盖，旨在引领新员工团员坚定不移地跟党走，树立为中华民族伟大复兴的中国梦而努力奋斗的远大理想。

（二）　坚持围绕国家电网发展，打造品牌活动

围绕国家电网战略体系，结合新员工培训实际情况，在团组织建设中积极打造融入企业中心工作的特色品牌活动，深化岗位建功行动，激发创新创效热情，扩大志愿服务影响，引导新员工充分认识其所肩负的历史使命，自觉把思想和行动统一到国家电网战略目标上来，努力为建设具有中国特色国际领先的能源互联网企业贡献出青春、智慧和力量。

（三）　坚持服务新员工成才，搭建成长平台

服务青年成长成才是共青团组织的根本任务，服务新员工成长为高素质的企业员工是团支部建设的出发点和落脚点。新员工学历层次高、综合能力强、思维活跃，整体上呈现积极进取的精神风貌，但同时也暴露出个别 90 后崇尚自我、缺乏吃苦精神等个性特点。学校团委立足于新员工培训目标，认真分析学员的心理特点和成长需求，创新团组织建设模式和活动方案，广泛搭建学员成长平台，帮助学员在潜移默化中严明纪律意识、培养职业素养、锻造工匠精神，逐步成长为高素质的国家电网企业接班人。

（四）　坚持以评促建管理，实现长效发展

团组织建设是一个长期的系统工程。加强团支部建设，要从单纯追求轰轰烈烈的短期活动效果转变到注重"固本强基""重本求实"的长效发展上来。为了实现团组织建设的长效发展，进一步优化团组织架构，完善考评激励机制，学校团委以评选优秀团支部为契机，通过考核、评比、表彰、成果展示等激励形式，表彰先进、树立典型，以优秀支部评选带动团组织建设，从而真正达到以评促建、以评促改、以评促发展的目的，有力推进团支部建设的长效发展。

五、实际成效及推广价值

学校团委立足于国家电网新员工培训的青年特点、行业特点和时代特点，将团支部建设与新入职培训目标紧密相连，重视立体化心理健康服务，突出多元化品牌活动引领，加强系统化网络宣传教育，创新了团支部的组织建设模式，构建了基层团建工作新格局，充分发挥了团组织服务团员、引领团员、教育团员的功能，对于企业大规模集中培训中加强流动团员管理具有借鉴意义和参考价值。

（一）　重视立体化心理健康服务

新员工来自全国各地，意识形态、文化背景、思维模式、行为方式各不相同，具有不同的心理特征和发展需求。心理健康是新员工顺利完成培训，成长为合格企业员工的基础。学校团委在分析心理特征和发展需求的基础上，依托临时团支部面向全体新员工立体化开展心理健康服务。

开展横向专业服务，为新员工提供心理健康教育、心理健康评估、心理危机干预、心理咨询、心理辅导等专业服务，全面确保新员工心理

安全。在新员工报到后，第一时间组织心理健康普查工作。支部搭建了由心理健康发展中心为主体、涵盖班级心理委员（团支书兼任）在内的心理健康服务体系，及时、全面掌握新员工的心理变化，对存在心理问题的新员工及早发现、及时干预、跟踪服务。进一步组织开展"心理健康文化周"主题团日活动，通过心理健康知识讲座、班级心理委员培训、心理健康团体活动、心理情景剧、心理漫画大赛等系列活动，帮助新员工掌握心理健康知识、增强心理素质，促进新员工以富有活力的心态应对挑战、健康成长。

（二）突出多元化品牌活动引领

有意义、有深度的活动是新员工最好的成长舞台，也是最受新员工欢迎的引导方式。高质量的党团活动犹如一颗颗启明星，在新时代的天空熠熠生辉，引领每一个团员不忘初心、牢记使命、砥砺前行。学校团委注重打造多元化的品牌活动，突出活动"春风化雨、水到渠成"的引领作用。

在几年团建工作的探索实践中，将理想信念教育、工匠精神锻造、创先争优践行深植于活动之中，以团日活动、主题活动为载体，精心设计、合理组织，形成了四大品牌活动（即"青年文化展示周""鲁能精神进校园系列活动""我是团课讲师大赛""创新创意团日大赛"）。品牌活动主题上紧扣时代精神、国家电网发展、新员工培训，形式上不拘一格、异彩纷呈，策划上注重新媒体、娱乐元素的运用，增强了思想引领的感召力和渗透力。同时，注重品牌活动的规范化建设，不断完善激励制度，把活动成效与团干部奖惩相结合，对活动中表现优秀的新员工给予表彰，充分调动新员工参与活动、认真总结的积极性，进一步增强活动引领的长期效果。青年文化周海报和青创赛优秀项目展播海报分别见图 2-7 和图 2-8。

图2-7 青年文化周海报

图2-8 青创赛优秀项目展播海报

（三）加强系统化网络宣传教育

网络技术的发展为宣传教育提供了新载体、拓展了新空间。90后新员工思维活跃、想法多元，生活与网络密切相关，容易受到网络宣传的影响。为了正确且有效发挥网络的积极作用，学校团委准确把握新时期宣传工作的规律以及学员的思想特点，整合优化网络媒体资源，构建了系统化的网络教育社区。面向全体学员开设"国网新员工"微信公众号，密切围绕党团活动和培训生活，采用以学员喜闻乐见的形式宣传丰富多彩的党团活动、弘扬社会主义主旋律，潜移默化中对新员工进行教育。自2015年以来，"国网新员工"微信公众号已累计推出图文990余篇，截至2020年9月15日，关注人数已达33834人。自主创办的《源泉》电子期刊面向学员进行主题图文征集，并于出刊后在公众平台进行电子版推送。自2012年创刊以来，《源泉》累计出刊127期，主题涉及"学思践悟新思想""新时代、新匠人"等，营造了青春建功新时代的宣传氛围。为创设风清气正的培训环境，学校团委进一步构建网络舆情应急体系，依托班级团支部建立网上信息采集、分享联动机制，提升了舆情监测、处置引导效率，掌握了舆情引导的话语权，以拓展网络宣传空间为契机开启了学员思想引领的新航向。"国网新员工"微信公众号和《源泉》107 期文稿分别见图 2-9 和图 2-10。

图 2-9 "国网新员工"微信公众号

图 2-10 《源泉》107 期文稿

精准施教精准扶贫，
学校育人边疆开花

□ 王 旭 王 凯

近年来，山东电力高等专科学校（简称学校）紧密围绕精准扶贫教育先行，创新人才培养机制，与企业研究确定采用现代学徒制人才培养模式，开展艰苦边远地区定向学生培养工作，以精准施教促进教育扶贫，以精准就业带动学生家庭脱贫，培养边疆电力人才，打造形成以行业为主导、企业与学校为主体的一体化办学模式。

截至目前，学校已连续 6 年面向边疆地区招收定向培养学生 738人，输送一线技能人才 434 人。根据已毕业学生的数据分析，学校定向培养学生毕业工作 2 年后，56% 毕业生的年收入占家庭年总收入的30% 以上，一定程度上改善了学生家庭经济状况，实现了教育扶贫的预期目标。同时，定向学生择业稳定，降低了当地供电企业员工流动性，对企业稳定发展起到了积极作用。

一、实施背景

为认真贯彻落实中央关于实施扶贫工作精神，支援边疆少数民族地区政治、经济的发展，实现教育扶贫，学校于 2015 年开始招收新疆、内蒙古两个地区的定向电工类专科学生，计划每年 110 名。

学校开展了前期充分调研。通过调研发现，当前电网生产实际需求、地区文化的差异、教学模式变化、管理方式变化是影响定向培养工作的重要因素。在充分调研的基础上，学校决定建立企业和职业院校双主体育人的中国特色现代学徒制，尝试经过三年院校、企业"双主体"培养、管理，保证顺利实现培养目标，学生（学徒）具有良好的职业素养、强的专业实践能力及较强的创新精神、创业意识和创新创业能力，能力、素质高度契合公司艰苦边远地区一线岗位需求，为艰苦边远地区电网发展提供人力资源保障。

二、主要目标

贯彻中央援疆、援藏工作要求，解决艰苦边远、少数民族地区供电企业生产一线人才短缺问题，吸引优秀高校毕业生到艰苦边远地区建功立业。开展艰苦边远地区高校学生"定向＋订单"培养。充分利用国家电网教学资源和校企合作平台，采用定向培养的方式，选拔培养优秀人才扎根艰苦边远地区生产一线，为当地电网发展提供人力资源保障。

根据定向培养"招生即招工、入校即入厂、校企联合培养"的特点，以培养学生良好的职业道德、科学的创新精神和熟练的职业技能为目标，开展人才培养，将学生培养成企业的合格员工，同时有效解决学生就业问题，增加学生和该生家庭收入，实现以教育阻断世代贫困。

三、实施过程

（一） 制定优化工作方案

学校与企业联合招生，联合制定人才培养方案，专业设置与一线岗位有效对接，课程内容与职业标准有效对接，教学过程与生产过程有效对接，"双导师"联合培养，"双主体"协同育人，共育共管，学校、企

第二篇 双向育人是 **关键**

71

业、社会多方参与考核评价。

学校制订专项培养计划，有序开展招生宣传、企业调研，统筹组织定向生人才培养、招生、签订三方协议和师徒协议、岗前专业技能训练、毕业设计等各项工作。

同时，为提升培养成效，学校制定定向培养学生管理工作方案。鉴于新疆、蒙东学生（学徒）的特殊性，新疆、蒙东学生（学徒）管理的总体思路确定为突出特色，校企共管，"双主体"育人。即在学校学习期间，以学校管理为主，企业主动配合。融入学校严格管理的大环境，执行大学生各项管理制度，对学生（学徒）实施德智体综合量化考核，同时根据定向培养的特点，制定符合定向培养特点及民族特色的管理规定。在企业识岗学习、顶岗训练、毕业设计期间，以企业管理为主，企业对学生（学徒）按照员工考核标准，做出客观评价，学校密切配合。

（二）　加强人才培养方案制定及课程教学设计

对继电专业、供电专业的人才培养，运用现代学徒制人才培养模式，实施校企"双主体"育人。学校与国网新疆电力、国网蒙东电力共同招生，共同制定人才培养方案，共同设计教学内容，共同组建师资队伍，共同组织教学，共同实施教学质量管理。根据国家电网生产技能人员职业能力要求，参照相关的职业资格标准，学校、企业共同研讨，构建了突出核心职业技能的"双证书"的人才培养方案，进一步突出了其职业岗位的针对性，实现了课程内容与职业标准的对接、教学过程与生产过程的对接。在整体教学设计和单元教学设计方面，通过对国网新疆电力、国网蒙东电力深入调研，充分吸纳了两公司的建议，在对继电专业、供电专业职业能力要求和典型工作任务分析基础上，根据各专业职业岗位和典型工作任务的要求，正确处理好传授知识、培养能力、提高素质三者之间的关系，以培养学生良好的职业技能和职业素养为目标，以基于工作过程的项目课程、生产性实训、企业顶岗实习有机结合为核心，加大实施校企"双主体"育人的力度。按照"1.5+1+0.5"的模式安排教学内容，第一、二、三学期学生于学校完成必备基础知识学习、职业素养和职业技能的训练，第四、五学期学生主要于学校按照国家电网新入职员工培养要求进行职业技能实训，第六学期学生于国网新疆电力、国网蒙东电力的艰苦边远供电公司通过师傅带徒形式进行岗位技能训练和国家电网工作训练，并由企业师傅和学校老师共同指导学生毕业设计。学生汇报实训情况、举行师带徒仪式分别见图2-11和图2-12。

图2-11　学生汇报实训情况

图2-12　举行师带徒仪式

（三）　加强学生日常管理

为保证新蒙班学生培养效果，学校结合新蒙班学生的特点，精心策划培养方案，细化日常管理落实，为实现"补短板、提素质、树形象"的培养目标奠定了管理基础。针对新蒙班学生的特点，研究制定了《新蒙班学生管理培养方案》，突出了新蒙班学生的特点，确立了新蒙班学生的培养目标，明确了培养指导思想，明晰了培养内容、措施及要求，为进一步做好新蒙班学生管理工作奠定了基础。学校在新蒙班中执行大专班学生各项管理制度，对学生（学徒）实施德智体综合量化考核。在班级管理方面，对新蒙学生实行"严格要求、自我提升"的育人模式，严格执行《班级工作评比考核标准》《教室标准化建设标准》《标准化宿舍建设方案》等制度。通过统一的管理标准，促使每一名新蒙班学生都能在严、细、实上下功夫，培育了新蒙班学生团结向上、创先争优的精神风貌，有效促进了新蒙班学生适应学校严格管理的大环境。结合学生的民族特性，每两个班设立一名专职辅导员负责两个班级的工作，同

第二篇　双向育人是 **关键**

73

时，积极邀请国网新疆电力、国网蒙东电力派出挂职干部到学校协助管理，加强边疆地区学生的教育管理工作。学校一方面尤其注重加强新蒙班学生的思想政治教育工作，通过举办少数民族传统节日联欢会、"善小"主题活动、学生假期返乡社会实践和宣传，切实加强新蒙班学生的理想信念和个人素质的培养，促进新蒙班学生积极向党组织靠拢，践行社会主义核心价值观；另一方面，加强新蒙班学生与汉族学生的交流，切实提升他们的普通话沟通能力，同时，组织开展"英语角""英语沙龙"等课外活动，积极帮助学生提升普通话和英语水平。

四、条件保障

（一）　有三方密切协作的机制

在办学过程中，学校严格按照新疆招生委员会录取政策及学校招生章程开展新生录取工作，被录取新生在入学前与国网新疆电力和学校签订三方定向培养协议书，选择确定具体就业的县级供电企业。校企双方按照现代学徒制人才培养模式培养定向学生，实现课程内容与职业标准有效对接，教学过程与生产过程有效对接，教师与师傅"双导师"联合培养，学校与企业"双主体"协同育人。

学生在校学习期间由国网新疆电力全额资助学费、住宿费、教材费，补助部分生活费和交通费。三年学习期满成绩合格取得普通专科毕业证书后，根据三方定向培养协议书规定，学生定向安置到国网新疆电力供电企业生产一线工作，避免了学生为学费发愁、为找工作犯难的情况。学生在师傅指导下开展实训见图2-13。

图2-13　学生在师傅指导下开展实训

学校为国家公办全日制普通高校，是一所有着60多年办学历史的在电力系统内拥有较高知名度的学校，是国家电网唯一直管的电力职业院校。学校实施两地三校区办学，教学、实训设施齐全，师资力量强大，在职业教育领域内取得了显著成绩。

为做好边疆地区定向学生培养工作，学校派出了最强教学团队以保证人才培养质量。供用电技术专业教学团队由山东省教学名师领衔，继电保护专业教学团队由学校优秀专家人才领衔，每个专业课程教学团队有专任教师5~8名，老中青结合，职称及年龄结构合理。每个团队中由国网新疆电力、国网蒙东电力两家公司选派3~5名生产一线优秀的工程技术专家作为兼职教师，来承担学校专业课程的教学，并进行实训指导。每个专业安排20名左右的一线业务熟练、认真负责的师傅与学生签订师带徒协议书，每位师傅带2~3名学生，学生也是学徒，教师也是师傅。生产现场来的师傅（老师）在企业识岗学习期间及后续的顶岗训练、毕业设计等环节，全面指导学徒（学生）提高专业能力和职业素养。其中，学生军训汇报表演见图2-14。

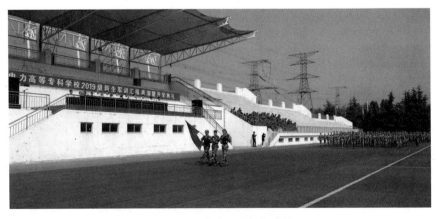

图2-14　学生军训汇报表演

第二篇　双向育人是 **关键**

五、主要成果与成效

（一）　形成校企"双主体"育人的办学机制

国家电网连续六年为新疆、蒙东艰苦偏远地区定向培养学生的工作提出指示，并指明了工作方向。学校与国网新疆电力、国网蒙东电力高度重视，按照国家大力倡导的现代学徒制人才培养模式共同招生、协同育人。通过三方签约、企业与学生座谈、企业选派班主任等一系列相关工作，营造出"一进学校门即是国网人"的深厚职业氛围。国家电网企业文化、电力法规的大力宣传和普及，电力应用文写作、团队沟通与班组建设等素质提升，泰山校区新员工实习实训设备的使用，都为专业学习打下了良好基础；国网新疆电力、国网蒙东电力、国网山东电力金种子人才培养平台微信公众号的信息传播，让学生们随时随地了解、掌握新疆、蒙东电网发展的最新信息，与企业同发展共命运；"人民日报""学习小组""北极星电力网""华夏能源网""电力专家联盟"等微信公众号的推送，让学生们进行了碎片化移动终端学习，时时刻刻与国家同呼吸共命运。同时学校还指导学生建立了班级微信群和班级微信公众号，便于进行师生交流、答疑解惑、资源共享和企业班级文化的宣传，让学生们在学习、生活与工作中自觉同步成长。

（二）　固化干部"进课堂进班级"的管理机制

学校实施了干部"进课堂进班级"的管理机制，从校长到主任再到处长，涉及管理部门、专业部门和后勤服务部门的所有干部，全部参与"进课堂进班级"的管理工作中。校领导和相关部门主要负责人组成听课组，每二周至少听课一次，并亲自参与班级的主题班会和班级活动，及时发现问题、了解情况、反馈意见。教务管理部门24h内联系相关责任部门，提出解决方案，负责任务落实和解决。新疆、蒙东学生座谈会见图2-15。

图 2-15　新疆、蒙东学生座谈会

（三）　形成东西帮扶教育扶贫的品牌

目前，在国家电网的正确领导下，在国网新疆电力、国网蒙东电力的鼎力支持帮助下，学校现代学徒制新蒙班办得有声有色，在全国现代职业教育电力高职院校中竖起了一面旗帜。在新蒙班学生的定向培养工作中，校企双方始终保持高度的一致性，取得了丰富的合作经验。建立了顺畅的沟通渠道，提高了人才培养质量。学校东西帮扶教育扶贫被多次在各级媒体上宣传，学校东西帮扶案例获得全国扶贫宣传教育中心优秀奖。

六、体会与思考

新蒙定向培养是国家电网积极响应国家系列扶贫政策以及国家职业教育改革精神而实施的教育扶贫政策。通过对边疆地区学生采取"授人以渔"的职业教育扶贫方式，着力提高其思想素质、文化素质、科技素质，实现了扶贫观念创新与扶贫模式创新。

（一）　校企协同育人让人才培养更有针对性

在培养过程中，学校采用了现代学徒制人才培养模式，即充分考虑到国网新疆电力、国网蒙东电力定向人才培养的目标，经校企双方共同

第二篇　双向育人是 **关键**

77

研究确定人才培养的方案。在培养过程中，强化定向培养的针对性，精准服务电网企业，满足企业对所需人才的规格、目标、能力的要求，切实提升学生职业技能。按照"招生即招工、入校即入厂、校企双主体培养"的特点，积极进行以现场工作任务或工作项目为驱动的"做—教—学"一体化情境教学，校企共同把关，提高教育教学水平和人才培养质量，确保了学生"上手快，留得住，技术好"，学生迅速成为业务能手和骨干。

（二） 让边疆学生充分享受政策红利

在培养过程中，由当地供电公司承担学生在校三年的费用，新蒙定向学生不用承担学费，企业还为学生提供生活补助、伙食补助和往返交通费补助。学生在学校就学期间，学校积极帮助家庭贫困的学生申请助学金和学校勤工俭学岗位，极大缓解了部分贫困学生的困难。这些政策的实施有效减轻了家庭贫困学生的经济和思想负担，让这部分学生能够安心在校学习、熟练掌握技能。

（三） 边疆扶贫关键在于"扶志"和"扶智"

学校特别注重在定向班中开展爱国主义教育，每天组织学生定时收看《新闻联播》，开好开足思政课，经常组织他们参加主题班会，进一步坚定了他们爱党爱国爱社会主义的意志。在定向培养过程中，新蒙班学生从祖国西部艰苦欠发达地区，来到祖国东部经济繁荣发达地区，开阔了视野，和内地学生接触后，进一步对祖国繁荣发展的经济社会文化成绩有了切身感受，进一步坚定了他们回到家乡后把边疆地区建设成为与沿海地区一样繁荣发达的意念。学校在日常教育工作中，加强社会实践教育和基础教育，组织诗歌朗诵大赛、演讲比赛、辩论赛，进一步提升学生的语言表达能力、普通话沟通水平、英语学习能力和应变能力，开阔了学生视野，使其增长了见识，提升了个人自信心和能力，全面提升了学生的各项能力。

电力企业教育扶贫实践研究

——基于新蒙定向培养少数民族学生的个案探析

□ 片秀红

十八大以来，习近平总书记关于精准扶贫的重要思想逐步形成和完善。当前，如期打赢脱贫攻坚战已成为我国最大的政治责任和第一民生工程。"治贫先治愚，扶贫先扶智。教育是阻断贫困代际传递的治本之策。"这是习近平总书记对教育扶贫工作提出的明确要求。

更多精彩内容
请扫码阅读

基于立德树人的"三全育人"工程建设实践

□ 蒋 乐

"三全育人"是新时代高等院校实现立德树人根本任务的有效路径和重要保障，承载着将立德树人根本任务融入思想道德教育、文化知识教育、社会实践教育等各个环节的重要作用。推动"三全育人"工程建设，整合当下育人项目、育人载体和育人资源，构建长效的育人格局和体系，为办好中国特色社会主义大学，实现"为党育才、为国育才"及"人才强企、教育兴业"具有十分重要的现实指导意义。

一、实施背景

（一）宏观背景

习近平总书记在全国高校思想政治工作会议上指出，要坚持把立德树人作为中心环节，把思想政治工作贯穿教育教学全过程，实现全程育人、全方位育人，努力开创我国高等教育事业发展新局面。党的十九大以来，在中华人民共和国教育部的指导下、在各地各高校的共同努力下，"三全育人"呈现出了生机勃勃的崭新局面，特别是在突出高校育人导向作用，提升育人的全局性、系统性和融合性，以及推动高等教育育人能力和育人水平本质提升上取得了显著发展。

（二） 微观背景

自学校泰安校区工作部成立以来，紧紧围绕学校作为"公司人才培养的重要阵地，肩负着教育报国、培训兴业、人才强企"的重大责任，始终坚持立德树人根本任务，按照学校党委工作部署，通过人才培养的前瞻性研究，不断提升学生教育管理工作水平，持续加强教学督导力度，持续改善学生的学习、生活环境。通过深入调查研究发现，仍存在着部分薄弱环节和风险隐患。一是部分课程难度较大，尤其是五年一贯制学生接受困难，教学内容亟待梳理优化，教学质量需要进一步提升。二是学生崇尚自我，追求开放自由，原有的学生管理方式方法亟待改革创新。三是基础设施需进一步更新，短时期内无法实现质的改变，如何更加有效地利用现有设施进行保障服务仍需要进一步研究明确。

二、目标内涵

（一） 目标

一是坚持以问题为导向，客观梳理泰安校区运行过程中存在的薄弱环节和风险隐患，树立问题意识，充分发挥全员优势教育和引导学生，使全体干部员工成为全员育人的践行者，不断提升教学督导力度、学生管理水平和后勤服务能力，实现"干部员工肯担当、敢拼搏、综合素质全面提升"的干部员工队伍建设目标。

二是坚持以育人为核心，通过全程育人，把育人工作贯穿教育教学和生活服务全过程；通过全方位育人，消除工作死角，创建良好氛围。通过全员、全程和全方位育人，潜移默化地培养学生成为德智体美全面发展的社会主义事业接班人，实现"培养学生成为德才兼备、全面发展的人才"的育人目标。

（二）　内涵

1. 工作过程

第一，深入调研，确立研究内容。通过课题研讨、资料收集、问卷调查等方式，深入调研学习，确立了十项育人工程专门课题，包括教学督导、学生管理、后勤服务三个大类，以及理论教学、课程设置和学生接受能力、学生管理制度、校园文化、校园环境、学生公寓、食堂餐饮、教学安全、校园安全、学生心理素质差异化十个小类。

第二，理论付诸实践，客观查找差异。前期课题初步理论成果运用到实践中，加强教学督导力度，提高学生管理水平，优化校区后勤服务。通过全员、全程和全方位育人，让学生时时刻刻身处育人氛围之中，潜移默化提升学生综合素质，培养学生成为优秀人才。推进理论成果落地，真实检验十项育人工程专门课题的有效性与合理性，全员参与，客观查找并总结课题的实践差异。

第三，研讨分析差异，反复验证优化。根据实践运作情况，结合课题的实践差异，充分进行课题研讨和论证，修正十项育人工程专门课题。同时，对项目开展情况进行整理总结，提炼课题创新成效，形成成果报告。

2. 工作依据

严格按照《中共中央国务院关于加强和改进新形势下高校思想政治工作的意见》的指示精神，围绕新时代高校"培养什么人""怎样培养人""为谁培养人"的根本问题和"三全育人"的目的、原则、内容、要求、方法和举措，作为学校"三全育人"工程建设实践科学内涵的根本遵循。

3. 工作特色

一是新的管理理念。深入贯彻全员育人管理理念，泰安校区全体干部员工深度参与到学生管理工作中，成果共享，责任共担。

二是新的管理方法。遵循学生成长规律，创新学生管理载体，通过形式多样、健康向上、格调高雅的校园生活，启发引领学生提高思想水平、政治觉悟、道德品质和文化素养。

三是新的管理模式。在项目实践的基础上进行理论提炼，形成泰安校区特色育人文化，用现代的文化管理替代传统的说教管理，即从行为管理模式转向思想管理模式。

三、实施过程

围绕立德树人这一教育的根本任务，以校园文化科学内涵为主线，从教学督导、学生管理、后勤服务三个维度，通过教育研讨、资料收集、问卷调查等方式，深入调研学习，确立了涵盖校园文化、课程设置与学生接受能力、理论教学、教学安全、学生管理制度、学生心理素质差异化、校园环境、校园安全、学生公寓、食堂餐饮十个方面内容的"三全育人"工程实践，并在实践过程中总结形成了以下实践成果。

（一） 校园文化育人建设与实践

1. 构建以立德树人为中心的校园文化体系

一是营造、优化和净化有形环境，发挥媒体平台的作用，坚持弘扬主旋律，传播正能量，做好核心价值观的理论宣传、事迹报道和精神引领工作，通过反复宣传、综合强化和累积强化的方式，促进学生认同、接受和践行社会主义核心价值观。二是利用思政文化课传授的主阵地，通过坚持正确的政治方向、舆论导向，不断壮大核心价值观教育的主体力量，占领核心价值观教育的思想高地，发挥以正确的舆论引导人的作用。三是不断加强高校的精神文化、制度文化和行为文化建设，传播无形环境"春风化雨、润物无声"的正能量，从而实现学生真心喜欢核心价值观教育并将终身受益，最终增强学生的情感认同。四是重视潜移默化的隐形教育，抓好道德风尚引领，传承优秀传统文化，深化学生爱党、爱国、爱中国特色社会主义的情怀，丰富和深化传统教育在新时代的发展内涵。

2. 构建"三全、四自、十育人"全覆盖的校园文化体系

一是构建"三全育人"体系。使全体干部员工成为校园文化的传播者，全过程管理的参与者，全员育人践行者；坚持全程育人，把育人工作贯穿教育教学和生活服务全过程；树立全方位育人的教育管理理念，消除工作死角，创建校园文化体系运行的良好氛围。二是引导学生树立"四自"自主精神。在学习、生活、社会活动等方面给予学生更大的自主权和自由空间，实现学生自我教育、自我管理、自我服务、自我监督。三是全力推动十项育人成果的实施和落地，深入探讨实施方案和措施，打造独特的校园文化体系。

3. 构建以"改革创新"为引领沉淀的校园文化体系

一是校园文化体系必须在坚持马克思列宁主义、毛泽东思想、邓小平理论、"三个代表"重要思想、科学发展观、习近平新时代中国特色社会主义思想和十九大会议精神的基础上，锐意改革、持续创新。二是充分利用现代信息技术手段不断充实校园文化体系内容，完善校园文化体系外延，做实泰安校区标准化建设管理和半军事化管理的管理文化，做精泰安校区"善小""文化三餐"等育人文化活动，实现校园文化建设"量的积累"和"质的转变"。

（二） 教学督导育人建设与实践

1. 构建"能力匹配"的课程设置体系

一是基于"行动导向"的课程教学设计，实施"做教学一体化"情境教学，引导师生以团队的形式，共同完成某一职业任务或项目。实施"做教学一体"、以"做"为主的情境教学，从而掌握知识与技能，实现了教学活动组织由传统的"以教师为主体"向"以学生为主体"的深

刻转变。二是不同专业的课程设置应当把岗位所需能力进行分解，作为课程设置的依据和前提，能使能力培养更适合于企业的需要，又能减少不必要的时间和精力的浪费，获得第二岗位选择的契机。三是合理制定并优化专业学习和现场实训的关系，既保证学生通过专业学习系统掌握理论知识，又能让学生通过实践操作更好地适应未来的工作岗位，实现育训结合。

2. 构建"预防为主"的教学安全教育体系

一是本着"教育在先，预防在前"的原则，推进安全教育进课堂和应急演练全覆盖工作。通过将安全教育内容纳入教学计划、组织教师开展实训安全培训、完善实训场所安全管理、加强实训过程安全管理、加强教学安全监督等措施，确保不发生较大的教学安全责任事故。二是加强安全文化理念、安全文化知识、遵章守纪意识和法治观念宣传，使"严守规程"成为全体师生的基本素养，让制度深入人心，让制度指导人的行为，让师生安全意识从"要我安全"到"我要安全"的转化，最终实现"自主安全"，使安全成为大家的自主行为需求。

3. 构建"因材施教"的理论教学评价体系

一是在教学观念层面上，了解学生，异质教学。注重发掘学生特长，发现不同学生的闪光点，正所谓"尺有所短寸有所长"，通过挖掘学生特长来提升学生自信心，进而培养学习兴趣。二是在教学内容层面上，精准适度、及时更新。根据学生接受情况，对教学内容进行合理取舍、精炼整合，并及时进行教学内容的更新和补充，不能"一套课件走天下"。三是在教学方法层面上，因材施教，导向教学。坚持以人为本，分层施教，保证教学内容的差异性、适切性，用寓教于乐的形式，激发学生学习兴趣，提高教学效果。四是在教学评价层面上，强化过程，多元评价。注重课堂实时评价，开展学生之间相互评价，加入知识活动评价，以此助力"比、学、赶、超"学习氛围的营造。

（三）　学生管理育人建设与实践

1. 构建"以人为本"的学生管理制度体系

一是在管理制度设计层面，让学生管理制度成为一种契约。把保护学生合法权益和促进学生合理发展作为工作前提，以如何更好地保护学生的受教育权和如何更好地促进学生全面发展，尊重学生的个性发展要求为工作核心，在广泛征求学生们的意见或者建议，实地进行认真调查研究等工作基础上，对学校的管理行为制定制度规范，对学生的思想行为进行教育引导，不断加强学生的自我管理能力。二是在管理制度落地层面，必须要遵循思想政治教育工作的基本规律，教育者对受教育者的教育引导在一定的时期内保持适度的张力和弹性。要本着"惩前毖后，治病救人"的教育原则，在充分考虑学生本人及其思想行为特点基础上，充分发挥学生管理制度本身的灵活性、多样性等特点，给予学生接受教育和改正错误的机会，切实让各项学生管理制度的内涵落到实处，切实实现学生管理制度的核心价值目标。

2. 构建"差异化"的心理健康服务体系

一是注重人文关怀，让育人工程更具温度。根据不同成长环境、不同年龄心智、不同学业压力等诸多差异化心理问题，科学掌握不同心理问题的预防重点，开展不同内容和形式多样的心理健康辅导。二是做好应急预案，强化心理危机应对能力。通过建立好、管理好、利用好重点人群的心理档案，设置从校级到班级的心理委员专责人员，对重点学生进行谈心谈话。通过科学评定学生心理危机的等级情况来加强学校内外之间的联系，共同维护校园安全秩序。三是为学生提供"线上"与"线下"相匹配、信息共享、优势互补的个性化心理服务。通过开设心理健康中心网站、心理咨询预约系统、心理健康管理系统、心理健康公众号等新媒体形成心理服务的优质"线上"资源。与此同时，根据线上信息，及时反馈学生心理健康总体状况，发现学生群体中的共性问题，注意跟踪重点关注人群，以实现差异化和个性化的心理援助。

（四） 后勤服务育人建设与实践

1. 构建"安全第一"的校园安全育人体系

一是运用各种手段对师生员工进行安全理论、安全技能、避险自救、生活安全、公共安全知识的教育，做到理论联系实际，切实提高安全意识和自我保护意识，增强自我保护能力，最大限度地消除安全隐患，确保安全。二是将安全文化纳入学校必修课体系中，明确学分，并在教学中进行实践考核，通过理论必修课与实践考核相结合的方式，广泛普及安全文化知识，提高学生安全素质。三是不断加大投入，完善安全防护措施，夯实安全物质文化保障基础。与此同时，健全各项安全管理制度，与时俱进地转变和更新安全管理理念，形成技防、人防、物防相结合的安全保障体系。

2. 构建"和谐统一"的校园环境育人体系

一是大力营造人文化的育人氛围。在学校建筑群设计与建设过程中讲究整体和谐，突出人本主题，在学校建筑的命名上充分体现学校办学以及行业特色等，用一种无声的约束和教育使学生在潜移默化的熏陶中产生归属感、责任感和使命感，从而为学校服务、为社会服务。二是营造人文化的学习生活环境，特别是在困难学生生活资助方面，通过发放合理的贫困大学生资助学金，联系校外带薪实习岗位，校内提供学生后勤服务岗位、助教岗位等途径和方式，解除学生在校学业生活上的后顾之忧，在体现人文化终极关怀的同时，潜移默化地加强大学生的思想政治教育。

3. 构建"舒适文明"的公寓文化育人体系

一是牢牢把握公寓文化育人建设的五个原则，即坚持主旋律与多样性相统一、坚持理论性与实践性相统一、坚持传承性与创新性相统一、坚持科学性与人文性相统一、坚持共性与个性相统一的原则。二是积极完善公寓文化育人的五个元素，即优美环境育人、竞赛活动育人、科学管理育人、理想宗旨育人、道德信念育人五个方面的元素。三是始终坚持公寓文化育人的四项工程，即文化意识宣传融化工程、思想理论深化渗透工程、安全稳定和谐建设工程和朋辈互助心理健康工程。通过五个原则＋五个元素＋四项工程，服务学生树立安全保护能力，服务学生培养自立意识和自主能力，服务学生提高融入社会的能力。

4. 构建"美德传承"的餐饮文化育人体系

一是以食品安全为宗旨，以"你用餐，我用心"为理念，本着为学生提供安全、营养饮食的目的，通过热情周到的管理与服务、及时听取师生的意见或建议，努力为学生身心健康发展营造一个安全的就餐环境。二是以餐饮文化打造学生就餐人文环境，通过开展形式多样的餐饮文化宣传活动，努力培养学生良好卫生习惯、饮食习惯和道德素养，使中华传统饮食文化深入人心，特别是让勤俭节约的传统美德得到传承。三是以餐饮文化打造食堂工作环境，通过将醒目的安全生产流程张贴在后厨操作间内，从而时刻警醒工作人员注意安全。与此同时，持续深入开展食堂经营管理 6S（即整理、整顿、清扫、清洁、修养和安全）标准化建设，努力铸就餐饮文化品牌。

四、实际成效及推广价值

一是夯实了基层。通过"三全育人"实践，深入贯彻全员管理理念，持续转变干部员工工作作风，全面提升干部员工队伍素质，全员参与、全过程融入、全方位承担育人责任，发挥了教职员工的积极性、主动性和创造性。明确了各自管理或者服务岗位所承载的育人功能，强化了育人要求，落实了育人责任，真正意义上形成了育人成果共享，育人责任共担的良性互动育人工作机制。

二是夯实了基础。通过从十个方面展开"三全育人"实践，遵循学生成长规律，创新应用启发式管理方法，确保精细化管理落到实处。既继承优良传统，又把握时代特征，一切工作始终围绕学生、关心学生、引导学生，做学生的知心人、暖心人、引路人，努力促进学生的全面发展与进步。

三是夯实了基本功。通过"三全育人"实践使教育管理理论得到提炼，用现代的文化管理替代传统的说教管理，即从行为管理模式转向思想管理模式，在泰安校区内部营造了"全员大学习"的氛围，从而加强师德师风建设，通过教职员工良好的道德修为、文化涵养来潜移默化地教育引导学生健康成长。与此同时，进一步推广了"养成式教育"工作理念和"保姆式管理"工作方法，切实把育人工作落到实处。

第三章

校企合作，培养新时代卓越产业工人

> "
>
> 树立正确人才观，培育和践行社会主义核心价值观，着力提高人才培养质量，弘扬劳动光荣、技能宝贵、创造伟大的时代风尚，营造人人皆可成才、人人尽展其才的良好环境，努力培养数以亿计的高素质劳动者和技术技能人才。
>
> ——习近平
> "

建设具有中国特色国际领先的能源互联网企业需要强大的人才支撑，需要高素质、高技能的电力产业工人，这就要求学校要主动对接公司的战略目标，充分发挥教育培训平台的作用，深化校企双主体协同育人机制，主动融入公司全产业链业务，全面加强专业化建设，深化市场化运营，服务电力产业升级，积极推进技能人才培养品牌项目的落地，全力培养新时代卓越产业工人，为公司战略落地提供坚强支撑。

本章共有九个案例，分别从建设特色品牌专业、建设品牌电缆专业、新基建背景下产教融合驱动的人才培养新模式、信息信通运维实操技能培训新模式、供用电技术专业"双主体、四联动"人才培养模式的创新实践、校企协同开发职业技能等级证书等九个方面阐释了双元育人的问题，大力推进国家电网和学校人才培养三大工程落地，全力培养高端人才、电力工匠和青年人才。其中，对接产业需求，建设品牌电缆专业；创新人才培养和评价模式，提高人才培养质量；以1+X证书制度实施为契机，强化育训结合；探索X证书培训路径，拓宽动力类人员专业发展道路四个案例位于二维码中。

提升培训教学质量，
建设特色品牌专业

——变电检修与试验专业建设

□ 高楠楠　张　彦

近年来，面对新的教育发展任务，我们把提升培训教学质量作为根本，坚持"以学员为本，提升培训教学质量，建设特色品牌专业"的理念，通过多种行之有效的措施，全面提升培训教学质量，有力推动了标准化变电检修与试验特色品牌专业建设。总结山东电力高等专科学校（简称学校）变电检修与试验专业建设的发展之路，主要经验体会如下：

一、实施背景

作为国家电网直属的教育培训机构，如何切实提高培训教学质量，为电网和公司发展培育高水平人才，是学校发展的根本遵循。培训工作所面向的对象是学员，而学员即是一个年龄段相对集中，具有共同心理特征的群体，又因受成长背景和环境影响不同，对于培训教学本身认识都有着不同的态度和反应。因此，能否以学员为本，从学员的角度出发，根据学员的具体特点来设计和实施培训教学工作的各个环节，不仅凸显了作为教师的职业素养，更是切实提高培训教学质量的根本保障。

在整个培训教学过程中，对于培训课程设计、培训过程实施、培训方式选用、培训效果反馈等几个关键环节的改善和提升显得尤为重要。

二、主要目标

技术技能培训是现代职业教育的重要发展方向。通过对培训需求的深入分析，把握培训需求的方向，从源头上设计好培训课程。通过对学员学习特征的详细剖析，把握学员特点，对症下药实施培训教学。通过对学员兴趣点的具体分析，把握培训过程，激发学员兴趣，突出授课方式的灵活多样性。通过对学员的培训教学效果进行合理评估和有效反馈，把握培训质量，从而实现学员职业技能和综合素质的同步提高，培养出具有良好职业道德的、现代企业所需要的高素质劳动者和技能型人才，为电网发展和地方经济社会发展做出更多的贡献。

三、实施过程

（一） **把握方向，站在公司发展对人才需求的角度，从源头上设计好培训课程**

面向"十四五"，国家电网正处于建设具有中国特色国际领先的能源互联网企业的战略机遇期，这对学校在新形势下培育公司事业发展所需人才提出了新的更高要求。学校作为国家电网技术技能人才培训开发中心，站在电网发展和公司发展的大局，培育一流的技术技能人才是我们的光荣使命。因此培训工作的首要前提就是要深刻理解当前电网和公司发展的新需求，努力从源头上下功夫，这就需要先从课程设计入手，系统规划好学员培训的课程体系。

一是时刻关注全球能源互联网建设的发展战略和最新进展，不断学习思考相关专业领域的科技研发和技术创新情况，将特高压、智能电网、清洁能源等关键技术及现场应用情况融入培训课程体系，从全球能源互联网技术成果的最前沿，从公司发展的实际需求上设计课程。

二是加强与生产现场的紧密联系，努力提升教师的专业知识和技术技能，跟踪研究现场新技术发展方向和前沿技术培训需求，提高现场最新技术方法的捕捉敏感度，准确把控能力和创新思考能力，适度超前开发特高压、配电网等相关培训课程体系，全力做好公司新技术、新技能推广示范工作。

三是紧跟公司不断拓展国际业务的发展形势，教师在提升语言水平的同时，必须开拓国际化视野，逐步转变，打开思维方式，积极适应公司国际化培训需求和学校国际培训业务的拓展；针对不同国家和地区的培训需求多样化，研究思考、开发建立菜单式国际化培训课程体系。

（二）把握特点，站在学员学习特征的角度，对症下药实施培训教学

随着经济社会的快速发展，特别是"互联网+"的深度应用，当代学员的成长环境、教育环境更加开放，导致其意识形态更趋于多样化，相较于父辈这代人可谓天壤之别。他们身上既有成人学习的一些普遍特征，同时还明显体现出这一代年轻人的成长烙印和思维习惯，概括起来大致有以下三个方面的学习特点。

一是思维活跃，接受新事物能力强，但集中注意力时间短。这就要求我们花功夫、花心思在课程结构设计上，不能采用长时间、满堂灌、单纯讲授的培训教学方式，可以引入任务教学、翻转课堂和微课等新方法。即使是一节以讲授为主的专业课程，也完全可以通过不断抛出小思考题、分组讨论、提问互动、恰当运用多媒体辅助设备等方式不断调节课堂气氛，把课上活。

二是自尊心强，个人能力强，但个性也强，自我约束力弱。可以充分利用这一特点，发挥学员的主观能动性和自我管理能力。例如设立小组轮值组长和安全员佩戴专用标识进行辅助教学和安全监护；采取团队协作、分组对抗模式，整个小组成员共同完成任务，得到相同分数等。

图 3-1 教师在研讨实训项目

这些方法和手段不仅让学员乐于参与课堂，而且能以点带面，让同学之间相互促进、共同学习。

三是学习心态中有一定的功利性成分，很想得到好成绩，但从小所受的挫折教育很少。这一特点给了我们另一个有效抓手，可以通过优化过程考核体系引导学员有效学习。例如专项设置日常课堂表现和参与度得分，过程操作考核中引入学员互评机制等。同时应当注重学习效果的素质能力考核，而绝非背答案能力考核，这样才能更加公平、公正地全面反映学员的综合学习效果。教师在研讨实训项目见图 3-1。

（三）把握过程，站在激发学员兴趣的角度，突出授课方式的灵活多样性

子曰："知之者不如好之者，好之者不如乐之者。"意思是说："懂得学习的人比不上喜爱学习的人，喜爱学习的人比不上以此为乐的人。"发自内心的学习兴趣才是真正促使学员主动思考、参与课堂的不竭原动力。在长期与学员的接触过程中，我们发现他们对三个方面的内容比较感兴趣。

一是对现场实际工作中遇到的问题和贴近实际的举例感兴趣，例如当现场测量变压器变比误差超标时，首先要确认测试仪器是否有问题：①不能跑回几十公里外再拿一台同样的仪器。②现场也找不到同样的一台变压器测量试试，该怎么办？类似这样的问题学员都会非常感兴趣，会热烈讨论，然后认真听老师分析评判。

二是对实体模型和仿真内部结构感兴趣。学员普遍受到的教育模式是书本式的，设备结构都是被封在外壳中的，内部组成只是一个个

文字名词的印象。学校在这方面有很多优势资源，对照看得见的实体模型和仿真内部结构讲解，能够让学员非常愿意去学，并且学得清楚明白。

图 3-2　教师讲解实训项目

三是对联系实际的小思考题感兴趣，例如怎样测量一根普通导线的绝缘电阻？这个问题看似简单，却有很多难以解决的细节问题，实际上是考查学员是否彻底明白绝缘电阻的测试原理。再比如有两个旧的电容型套管，电容量一个偏大，一个偏小，假如我们必须从中买一个，买哪个好？这将引出分析电容量偏大和偏小的可能原因分析。这类小思考题往往能够牢牢吸引学员的注意力，让他们非常愿意去思考到底为什么。教师讲解实训项目见图 3-2。

（四）把握质量，站在培养一流技术技能人才的角度，注重学员的培训教学效果

公司赋予学校的根本职责就是培育一流的技术技能人才，为公司发展提供坚实的人才保障；因此，不管做多少工作，最终是要培养出优秀的人才。这就要求在日常培训教学过程中，始终以质量为本，严把质量关，围绕效果评价和反馈及时调整和改善培训教学实施过程。

一是深入学员中间，通过课间闲谈、调查问卷、班委访谈、定期座谈等多种形式，及时了解学员对培训教学和课堂效果的反映，对知识和技能的掌握情况，对培训教学方式方法的认可程度，以及对培训教学工作的意见和建议；并且根据反馈结果，及时调整培训形式和教学手段，以期达到更好的针对性效果。

二是加强与各省级电力公司和送培单位之间的联系，开展培训效果的行为层评估，及时了解各送培单位对学员培训效果的整体评价，并全

第二篇　双向育人是 **关键**

图 3-3　学生在实操训练

面跟踪学员结业后 2~3 年内的工作体验，调研学员培训所学是否能够满足现场实际工作需要，同时掌握不同地域和单位学员的属地特性，统筹考虑，综合衡量，不断完善和发展培训教学方法和内容。学生在实操训练见图 3-3。

（五）从严开展培训教学管理，注重学员安全行为习惯和标准化作业习惯养成

首先是全面提升教师的从严意识和培训素质。培训教学以教师为本，教师的意识和素质直接影响着从严管理培训教学工作的落实效果。组织全体教师认真学习各项相关管理规定，发挥兼职教师丰富的现场经验作用，完善培训教学管理细节，全面提升教师的从严意识。

其次是从严加强培训课堂过程管控。针对 90 后学员的思维习惯和特点，一是采取统一的班前会制度，全体学员课前 10min 统一朝门口方向列队考勤，避免学员迟到，并且每天实训结束后统一召开班后会，整理工作现场，养成良好的工作习惯。二是改进培训教学方法，教师在授课过程中不断提出课堂思考题，都是现场实际工作中容易遇到的问题，学员的回答情况将计入平时成绩中的课堂表现得分；并且在实训课的轮流等待时间里专门布置课堂作业题，当场提交，让学员没有闲暇时间和精力玩手机。三是充分发挥学员自我管理能力，在每个实训小组设立组长和安全员，佩戴专用标识，协助教师纠正不规范操作和行为，并且注重学员安全行为习惯和标准化作业流程的培训，提升学员的整体技能和水平。

另外是从严加强培训教学管理。为确保培训教学质量和效果，一是从严落实部门统一贯彻实施的专业组日巡视制度，检查当日培训教学开展情况，发现问题及时整改。二是认真开展培训教学二级督导工作，通

过专业内部督导听课交流培训教学经验和体会，提升培训质量和水平。三是严肃严格对待每一次安全检查、安全月活动等，不应付走形式，以查促建，全面查找问题和隐患，全面提升培训教学管控水平。

此外还有全面改进过程考核方式。经过长期的探索和总结，注重日常考核和过程考核能够有效提高培训质量。学员在结束每个工位的学习后，都将得到一个日常考核成绩，包括 5 个部分：分别反映了学员的出勤情况，回答问题和是否玩手机等课堂表现，课堂作业情况，以及操作过程考核的学员间互评和教师评价，比较全面地反映学员在此期间的日常表现。另外还引入技能笔试对学员的学习效果进行更加真实和全面的评价。这种全面考核体系的建立有效促使学员同时注重学习效果和日常课堂表现，对于日常培训课堂管控起到有效的补充作用。

与此同时，加强基础管理，实现责任引领。一是明确职责落实责任，进一步做好了部门负责人、处室负责的任务分工，明确了各层级干部的职责，落实责任主体和清单，做到事事有人问、处处有人管，不断加强自身学习，干在实处，走在前列。二是统筹力量抓好落实，建立处室干部值班、部门干部带班的工作制度，确保正常教学秩序，及时处理突发问题，尤其是保证周六、周日有干部在岗。三是建立了专业组巡视、培训处巡视、部门巡视三级巡视检查体系，按照学校巡视内容开展检查工作，当日电子反馈检查情况，对检查中发现的问题进行限时整改，并以工作日报的形式发布整改情况，部门实施督办。四是深入调研抓督办，开展了专业调研活动，深入教学现场调研督办，协调解决实际问题，交流探讨专业发展与管理。五是进一步规范办理调（代）课手续，制定了《部门调（代）课管理实施细则》，明确了专兼职教师调（代）课业务流程和办理时限，并同时进行月度业绩考核。

四、主要成果与成效

不断跟随学员的变化情况，抓住他们的思维习惯和学习特征，与他们站在同一维度上看待问题，真正理解他们的所思所想，因地制宜，对症下药，采取有针对性的培训方法和措施，充分发挥学员的培训教学课堂主体作用，从而树立正确学习导向，全面提升培训教学效果。

从学员的兴趣点入手，相应改进培训教学方式，突出授课方式的灵活多样性，抓住学员的敏感神经，不断抛出他们感兴趣的小问题，引发主动思考，激发学习欲望，变"要我学"为"我要学"，对培训教学效果的提升起到根本性的促进作用。

对接产业需求，建设品牌电缆专业

□ 金士琛

随着电缆运行规模的显著增长，国家电网有限公司（简称国家电网）要求切实提升电缆精益化管理水平，进一步提高电缆及通道本质安全。作为国家电网发展链、人力链、价值链的重要一环，作为国家电网重点建设的企业大学，山东电力高等专科学校（简称学校）与电网行业、各省电力企业建立"共同体"，实施"行企校"一体化办学。学校按照"对接产业、结构合理、重点突破、协调发展"的原则，对接产业需求，建设品牌电缆专业，进一步提高电缆管理及专业技术人员精益运维的能力，对全面提升国家电网系统内电力电缆精益化运维专业技能水平具有重要意义。

更多精彩内容
请扫码阅读

新基建背景下产教融合驱动的人才培养新模式

——校企共建输变电工程施工技术技能人才培养项目

□ 方建筠　谢　峰　韩　旸

一、实施背景

　　为贯彻落实党的十九大精神，深化产教融合，国务院办公厅印发了《关于深化产教融合的若干意见》（国办发〔2017〕95号）。2017年中共中央、国务院印发了《新时期产业工人队伍建设改革方案》。2020年3月4日，习近平总书记从统筹推进疫情防控和经济社会发展的大局出发，做出加快新型基础设施（新基建）建设进展的部署。

　　在新基建背景下，国家电网加快能源领域数字基础设施建设，带动产业链上下游企业共同发展，以数字技术为传统企业赋能，积极推进电网向能源互联网转型升级，国家电网预计"十四五"期间电网及相关产业投资将超6万亿。面临行业对高素质、高水平电网建设技术技能人才的迫切需求，山东电力高等专科学校（简称学校）高度重视输变电工程施工技术技能人才的培养，积极开展产教融合，深入开展校企深度合作，采取工学结合、教学做一体化、线上线下多种模式深度融合的培训教学改革，在输变电工程施工国内外技术技能人才培养方面探索出了新模式，取得了联合育人的新成果。

学校将产教融合理念融入人才培养，与中国电缆工程有限公司、国网山东送变电工程有限公司合作，优化改造"架空输电线路实训基地"，开发更加符合输变电工程行业需要、个性特色、工学结合的教学做一体化培养方式去"优化"培训教学质量；基于岗位需求、输变电工程施工背景和知识技术与应用实践并重，开发培训系统应用于实际工程培训和交底，与企业一起去"深化"本质安全理念；借助 BIM（建筑信息模型）技术、VR（虚拟现实）技术，以浸入式授课、项目化教学去"强化"培训效果；与国网山东省电力公司建设公司、国网泰安供电公司合作，以建立配套系列教材、网络微课、技能评定为抓手，建立开放的"线上线下"立交桥式培养体系去"细化"培训教学过程，逐步探索出了一条校企合作、产教研融合提升输变电工程施工国内、国际技术技能人才培养质量的新思路和新举措。

二、内涵和主要做法

 "新基建背景下产教融合驱动的人才培养新模式"创新实践的主要做法

1. 产教融合驱动的人才培养新模式创新实践的整体思路

对应学校"五全互联"智慧培训生态圈建设要求，以实际行动推进能源互联网企业建设，用互联网思维改造提升传统电网建设专业培训和业务支撑功能，服务于海内外电网工程专业技术技能人员，作为基建培训和新技术传播基地在信息交互、供需对接、资源优化配置等方面发挥平台作用。学校在国网基建部的指导下，联合多家电力企业，组建了"输变电工程施工建设与运维新技术"创新团队。

该创新团队近五年主持了多项产教研融合的科技项目，针对输变电工程建设进行课题研究，紧密跟踪公司基建业务发展趋势和需求，围绕基建管理、技术和技能人才培养开发急需研究课题，形成企业需求—项

第二篇　双向育人是关键

目开发—项目储备—项目实施的良性循环，为公司输变电工程人才培养提供了强有力的支撑。

工作思路：坚持以实际工程工况需求为导向，以满足标准化、精益化输变电工程的技术技能人才需求为指导思想，以现有安全、可靠的施工工艺、施工方法和先进技术（BIM技术、VR技术）为基础，以全新的培训教学模式为手段，以产教融合、校企合作为契机，全面提升输变电工程施工海内外技术技能人才培养质量，满足输变电工程行业对创新型、复合型、应用型技术技能人才的需求。

2. 深入产教融合创新人才培养新模式的实施

（1）优化改造实训基地。创新团队将产教融合理念融入人才培养，与中国电缆工程有限公司、国网山东送变电工程有限公司合作，优化改造"架空输电线路实训基地"，开发更加符合输变电工程行业需要、个性特色、工学结合的教学做一体化培养方式去"优化"培训教学质量。

在日常培训教学中，因为输变电工程场地要求等原因，多在室内以讲授、观看视频的方式进行，学生无法真正掌握所需要的技术和技能，只能在以后的工作过程中慢慢摸索，这种情况不仅带来了施工安全隐患，也会影响工程质量和工程进度，同时在干中学的成长过程缓慢，师傅受条件限制也不可能边干边教，使得从事输变电工程的员工成长过程缓慢，刚毕业的学生往往需要2~3年的时间才能独立承担相关岗位的工作。团队通过研究如何进行有效地工程全过程培训，不仅包括施工工序，还包括最终的消缺和验收。通过优化改造实训基地，利用牵张设备、起重机械和施工用工器具模拟真实的施工过程，结合现场模拟仿真，搭建完整的高压输配电架空线路培训基地。基地可以进行教学做一体化的《施工图识读》《杆塔组立施工》《输电线路设计》《张力架线施工》等课程的学习。

例如《张力架线施工》课程，针对张力架线施工的张力放线、牵张场布置、牵张设备的使用及维护、导线压接、弧垂观测及紧线施工等主要工序进行场地优化改造，也可进行实用的张力架线施工培训方法，方便从事输配电架空线路施工人员、技术人员和管理人员进行技术技能培训，能够实现在实训场地进行学习和操作架空线路施工整体流程、张力放线过程、放线滑车的选择及悬挂、张力放线主要工器具的选择、布线施工、弧垂观测及调整、平衡挂线及附件安装等。

（2）深化改革教学培训资源。基于岗位需求、输变电工程施工背景和知识技术与应用实践并重，与国网交流公司、北京博超时代软件公司合作，开发了系列"特高压施工典型工法""DIY编制输变电工程施工方案"等培训系统应用于实际工程培训和交底，与企业一起去"深化"本质安全理念。

系列输变电工程施工仿真培训系统基于三维可视化图像引擎，根据工程实际规模及其设备参数，搭建一个信息数据精准可靠、用户临境感强、可扩展的输变电施工场景，并结合施工管理相关标准、规范和实际运行管理过程中的实践经验等信息，制作出一套施工管理虚拟现实仿真系统。模拟出输变电工程施工中各个系统和设备，模拟操作施工工序和管理流程，从而让操作员熟悉工作环境，提高施工组织业务的熟练程度，加强其分析、判断和掌握施工的关键技术，增强处理工程事故的能力。

（3）强化培训教学效果。借助BIM技术、VR技术，以浸入式授课、项目化教学去"强化"培训效果。输变电工程施工建设及运维新技术创新团队采用虚拟仿真和实训相结合，借助BIM技术、VR技术等新技术，对参加培训的人员进行训练，强化了培训效果。

运用三维虚拟与仿真技术模拟搭建一个与真实空间一致的操作环境，开发了多种抱杆组塔施工、索道运输、张力架线施工关键施工技术的模拟系统。每个模拟系统都包括工艺的适用范围、工器具的选择、装备安装与设备管理、模拟演示、模拟考核（标准可在30min内完成）、安全质量标准考核。

该研究采用BIM技术，结合了可视化虚拟建筑展示功能和分析功能，应用三维可视化软件 Revit 为数据源，开发了仿真展示平台，还可进行虚拟交互操作、控制。研究在各种不同的施工环境、人员组织、使用工器具和机械下，对施工工艺与进度的影响，从而让操作员熟悉工作环境和现场布置，掌握标准化施工工艺，加强其分析、判断和掌握施工的关键技术，增强处理工程事故的能力。

（4）细化培训及考核过程。与国网山东省电力公司建设公司、国网泰安供电公司合作，以建立配套系列教材（现已出版5本）、发明专利4项、应用于培训教学的实用新型6项、企业团体标准1项、开发网络微课（20余门）、技能评定为抓手，建立开放的线上线下立交桥式培养体系去"细化"培训教学过程，逐步探索出了一条校企合作、产教研融合，提升输变电工程施工国内、国际技术技能人才培养质量的新思路和新举措。已出版教材见图3-4。

图 3-4　已出版教材

 "新基建背景下产教融合驱动的人才培养新模式"探索实践的创新点

产教融合驱动的人才培养新模式全面落实"学生中心、产出导向、持续改进"的理念，着力提升学员、学生解决现场复杂问题的实际施工组织方案设计能力和实际操作技能，推广实施产教融合、行动导向的教学做一体化教学和项目式课程实训等研究性教学方法，注重实际问题的训练。主要创新点如下：

1. 产教融合、注重实践

在产教融合推动方面，不仅请来输变电工程施工行业的楷模、工匠来现身说法，而且邀请他们和学生一起完成《高压输配电线路施工》这门理论与实践并重的课程。整个课程以工作过程为导向，突出学生"做"的重要性，在实践过程中更好地掌握系统理论。在高压输配电线路张力架线施工过程中需要全面注重各项技术工艺，确保工程实施稳定性和安全性。采用张力架线教学做一体化培训使学员、学生掌握基本理论知识，提高对高压输配电线路施工、运行和维护的实践动手能力。

2. 校企协作、共建资源

通过校企协作，组建专业领军人才引领且由现场专家组成的兼职教师和中青年专职教师共同参与的教师团队，共同开发"输变电工程施工仿真系统""DIY输变电施工方案编制"等教学仿真系统，参考多年输电线路模拟项目成果经验，借鉴相关三维软件通用操作方法，轻松上手。通过模型库、方案模板实现三维可视化编制施工方便快捷，在施工交底和方案讨论过程中可快速变换对比。

3. 联动线上、混合教学

本次培养模式的创新和改革，秉持产教融合、注重实践的理念，包含高层次人才的创新团队进行教材等课程改革，创新授课体系、强化课程实践、完善评价方式，形成一套线上线下混合联动的课程教学体系。首先进行教材改革，出版了配套的教材5本，分别是《特高压交流输电线路工程施工》《输电线路施工实训》《输电线路设计》《杆塔组立施工及监理》《输电工程索道运输技术》；创新团队精心设计了线上微课20余门、课后习题和课程实验等线上内容供学生课前预习使用，借鉴技能等级评价的模式进行知识和技能的学习结果评价。

第二篇 双向育人是 *关键*

（三）"新基建背景下产教融合驱动的人才培养新模式"探索实践的成效

近年来，学校"输变电工程施工建设与运维新技术"创新团队，深化产教融合，创新人才培养，对于学生、新员工、短班、领军人才、国际电网工程建设的员工，开展了输变电工程方面的培训教学活动。培训完成后对受训学生进行了常规考核和测评，考核结果为所有学生理论考试和技能操作考试均高于常规教学模式。考核后还进行了匿名式问卷调查，调查测评了培养方式的选择是否有助于提高学习兴趣、是否有助于理论知识的巩固等问题，评估满意度和总体满意度都远远高于传统的培训方式。

项目对于新技术应用推广、参建队伍集中培训、新员工实训、高压输配电专业的学生都具有重要意义，先后培养各类输变电工程施工技术人才 1000 人次、新员工 1500 人次、国际化培训 4 期（菲律宾国家电网公司线路专业技术培训 3 期和斯里兰卡线路架设培训）、学生 312 人。

三、未来建议

2017 年 10 月 18 日，习近平同志在十九大报告中指出，要深化产教融合。国务院发布关于《国家职业教育改革实施方案》中也明确强调，把发展高等职业教育作为优化高等教育结构和培养大国工匠、能工巧匠的重要方式。

学校通过对产教融合驱动的人才培养新模式探索的实践，培养出的输变电工程施工现场技术技能人员，可以有效解决岗位面临的挑战。未来两年内，团队将更加深化与企业的合作，开发活页式教材、抖音短视频等资源，更好地践行产教融合，为新基建背景下输变电工程行业提供更优秀的各级各类人才。学校将继续深化与各企业合作，让"产"必须与教学培训紧密结合，目的就是为了"教"，在目前产教结合比较成熟的优势下，逐步向"产、学、研"发展，让学校真正具有"产、学、研"的能力，更快、更好地适应市场的需要，把发展能力落到实处，为做优、做强电力行业教育打好基础。同时，进一步发挥自身特点，根据人才培养需要，与企业共同在人才培养、技术创新、就业创业、社会服务、文化传承等方面深化合作，为电力行业提供更多的满足新基建需要的实践能力强、创新能力强、具备国际竞争力的高素质复合型输变电工程技术技能人才。

"校企共建"推动信息信通运维实操技能培训新模式

□ 王乃玉　王文明

一、实施背景

　　根据国家电网信息通信系统集约化、扁平化、专业化水平加速提升，对信息信通运维人员的操作技能要求越来越高，对技能培训也提出了新的要求。截至 2020 年，国家电网从事信息通信系统维护检修的人员全口径人员 8 万人左右，很大部分人员还缺乏适应岗位工作所必需的知识和技能，与岗位要求有较大差距。为贯彻落实国家电网关于加强内部人才培养锻炼的要求，提高信通运维人员实际操作能力，培养适应新形势要求、技能过硬的高素质信息信通运维队伍，山东电力高等专科学校（简称学校）采用校企合作共建实训室、校企合作共同培训的新模式，统一组织开展信通运维人员实操技能培训，以提高信通运维人员的操作技能。

　　学校作为本项目的具体实施单位，组织国家电网总部相关业务部门、南瑞集团、国网江苏电力、国网浙江电力的专家对培训项目顶层实训体系、实施方案等进行了论证，并合作开发了一套集培训体系、具体实训方案、课程体系、配套理论及实训教材、配套课件、配套题库，以及考核评价为一体的培训教学包，编制了培训环境所需的实训设备清单，与华为、中兴、烽火、贝尔等主要通信厂商合作共建通信传输实训室。

实施过程中，采用了学校与合作基地共同培训技能人员的模式，开发了专项培训方案、计划、教材课件、典型作业指导书，为国家电网培养了一批信通运维专业理论雄厚、技能卓越的运维梯形队伍，对信通运维及应急处置作业积累了丰富的经验，大大丰富了技能人员的技术技能储备。

二、典型做法

本项目的实施贯彻国家电网关于信息通信业务"核心技术、核心设备、核心系统的研发建设必须立足自主"的工作部署，根据国家电网下发的《公司各单位信息信通运维人员三年（2017—2019 年）实操培训轮训计划》，信通运维实操培训项目重点安排在通信传输网、信息网络、信息平台三个方向。项目遵循"以工作过程为导向"的人才培养模式，从国家电网各单位信通运维检修岗位工作现状入手，明确信通运维的工作内涵。依据"信通运维检修生产技能人员岗位能力培训规范"，以信通运维的工作过程及工作任务分析为基础，以自主运维职业能力培养为核心，构建信息通信高级实操技能人员培训和信通运维人员实操培训轮训的课程体系。

整个建设过程分为七个部分。

（1）需求分析与调研。为统筹国家电网信息通信专业实训资源，高质量完成信通运维人员实操培训工作，2016 年，学校组织专家赴各省级电力公司开展实地调研，为国家电网信通运维人员培训梳理培训需求，对拟承担国家电网信通运维实训任务的河南、湖北、浙江 3 家培训中心进行现场调研，了解合作基地的培训能力，确定了各分院、合作基地的培训项目和培训人数。

（2）根据项目的计划日程，2017 年 1 月中旬到 2 月，学校牵头组织国网技术学院西安分院、苏州分院、成都分院，以及国网北京电力、国网江苏电力、国网浙江电力、国网山东电力、国网陕西电力、国网信通公司、国网信通产业集团配合编写了培训方案和课程标准。

（3）2017年2月9—11日，学校组织完成信息信通运维人员实操技能轮训（传输网方向、网络方向、平台方向）初级、中级和高级的培训方案评审工作。参会专家从培训方案的针对性、先进性、有效性和系统性等6个方面对培训方案进行了评审。评审分传输网、信息网络、信息平台三个组别分别进行。2017年2月23日进行了二次审核工作，通过培训方案的评审和修订，将为顺利开展信息信通运维人员实操培训奠定坚实的基础。

（4）2017年3月中旬，由学校牵头，国网江苏电力、国网江西电力、国网四川电力、南瑞集团、国网信通产业集团配合，组织开展信息网络、信息平台、通信传输网三个方向实训课件编制工作。由学校济南本部给出统一模板，本部和分院老师按不同方向分组开发课件、实训作业指导书。

（5）2017年3月23—28日，由国网信通部组织公司系统专家对培训课件进行评审。评审采用集中方式实施。信息网络方向实训课件评审在国网技术学院成都分院。信息平台方向实训课件评审在国网技术学院苏州分院。通信传输网方向实训课件评审在学校内进行。

（6）2017年5月，国网技术学院西安分院率先展开培训，直到2020年11月，在国网技术学院及其合作基地等十家培训单位开展信通运维实操技能培训。

（7）培训结束后，学校与各分院组成调研团队，赴各送培单位进行培训后调研评估，并根据调研结果对培训方案、培训内容进行滚动修编。

三、应用成效

（一）　信通运维课程培训体系建设

按照国网人资部及业务主管部门的统一安排，学校组织专家团队设计信息通信人员能力素质模型，以国家电网信息通信岗位培训规范为基础，依据《国家电网公司供电企业岗位分类标准（试行）》（人资组〔2012〕89号）、《国网信通部关于印发公司信息通信业务自主化指导意见的通知》（信通运行〔2016〕101号）、《国家电网公司信通运维检修生产技能人员岗位能力培训规范》，通过对典型工作任务的分析，开发出了核心课程。建设覆盖信息通信管理、建设、调度和运维等专业技术技能人员的培训课程体系。

（1）以信息通信岗位胜任能力为基础，建立国家电网信息通信的岗位能力培训标准，并在岗位能力培训标准的基础上，建设与之对应的课程体系。

（2）进行科学的课程体系规划，实现课程体系对国家电网信息通信核心业务和核心能力的全覆盖，并有效减少课程之间的重叠。

（3）以问题为导向进行课程开发，通过实训解决工作问题，聚焦工作任务"如何做"。

基于以上原则，根据目前电力信息通信系统现状和发展趋势，开设了SDH（光传输设备）、OTN（光传输网）、PON（无源光网络）、数据通信网等相关实训科目。主要内容包括理论知识（开班前依托网络大学线上学习、线下自学及现场较少课时的讲解）、现场实操训练、各单位典型经验和典型案例交流三种类型。培训内容包括专业理论课、实践导向的理论课程、实践课程、现场实习、观摩及研讨交流、技术讲座等。操作类课程占75%，理论类课程占25%。

（二）培训资源建设

该项目组织国网信通公司、南瑞集团、国网江苏电力、国网浙江电力、国网江西电力、国网四川电力的专家对培训项目顶层实训体系、实施方案等进行了论证，并合作开发了集培训体系、具体实训方案、课程体系、配套理论及实训教材、配套课件、配套题库，以及考核评价为一体的培训教学包，编制了培训环境所需的实训设备清单，信通专业共享培训基地，共同培训信通运维人员的新模式。共编制自用教材 10 本（理论教材 2 本，实训教材 8 本），编制作业指导书 30 个，课件 48 个，考核题库 4000 余道。该系列培训资源广泛应用在短期培训、新员工培训及技能等级评价的题库开发和培训中。2018 年学校科技项目"电力通信系统故障案例库建设及电力信通运维检修专业培训资源开发"在该品牌培训项目基础上开发教材一本，现场典型案例 51 个、课件 8 课时，作业指导书 4 个、故障题库 1000 余道，其中现场典型案例在网络大学已挂网共享，典型案例和课件在信息信通运维人员故障检测排查专项技能 6 期培训中得到应用，共培训学员 240 人。

（三） 培训设施建设

依托该培训项目，在 2016 年开展了国家电网信通专业共享实训基地的建设，共建成山东电力高等学校济南校区、泰安校区，国网技术学院西安分院、成都分院、苏州分院、郑州分院，以及国网冀北电力技能培训中心、国网湖南电力技术技能培训中心、国网河南电力技术培训中心、国网浙江电力培训中心 10 个共享培训基地，实现培训课程、培训师资、培训场地共享；济南校区有与华为、中兴、烽火和贝尔等国内主流通信设备厂商合作共建电力通信传输运维实训室 4 个，光传输设备 47 件，其中，华为实训室 SDH 设备 8 件、OTN 设备 9 件，烽火实训室 SDH 设备 7 件，OTN 设备 4 件，中兴实训室 SDH 设备 8 件，OTN 设备 3 件，贝尔实训室 SDH 设备 8 件，以及 2M 误码仪、光功率计、OTDR 等仪器仪表，学员可利用实际设备模拟现场环境并进行光传输网络组建、相关业务配置及测试、常见故障定位及排除等实训；泰安校区网络技术实训室、信息安全实训室配备了 8 组网络设备、安全设备及红蓝对抗实训平台，学员可开展网络设备配置、安全设备配置、红蓝对抗实训、网络入侵防御、主机安全加固、漏洞扫描、上网行为监控与管理、网络分析等技能实训，为信息系统检修维护人员提供全方位培训服务。

（四） 教学团队建设

经过多年的项目实施，已积累大量师资，该项目师资队伍结构合理、数量充足、业务精湛、素质优秀，由学校专职教师、来自生产一线和大学的兼职教师以及厂家工程人员组成的。实训课程师资比例计划不低于 1：16。培训师资由学校专职教师 18 名，生产一线技术人员和高校兼职教师 30 余人，厂家工程技术人员 10 余人组成。每期培训配备理论教师 2 名，实训教师约 4 名，每个实训室配备一名系统内信息通信专家和一名信息通信设备厂家工程师。

（五） 主要培训业绩

依据该项目的课程体系开展的培训项目包括信通运维人员高级实操技能培训、信通运维人员高级实操技能培训、信通运维人员故障检测排查专项技能培训、信通运维人员实操技能轮训、数据通信网络管理系统运维技术及实操培训，近五年已累计完成短期培训班 58 期、3000 余人次、3 万余人天，培训地点分布在济南、西安、成都、苏州、郑州、杭州、长沙、保定等地。

四、项目创新点

（一） 课程体系建设创新

学校组织专家团队设计信息通信人员能力素质模型，以公司信息通信岗位培训规范为基础，建设覆盖信息通信管理、建设、调度和运维等专业技术技能人员的培训课程体系。

（1）以信息通信岗位胜任能力为基础，建立国家电网信息通信的岗位能力培训标准，并在岗位能力培训标准的基础上，建设与之对应的课程体系。

（2）进行科学的课程体系规划，实现课程体系对国家电网信息通信核心业务和核心能力的全覆盖，并有效减少课程之间的重叠。

（3）以问题为导向进行课程开发，通过实训解决工作问题，聚焦于工作任务"如何做"。

（二） 培训资源建设创新

以国家电网信息通信工作为指导，按照与生产现场同步、适度超前的原则，以学校为主整合公司系统信息通信相关实训室，充分利用公司网络大学、各级各类信息通信仿真培训等平台资源，合理扩充业务模块，支撑信息通信理论学习和实训工作的开展。在师资选配上，网络大学运管中心积极与国家电网专业主管部门沟通，选调理论基础扎实、实训技能一流并且具备一定较高培训能力的教师，从而为本项目的实施搭建了一个软硬件平台一流、综合水平较高的运行环境。

（三） 教学和考核方法创新

在本项目实施过程中，根据培训课程特点，分别采取线上线下、理论教学、翻转课堂、操作训练、案例教学、研讨交流、技术讲座和专项能力提升等灵活多样的形式，注重实操训练，通过模拟仿真及设备实操等手段，提高学员的动手操作能力，提高运维人员的关键技能。

学员考核采用理论＋实操双重考核。培训课程综合成绩总分为100分，按照理论成绩（满分100分）×50%+实操成绩（满分100分）×50%。综合成绩80分定为通过考试。

供用电技术专业"双主体、四联动"人才培养模式的创新实践

□ 张　浩

山东电力高等专科学校（简称学校）创新发展现代学徒制，与国网新疆电力有限公司（简称国网新疆电力）、国网内蒙古东部电力有限公司（简称国网蒙东电力）合作，从 2015 年开始，按照"双主体、四联动"人才培养模式定向培养供用电技术专业学生，企业缺员严重和整体技术技能水平较低的问题得到了有效改善。5 年来取得的成效起到了良好的示范效果，学校在与北京华商电灯有限公司、国网浙江省电力有限公司（简称国网浙江电力）的合作中得到应用推广。

一、实施背景

电力工业的发展离不开技术技能人才的支撑。随着我国经济的发展和清洁能源替代工作的推进，电力需求不断增长，电力工业的规模和质量发展迅速，特别是能源互联网的建设，对技术技能人才的素质提出了更高的要求。对供电企业而言，一方面随着电力体制改革和市场机制的不断完善，电力客户服务与管理、电能准确计量、电网安全运行在各级供电企业生产经营工作中日益重要，为更好地服务电力客户，提高服务满意度，每年新增供用电技术专业对应岗位人员比例约为 22%；另一

方面，随着科学技术进步和国家能源战略实施，分布式电源并网、电动汽车服务等新业务带来的经济、社会效益日益显著，能够适应产业结构调整的人才作用凸显。因此，社会急需大批供用电技术专业的高素质技术技能人才。

在我国西北部、东北部的边远地区，需求更为明显。截至 2019 年底，国网新疆电力服务电力客户达到了 930 万人，750kV 骨干网架线路总长度为 7416km，220kV 线路总长度为 22643km，2019 年售电量完成 1209 亿 kWh；外送电量 712 亿 kWh；新能源发电量 538 亿 kWh。国网蒙东电力供电人口 1160 万人（占内蒙古总人口的 50%），服务客户 629 万户人，拥有 66kV 及以上变电（换流）站 687 座、变电（换流）容量 9892 万 kVA、线路 43277km，特高压外送能力 4400 万 kW。对于西部地区电力工业的发展，需要技术技能人才的支撑，坚强智能电网的建设，因此对技术技能人才的素质提出了更高的要求。

经过多次调研了解到，随着新疆、蒙东地区不断扩大的电网规模和新技术、新业务的推广应用，国网新疆电力、国网蒙东电力对专业技术技能人才的需求更为迫切。但由于历史的原因和特殊的地理位置，国网新疆电力、国网蒙东电力一线员工的缺员率和流失率居高不下。此外，新进员工技术技能水平和东部发达地区相比相对较低，高素质人才短缺问题明显。这些问题成为制约新疆、蒙东地区电力企业发展的重要因素，急需大批电力营销、乡镇及农村配电营业、城区配电等岗位的高素质技术技能型专门人才，从而解决缺员和整体技术技能水平较低的问题。

二、主要目标

（1）以习近平新时代中国特色社会主义思想为指导，践行社会主义核心价值观，根据《国务院办公厅关于深化产教融合的若干意见》（国办发〔2017〕95 号）、《国务院关于印发国家职业教育改革实施方案的通知》(国发〔2019〕4号)、《教育部关于职业院校人才培养方案制订与实施工作的指导意见》(教职成〔2019〕13号)、中华人民共和国教育部(简称教育部)2019年发布的《高等职业学校电力客户服务与管理专业教学标准》等文件精神,贯彻"以立德树人为根本,以服务发展为宗旨,以促进就业为导向"的办学方针,强化课堂思政,深化产教融合、校企合作,坚持学校教育和职业训练并举,遵循高职高专的教育规律,紧跟电力行业的发展,兼顾用人单位的需求,不断提升人才培养质量。

(2)坚定培养理想信念,德、智、体、美、劳全面发展,具有一定的科学文化水平,良好的人文素养、职业道德和创新意识,精益求精的工匠精神,较强的职业能力和可持续发展的能力;具有探究学习、终身学习、分析和解决问题的能力;具有良好的语言、文字表达能力和沟通能力;掌握本专业知识和技术技能,能够从事供电企业电力营销、乡镇及农村配电营业、城区配电等工作的高素质技术技能人才。

(3)认真落实《深化新时代教育评价改革总体方案》等文件精神,坚持德技并修、产教融合、校企合作、育训结合,通过"招生即招工、入校即入厂、校企双主体培养",为国网新疆电力、国网蒙东电力培养一支"用得上""留得住"的人才队伍,为艰苦边远地区提供坚实的电网技术技能人才支撑。

三、实施过程

根据《国务院办公厅关于深化产教融合的若干意见》(国办发〔2017〕95号)、《国务院关于印发国家职业教育改革实施方案的通知》(国发〔2019〕4号)、《教育部关于职业院校人才培养方案制订与实施工作的指导意见》(教职成〔2019〕13号)、教育部2019年发布的《高等职业学校供用电技术专业教学标准》以及《国网人资部关于做好2015年艰苦边远地区"订单+定向"培养工作的通知》(人资计

〔2015〕43号）等文件精神，按照"统筹规划、统一标准、分类培养、按需配置"原则，充分利用系统内教学资源和校企合作平台，面向艰苦边远地区和艰苦岗位生源，在高考时定向招生，采用定向培养方式，依据电网企业生产技能要求，对学生进行文化知识、专业技术、技能操作的定向培养。学生修完全部课程取得学历证并通过用人单位认证考核后，定向安置到艰苦边远地区一线生产岗位工作，为当地电网发展提供人力资源保障。

自2015年起，学校与国网新疆电力、国网蒙东电力合作，招收供用电技术专业定向培养学生（新蒙班），通过建立"双主体、四联动"人才培养模式，扎实落实校企双方在办学中的主体地位，确保专业改革与产业结构调整联动，课程改革与产业技术进步联动，教学改革与生产真实应用联动，人才培养质量评价与企业用人评价联动。

（一）　校企"双主体"共同育人

供用电技术专业定向培养新蒙班，运用现代学徒制人才培养模式，学校与企业采用校企"双主体"育人，招生即招工、入校即入厂，实施校企联合培养。人才培养按照"1.5+1+0.5"的模式安排教学内容：第一至三学期（1.5学年），学生在学校完成必备基础知识学习、职业素养和职业技能的训练；第四、五学期（1学年），按照国家电网新入职员工培养要求对学生进行职业技能实训；第六学期（0.5学年），学生在企业通过师带徒形式进行岗位技能实习。现代学徒制人才培养模式全面实现了职业教育"四个对接"，将企业文化、职业精神贯穿教育全过程，实现学生毕业、上岗"零过渡"。

按照培养责任"双主体"（学校＋企业）、培养计划"双方案"（学校人才培养方案＋企业认识实习、顶岗实习方案）、培养过程"双导师"（学校教师＋企业专家、师傅）、培养地点"双场所"（学校理论课＋企业生产场所和工程现场专业实践课）、培养效果"双认证"（学校学历毕业证书＋企业岗位任职资格认证）实施定向培养任务。

（二）　专业改革与产业结构调整联动

职业教育必须以就业为导向，以服务发展为宗旨，面向行业企业、社会和市场，培养全面发展、高素质的"职业人"，这是职业教育的特色所在。

面对电动汽车充换电、分布式电源并网、节能服务等新型业务快速发展，以及光伏扶贫在脱贫攻坚战中的作用凸显，供用电技术专业进行了如下改革：

（1）针对从事电动汽车服务工作人员所需的职业能力要求设置电动汽车充换电技术实训课程。通过实训操作并辅助理论讲解，使学生掌握电动汽车的分类、相关政策和技术；具备电动汽车充换电操作、政策分析、智慧车联网平台操作的能力；培养精益求精的工匠精神，团队合作、分析与解决问题的能力，环保意识，职业道德与工作责任心。

（2）针对从事电力营销智能用电运维岗位人员职业能力要求设置分布式电源认知及接入电网技术实训课程。通过政策解读、案例分析、实操训练，使学生掌握分布式电源及接入电网技术基础知识、新能源发电技术、大规模储能技术、分布式光伏并网技术；具备分布式电源业务咨询，分布式电源接入电网业务办理，以及分析分布式光伏并网对配电网的影响的能力。

（3）在电力市场营销课程中加入节能服务相关内容，使学生掌握能耗的分类、能源绩效的相关概念、节能服务的相关概念、合同能源管理类型、节能服务相关政策；能够进行节能量计算、经济效益分析和推广技能技术的能力；践行社会主义核心价值观，树立节能环保意识，坚守"绿水青山就是金山银山"的理念。

（三）　课程改革与产业技术进步联动

课程改革与产业技术进步联动的桥梁是根据现场工作过程、工作任务的变化情况，实施基于现场工作过程系统化的课程开发。具体措施如下：

（1）通过派员赴东部沿海发达省份与新疆、内蒙古两个就业地区进行调研，了解相关产业发展状况、人才需求状况以及对人才培养目标的定位，充分分析专业的服务面向及职业领域，确立专业所对应的职业（岗位）群。

（2）认真研究国家职业标准及有关行业企业职业标准，组建专业团队联合企业工程师或技术能手考察分析每个有关职业标准所要求的工作任务；依据现场工作过程和产业技术提升状况，筛选出所对应的典型工作任务。

（3）邀请企业和职教界专家对典型工作任务和相关职业能力进行归类，整合典型工作任务形成专业的行动领域。

（4）根据学生认知、职业成长规律和教学规律进行时间上的排列，重构行动领域转换为课程体系（学习领域）。

（5）根据完整思维及职业特征，按照职业标准制定课程标准，分解每一门课程为若干个学习情境及其驱动任务或项目。

（6）学校以"四个突出"为原则，开发一系列具有行业特色、贴近生产实际的新时代专业教材。

1）突出产教融合：突出职业教育的教育性与职业性，突出职业教育服务区域和产业发展功能，专业核心课程围绕产业需求设置课程内容，以工作过程为导向，依据典型工作任务设置课程情境，围绕岗位工作内容设计理论讲授与实训操作高度融合的任务项目。

2）突出立德树人：将社会主义核心价值观、爱国情感、民族自豪感、遵纪守法、工匠精神、职业素养、安全意识、环保意识等思政元素融入教材内容。通过教学内容设置、课堂活动设计等方式，培养学生精益求精、专业专注、持续改进的职业观，为电力行业发展培养新时代的高素质蓝领工匠。

3）突出行动教学：教材任务设计要落实行动式教学模式，以学生主动学习为出发点，突出实操技能训练，促进学生高度参与学习，有效推进行动式教学改革落地。科学设计任务界面和教学模块，支持多种方式的拆分与组合，推进对活页式、工作手册式等新型教材形式的探索。

4）突出评价导向：充分利用国家电网技能等级评价资源开发成果，将职业教育工作与国家电网技能等级评价工作无缝对接，为有效实施1+X证书提供有力支撑。结合标准操作流程和工艺要求，制定各项任务评价标准，确保可执行、可考核，有效评估学习效果，形成学习闭环。

截至2020年10月，共开发电力市场营销、业扩报装实训、电费核算实训等行动式校本教材12项。

（四）　教学改革与生产实际联动

职业教育任何教学改革必须与生产实际联动，实施以学生为主体、与生产过程对接的教学过程，真刀真枪，真干真学，培养学生的职业能力与职业素养。

一方面，供用电技术专业根据生产现场实际情况，建设校内模拟仿真化实训教学环境27个，与国网山东电力合作建设电动汽车充电站实训场地，开发行动式教材12部，实现"学习领域与工作领域一致，学习内容与工作内容一致，学习过程与工作过程一致"。

另一方面，供用电技术专业依靠企业优质资源的共享，把"工学结合"作为职业教育人才培养模式改革的重要切入点，安排学生到国网新疆电力、国网蒙东电力认识实习4周并顶岗实习一学期，加强学生的生产实习和社会实践，将知识学习、技能训练、素质培养融为一体，在校企"双主体"育人中不断创新提升人才培养模式。

（五）　人才培养质量评价与企业用人评价联动

职业院校在推进人才培养模式改革的过程中，还必须坚持人才质量观的企业价值取向，着力改革人才培养质量评价方式，努力寻求人才培养质量评价与企业用人评价的联动，这就是人才培养评价要引入企业化标准。

供用电技术专业认真落实国家 1+X 证书制度相关政策，联合电力企业，开发了配电运维与营销服务、装表接电两个职业技能等级标准，并制定了相应考核方案。《配电运维与营销服务职业技能等级标准》主要面向配电运维与营销服务岗位群中的农网运行维护与检修、配电线路及设备运检、配电运检技术、客户代表、抄表收费、业扩报装、电费核算、电力营销、供电所综合业务、农网营销服务、计量管理、装表接电等岗位；《装表接电职业技能等级标准》主要面向各类发电厂、电网企业、工矿企业、电力建设企业等，从事计量装置、用电信息采集装置的装接，以及日常运行巡视、操作、维护、调试及技术服务等岗位，学生需考取其中之一。

学生在就业前需参加企业统一招聘考试，包括共用与行业知识、专业知识两部分。共用与行业知识占比为 20%，包括一般能力、企业文化、电力与能源战略、形式与政策等内容，主要考察综合素质和思政水平。专业知识占比为 80%，包括电工技术基础、电力系统分析、电力系统继电保护、电气设备及主系统、高电压技术等内容，主要考察专业知识水平。

四、实际成效与推广

2015—2020 年，为国网新疆电力、国网蒙东电力培养供用电技术专业定向毕业生 170 余人，全部进入国网新疆电力、国网蒙东电力，从事一线电力营销、配电运维等相关工作，由于"双主体、四联动"人才培养模式具备的天然优势，2017 年第一批毕业生到岗后，迅速成长为业务骨干，企业缺员严重和整体技术技能水平较低的问题得到了有效改善。2018 年起，学校与国网新疆电力、国网蒙东电力扩大定向培养招生规模，由 2017 年的 56 人增长到 68 人，增长率为 21%；2019 年增长到 77 人，增长率为 13%。

"双主体、四联动"人才培养模式在国网新疆电力、国网蒙东电力定向培养中的应用成果起到了良好的示范效果。2018 年，北京华商电灯有限公司开始与学校合作招收定向培养学生。2019 年，国网浙江电力开始与学校合作招收定向培养的学生。

五、体会与思考

随着职教改革的深入，供用电技术专业"双主体、四联动"人才培养模式尚存在以下不足：

（1）电力产业结构调整和技术进步伴随着大量技术标准新编和修订，对标准的跟进不足。

（2）随着电力体制改革的深入和科学技术的进步，供用电业务相关政策变化频繁、技术发展迅速，推动了现场工作方式变革和设备更新换代，传统教材经常遇到出版即过时的情况，难以满足教学需要。

（3）疫情期间远程教学过程中，表现出缺乏过程的信息化教学手段，数字化资源不足。

（4）对毕业学生的后续培养不足，建立长期跟踪培养反馈体系势在必行。

（5）产教融合主要集中在业务、技术领域，与文化、思政领域的融合有待加强。

供用电技术专业人员针对以上问题，认真研究相关政策要求，积极与相关企业、团体、院校合作，学习经验，转化成果，具体改进措施如下：

（1）以技术标准研究推广为突破口，深化"教师"改革。争取国网科技部支持，与中电联及下属标委会、中国电科院、国网电科院等团体、企业合作，将相关标准起草专家吸纳进教学团队，让专职教师参与到标准制定工作，通过业务咨询、视频录制、直播、现场讲解等多种方式，加强对技术标准的研究和在企业、学校的推广，提升师资水平，丰富、更新教学内容，进一步推进专业改革与产业结构调整联动、课程改革与产业技术进步联动。

（2）以活页式教材开发为突破口，深化"教材"改革。将现有的行动式教材改编为活页式教材，通过专职教师定期到企业挂岗锻炼，向企业兼职教师与标准起草专家咨询，承办国网营销部"三新"（新技术、新模式、新应用）大讲堂，掌握最新的技术动态，及时更新活页式教材内容，并制作配套数字化资源。进一步推进课程改革与产业技术进步联动、教学改革与生产真实应用联动。

（3）以教学资源库建设为突破口，深化"教法"改革。通过联合主持国家级供用电技术专业教学资源库建设，在2020—2021年制作核心专业课程、电力企业案例、国际合作、电力工匠、技能等级评价（包括X证书与企业评价证书）等各类数字化教学资源7200个，利用"智慧职教"平台与国家电网"网络大学"，进行线上教学与跟踪反馈改进，实现"三覆盖"（课前、课中、课后全覆盖，校内学习与现场实习全覆盖，入职前培养与入职后培训全覆盖），进一步推动教学改革与生产实际联动、人才培养质量评价与企业用人评价联动。

（4）探索课程思政与产业文化提升联动。与英大传媒集团、国网新疆电力、国网蒙东电力、国网北京电力、国网浙江电力等公司合作，解读最新政策（光伏扶贫、优化营商环境等），宣传重大成效（电力天路、抗疫保电等），提炼劳模事迹（时代楷模、电力工匠等），收集典型案例（安全生产、节能环保等），将社会主义核心价值观和爱国情感、民族自豪感和社会责任、工匠精神与创新理念、安全意识与环保意识等融入专业教学，落实"三全育人"要求，实现课程思政与产业文化共同提升。

整合优质资源，校企协同开发职业技能等级证书

□ 司泰龙　廉根宽

从 2019 年开始，国家在职业院校、应用型本科高校启动"学历证书 + 若干职业技能等级证书"（简称 1+X）制度试点工作。1+X 证书制度是国家落实立德树人根本任务，完善职业教育和培训体系，深化产教融合校企合作的重要制度设计。职业教育培训评价组织（简称培训评价组织）是职业技能等级证书及标准的建设主体，主要职责是联合行业、企业和院校等，开展有关职业技能等级标准开发、教材和学习资源开发、考核站点建设、考核颁证等工作，并协助试点职业院校实施证书培训。

一、实施背景

（一）　全面贯彻落实国家职业教育改革

为深入贯彻党中央、国务院职业教育改革工作部署，全面落实《国务院关于印发国家职业教育改革实施方案》（国发〔2019〕4 号）和《关于在院校实施"学历证书 + 若干职业技能等级证书"制度试点方案》（教职成〔2019〕6 号）要求，中华人民共和国教育部（简称教育部）正组

织开展职业技能等级证书及标准的建设主体——培训评价组织申报工作，1+X证书制度精确对准了职业教育质量尚不能满足市场需求、职业教育学习者的创业就业能力不够等现实问题，能够彻底解决职业教育对接企业岗位需求的最后1公里，是职业教育改革的有效实施途径。

（二）　公司全力推进产教融合、提升人才培养质量

国家电网有限公司人力资源部经认真研究和咨询教育部，建议以国家电网有限公司（简称公司）为主体申报培训评价组织，并得到了公司主要领导的签批。公司申报培训评价组织，一是彰显了公司作为特大型国有重点骨干企业勇于承担职业教育改革重点任务的良好形象，体现了公司的政治担当、历史担当和责任担当；二是有利于公司牵头制定国家职业教育标准，对接公司技能等级评价体系，推进产教融合，促进书证融通，实现人才供给侧和产业需求侧无缝衔接，使人才培养标准更加符合公司及行业需求；三是有利于公司完善职业教育和培训体系，优化人才培养培训模式和评价模式，提高复合型高技能人才培养质量。

（三）　院校积极承担职业教育改革实施

国网技术学院（即山东电力高等专科学校，简称院校），作为公司直属教育培训单位和职业院校，肩负着培养社会主义合格建设者和接班人、培养优秀产业工人和"国网工匠"的神圣使命和重大责任。院校主要承担公司新入职员工培训、高层次技术技能人才培训、紧缺人才培训、国际化培训和职业教育，运营管理公司网络大学，在申报培训评价组织工作中具有得天独厚的优势。院校作为公司中职业教育的牵头单位，必须积极承担起全面落实1+X证书制度试点工作，贯彻落实职业教育培训评价组织和职业技能等级证书申报工作。

二、主要目标

申报培训评价组织符合公司战略要求。近年来，虽然我国高等职业教育规模不断扩大，但在质量上尚未充分满足行业企业对人才的需求。今年，公司高瞻远瞩确立了建设"具有中国特色国际领先的能源互联网企业"战略目标，作为战略支撑的重要支柱，公司职业教育也要紧跟时代步伐，加快转型升级速度，探索创新发展之路，打造具有中国特色国际领先的职业教育与企业教育的融合体系。

公司申报培训评价组织的主要目的是充分发挥电力行业龙头企业在职业教育改革中的主体作用，体现国有企业的责任与担当。院校作为职业教育的牵头单位，可以充分发挥职业教育发展研究中心的职能作用，积极为公司职业教育大力发展与改革贡献力量，进一步推进产教融合，促进书证融通，实现人才供给侧和产业需求侧无缝衔接，使人才培养标准更加符合公司及行业需求，优化人才培养培训模式和评价模式，提高复合型高技能人才培养质量。

三、实施过程

按照教育部《关于招募第四批职业教育培训评价组织的公告》（教职所〔2020〕145 号）要求，院校作为申报工作的牵头单位，在公司内 12 所职业院校和冀北等 11 家省级电力公司的大力协助下，于 2020 年 9 月 1 日顺利完成申报工作，现就申报过程总结如下。

（一）　设计过程

职业技能等级证书对标的是典型岗位（群）所对应的职业素养、专业知识和职业技能。2019 年 6 月，院校通过大数据分析和调查问卷，梳理了电力行业各典型岗位（群），针对具有"成熟技术技能"和"清晰的职业能力结构"的岗位（群），确定了有市场需求、岗位明确、发展前景广阔的岗位技能清单。同时，依托公司职业教育优势专业，经过行业内专家、各岗位工作人员代表论证，确定了开发的 11 个职业技能等级证书名称，分别是变配电运维、继电保护检修、变电设备检修、电力电缆安装运维、装表接电、配电线路运维、变电一次安装、变电二次安装、配电运维与营销服务、电气试验、输电线路施工及运维。11 个职业技能等级证书基本涵盖了电力行业从建设、运维、检修和营销服务等主要岗位的技能。

（二）开发过程

1. 组织开发

2019 年 7 月，院校牵头组织公司内 7 家职业院校、19 个省级电力公司组成了 11 个证书的开发小组，依据国家职业标准、公司技能人员岗位培训规范和技能等级评价标准，结合企业岗位（群）需求和职业院校专业（群），在充分解读 1+X 证书制度和首批职业技能等级标准的前提下，确定了《公司职业技能等级证书及标准开发指南和工作方案》，集中开发了 11 个电力类职业技能等级证书，每个证书按照开发指南分别开发了标准、题库、必要性与可行性报告三部分内容。

2019 年 9 月，院校制定了《职业院校职业技能等级标准和题库的评审标准》，对每个证书的 11 大类 31 小类内容要素列出了评审标准，并牵头组织公司内 12 家职业院校、10 个生产单位开展集中评审工作，评审专家对编写内容提出了相应的修改意见。随后，编写开发团队对证书内容进行了修改完善。

2. 优化完善

2019 年 11 月至 2020 年 6 月，教育部发布了《职业技能等级标准开发指南》（征求意见稿）、《关于在院校实施的职业技能等级证书考核成本上限设置方案的公告》，对于职业技能等级标准开发及证书提出了明确要求。院校立即组织相关人员解读新标准、新要求，制定证书开发的文件清单和文件模板，按照统一思路、统一模板编制相关文件，为后期高质量完成 11 个证书编制工作奠定了坚实的基础。期间，受新冠疫情影响，为保证开发工作高质量顺利推进，院校与各证书开发单位（涉及 18 家单位，分布 15 个省市）采用线上会议、电话联络、微信沟通、邮件传输等多种形式定期沟通交流，不断完善修订，协同优化完善 X证书 3 次。本轮优化完善后每个 X 证书形成了 7 个附件，分别是职业技能等级标准、有关试点事项说明、考核方案、考核站点建设标准、考核成本核算方案、考核费用项目明细表及测算依据、必要性和可行性报告。至此，11 个职业技能等级证书开发工作基本完成。

（三） 申报过程

1. 学习文件，分解任务

2020 年 6 月，院校认真学习《职业教育培训评价组织遴选与监督管理办法》、《关于招募第四批职业教育培训评价组织的公告》（教职所〔2020〕145 号）等相关文件，编制了《第四批职业教育培训评价组织申报工作方案》，提出了总体思路和申报材料编制原则，明确了公司内各单位在申报材料准备工作中的任务和时间节点，并将申报系统中的条目和表格分解到各相应单位和人员。

2. 统筹资源，集中填报

2020 年 7 月 3 日至 8 日，院校统筹组织公司内 12 家省级电力培训中心、职业院校，分别统计培训指导方案、考核大纲、题库样例、教材、网络学习资源、专家教师团队、管理制度、协议文本等材料。梳理汇总约 7GB 的所有申报材料，牵头组织 20 名教师完成线上填报工作。2020 年 7 月 15 日，院校完成纸质材料初审、整理、打印和邮寄工作。

（四） 完善过程

2020 年 8 月 25 日，院校接到教育部修改意见后，通过与教育部相

第二篇 双向育人是 **关键**

关人员电话咨询，列出修改完善材料清单，及时准备各项支撑材料，并与国家电网有限公司人力资源部及时沟通，最终完成所有申报完善材料，包括职业技能等级证书认可和使用意向的说明等共计150余个文件，于9月1日晚上报教育部。

四、条件保障

（一） 政策保障：符合国家职业教育改革要求

党中央、国务院职业教育改革工作要求：全面落实《国务院关于印发国家职业教育改革实施方案》（国发〔2019〕4号）和《关于在院校实施"学历证书＋若干职业技能等级证书"制度试点方案》（教职成〔2019〕6号）。教育部组织开展职业技能等级证书及标准的建设主体——职业教育培训评价组织申报工作，为落实国家职业教育改革要求提供了途径。

（二） 资源保障：得到公司大力支持

职业教育培训评价组织申报工作得到了公司主要领导和国家电网有限公司人力资源部的肯定和支持。2019年6月，院校起草《关于申报教育部职业教育培训评价组织的请示》的签报，得到公司主要领导的签批。在实施过程中，公司组建开发团队，召开申报工作推进会，为资料的高效准确收集提供了有效保障。

五、实际成效及推广价值

通过积极开发公司职业技能等级证书，贯彻了党中央、国务院职业教育改革工作部署要求，彰显了公司作为特大型国有重点骨干企业勇于承担职业教育改革重点任务的良好形象。

根据 1+X 证书制度实施要求，下一步，各职业院校需将 X 证书融入专业人才培养，根据职业技能等级标准和专业教学标准要求，将证书培训内容有机融入专业人才培养方案，优化课程设置和教学内容，统筹教学组织与实施，深化教学方式方法改革，提高人才培养的灵活性、适应性、针对性。

院校作为公司直属教育培训单位和职业院校，充分发挥了职业教育发展研究中心的职能作用，积极为公司职业教育大力发展改革贡献力量，进一步推进了产教融合、书证融通，优化了人才培养培训模式和评价模式。

创新人才培养和评价模式，
提高人才培养质量

——变电设备检修专业

□ 张　彦

2019 年 2 月，国务院发布了《国家职业教育改革实施方案》（简称《实施方案》），首次提出启动 1+X 证书制度试点工作，开启了我国职业教育人才培养模式和评价模式创新发展的新阶段。为贯彻落实《实施方案》的相关要求，教育部等四部门联合印发了《关于在院校实施"学历证书＋若干职业技能等级证书"制度试点方案》（简称《试点方案》），提出 1+X 证书制度年内将在首批试点院校中落地实施。《实施方案》适时启动实施 1+X 证书制度，要求职业院校落实学历教育与培训并举的法定职责，指出"院校内培训可面向社会人群，院校外培训也可面向在校学生"。2019 年，为推进高等职业教育高质量发展，完善学历教育与培训并重的现代职业教育体系，国家电网有限公司开启了第四批 1+X 证书制度试点申报工作，同时申报了变电设备检修等九个职业技能等级证书。总结职业教育培训评价组织和技能等级评价证书及标准的申报之路，主要经验总结如下：

更多精彩内容
请扫码阅读

以 1+X 证书制度实施为契机，强化育训结合

——继电保护检修职业技能等级证书开发

□ 黄　海

根据国务院《国家职业教育改革实施方案》，于 2019 年正式启动 1+X 证书制度试点工作，促进学历证书的"1"与多个职业技能等级证书的"X"互通，有助于高职院校学生拓展就业创业本领，缓解结构性就业矛盾。本案例集结职业教育领域资深专家、《国家职业技能标准——继电保护员》起草人、山东电力高等专科学校继电保护专业带头人、国家电网有限公司（简称国家电网）继电保护专业专家人才等，按照有关文件精神，深入电力职业院校调研，以国家电网继电保护员技能等级评价标准为基础，完成继电保护检修 X 证书的职业技能等级标准开发与职业教育培训评价组织申报工作。整套证书开发体系充分论证、集思广益、紧贴现场、与时俱进，充分体现了理论性、实践性和先进性，将对继电保护检修 X 证书的推广起到坚强支撑的作用。总结继电保护检修职业技能等级证书开发过程，主要经验体会如下：

更多精彩内容
请扫码阅读

第二篇　双向育人是 *关键*

探索 X 证书培训路径，拓宽动力类人员专业发展道路

□ 张瑶瑶　张雪然

1+X 证书制度，即"学历证书 + 若干职业技能等级证书"制度。"1"为学历证书，"X"为若干职业技能等级证书。学历证书全面反映学校教育的人才培养质量。职业技能等级证书是毕业生、社会成员职业技能水平的凭证，反映职业活动和个人职业生涯发展所需要的综合能力。"1"是基础，"X"是"1"的补充、强化和拓展。1+X 证书制度能全面反映劳动者的基本素质。

1+X 证书制度是职业教育改革的一项重大改革举措和制度设计，有利于深化产教融合、校企合作，有利于培养高素质复合型技术技能人才。为此，山东电力高等专科学校（简称学校）动力工程系积极探索、实践结合"垃圾焚烧发电运行与维护"职业技能等级证书的 1+X 证书制度，创新了人才培养模式，有力地拓宽了学生的职业能力。总结学校动力工程系 1+X 证书制度的发展之路，主要经验总结如下：

更多精彩内容
请扫码阅读

第三篇

『三教』改革是重点

第四章

尚师德，精师能，打造新时代卓越师资队伍

> 希望广大教师不忘立德树人初心，牢记为党育人、为国育才使命，积极探索新时代教育教学方法，不断提升教书育人本领，为培养德智体美劳全面发展的社会主义建设者和接班人作出新的更大贡献。
>
> ——习近平

三寸粉笔，三尺讲台系国运；一颗丹心，一生秉烛铸民魂。教师是立教之本、兴教之源。教师肩负着立德树人、培养人才、传承技能的重要职责，是推进现代职业教育的关键力量。教师队伍"五力"（项目开发能力、教学实施能力、语言应用能力、思想引导能力、现场实践能力）是引领专业建设的"风向标"，是提高师德素养的"助推器"，是检验教学质量的"试金石"，对提升国网技术学院服务公司及行业的发展能力，实现职业教育高质量发展具有重要意义。

近年来，学院大力加强双师能力建设，建立以岗位胜任力为导向的激励约束机制，研究建立教师"五力"评价标准，完善评价及结果应用机制，鼓励岗位成才，拓宽教师的职业发展途径，促进师资队伍科学发展，从而激励教师提高内生动力，不断提高业务能力，提高职业教育和企业培训质量，形成学校的核心竞争力。

本章共有三个案例，分别从五力评价体系、国际化培训项目和国际化师资团队建设三个方面阐释了三教改革的师资建设问题，对师资队伍高质量发展具有重要意义。

构建五力评价体系，全面提升教师能力

□ 谭 伟

教育大计，教师为本。教师承担着传播知识、传播思想、传播真理的历史使命，是教育发展的第一资源。遵循教育规律和教师成长规律，构建"五力"评价体系，打造高素质专业化创新型教师队伍，对于落实立德树人根本任务，提高人才培养质量具有重要意义。

一、实施背景

师资队伍的能力是学校的核心竞争力。研究建立科学的教师职业能力评价体系，从管理机制上引导教师立足岗位成才，提高学校核心竞争力是一项重要而紧迫的任务。同时教育部、财政部《关于实施中国特色高水平高职学校和专业建设计划的意见》（教职成〔2019〕5 号）文件中再次明确指出，以"四有"（即有理想信念、有道德情操、有扎实学识、有仁爱之心）标准打造数量充足、专兼结合、结构合理的高水平双师队伍，建立健全教师职前培养、入职培训和在职研修体系，建设教师发展中心，提升教师教学和科研能力，促进教师职业发展。创新教师评价机制，建立以业绩贡献和能力水平为导向、以目标管理和目标考核为重点的绩效工资动态调整机制，实现多劳多得、优绩优酬。

在学校各项业务蓬勃发展、新补充人员不足的情况下，能否通过完善内部管理与考核机制，建立以岗位胜任力为导向的激励约束机制，是提高学校核心竞争力的重要方式。

二、主要目标

教师队伍建设作为学校转型升级重要的基础工作，通过"五力"评价可以找准教师队伍建设的突破口和着力点，持续提升教师队伍能力素质，推动学校教师队伍建设再上新水平。并可以积极构建基于教师"五力"的职业发展、绩效管理、薪酬分配、教育培训、人才开发"五位一体"发展体系，加快建设一支高素质专业化教师队伍，为创建国际一流企业大学提供坚实人才保障。

三、实施过程

（一） 建立健全教师队伍"五力"评价体系

1. 构建教师岗位胜任力模型

根据《深化新时代职业教育"双师型"教师队伍建设改革实施方案》以及职业教育改革对教师能力素质的要求，通过行为事件访谈、问卷调查等方法，初步构建教师胜任力模型。具体归纳为五个维度：项目开发能力、教学实施能力、语言应用能力、思想引导能力、现场实践能力；对能力素质进行分类，形成分级分类的 15 个胜任力因子：调研评估、项目规划、资源开发；教学理论、教学设计、教学实施、教学管理；文化素养、外语水平；政治水平、文化引领、教书育人；专业知识、实践能力、科研创新。

2. 科学设置教师"五力"等级

根据教师岗位胜任力模型，对照学校专业技术岗位序列，开展岗位能力评级，将教师"五力"等级划分为高级、中级、初级三个级别。同时，分级设定评价标准和分数（段），达到标准要求的最低分值可评价为相应级别。

3. 建立教师"五力"评价标准

建立面向企业培训和职业教育，覆盖公共课、专业课、实操课等各类课程的教师"五力"评价标准。在专业细分和能级对照矩阵的框架下，对高级、中级、初级"五力"的工作内容及能力素质水平进行综合描述。在此基础上，界定各专业各能力级别人员的区别，就能力级别间工作内容的差异和专业水平的递进程度进行细分和量化。

（二） 全面开展教师"五力"评价

1. 精准开展教师"五力"评级

坚持目标导向、问题导向和质量导向，引入第三方师资质量评价机构，采用专业考试、课堂评价、论文答辩、实操考核等多元化复合模式开展教师"五力"测评。定期开展部门测评，以专业考试、课堂评价、实操考评等方式为主；每年组织第三方专家测评，以培训项目（人才培养方案）评审、课堂评价（说课评价）和答辩等方式为主。

2. 积极推进教师评价机制改革

基于"五力"的教师评价机制，结合"三项制度"改革，激发高学历、高职称、高岗级教师的改革意识，推动教师队伍结构调整和素质提升。坚持竞争上岗，激活整个教师队伍的竞争意识，为优秀人才和青年教师的脱颖而出创造条件。坚持质量优先，提高"五力"评价在教学实践中的应用，调动教师参与教研教改的积极性，促进培训教学质量持续提升。

（三） 持续提升教师"五力"评价能力

1. 提升了教师项目开发能力

根据公司战略部署，适应培训市场需求，以服务企业生产、满足客户需要为出发点，以提升学员学生能力为目标，加强教师在"培训需求分析、培训目标制定、培训内容设计、培训成果交付和培训效果评估"等全流程上的学习与实践。以品牌培训项目、涉外培训项目、职业教育特色课程为抓手，组织开展精品课程建设和评选，建设一批精品课程（群），完善线上线下课程体系，开发完善以教材、课件、案例、题库为载体的企业培训和学历教育项目，进一步激发师资队伍的开发动力，树立教师在创新领域的信心和品牌。

2. 提升了教师教学实施能力

主动转变教师定位，从知识的传授者，转变为学员学生学习的引导者；主动改进教学理念，从传统的"教学生学"，转变为"教学生学会"，进而转变为"教学生会学"。通过"启发式""互动式""体验式""案例式"等教学方法，引导学生积极主动地去探究、研讨、观察和实践。掌握教学前沿理论和先进方法，大力应用现代信息化教学手段和工具，大力实施行动式教学、翻转课堂等高参与度教学模式，进一步展现精彩课堂。

3. 提升了教师语言应用能力

强化教师语言应用培训，增强教学语言的趣味性和吸引力，激发学员学生学习积极性。依托国际化人才工作站开展"双语"师资培养，提升教师"双语"教学能力，开展国际化培训；推广英语在对外交流、培训教学和日常工作中的应用，定期举办海外文化沙龙。持续开展英语等级和 ATD 培训大师认证，并作为教师语言应用能力评价的重要指标，持续推动学校国际化人才的培养和提升。

4. 提升了教师思想引导能力

实施师德师风建设工程，将师德师风作为评价教师素质的第一标准，突出全员全方位全过程师德养成，引导教师把教书育人和自我修养结合起来，做到以德立身、以德立学、以德施教。建立师德考核负面清单制度，强化师德考评，对学术不端、师德失范的实行一票否决。大力推动以"课程思政"为目标的课堂教学改革，优化课程设置，完善教学设计，梳理各门专业课程所蕴含的思想政治教育元素和所承载的思想政治教育功能，融入课堂教学各环节，实现思想政治教育与知识体系教育的有机统一。

5. 提升了教师现场实践能力

落实《教师现场实践锻炼管理办法》，完善实践锻炼方案，量化现场实践能力提升目标，强化监督考核，促进教师现场实践锻炼的制度化、规范化、深入化。建立现场实践锻炼常态机制，教师每 3 年在生产一线实践锻炼不少于 6 个月。建立与公司内外生产单位、科研机构、设备供应商和技术服务商的战略合作关系，继续与网省公司等生产单位开展"双向"挂岗，拓宽合作交流渠道，共同推进人才培养和队伍建设。

四、实施效果

2018 年 8 月 10 日，组织在学校 2016 年、2017 年参加工作，新进入培训师教师岗位的 15 名同志开展了试点评价工作。通过开展试点评价，发现了新任教师在"五力"方面的优点，找出了差距和不足，进一步明确了努力的方向。主要有以下效果：

（一） 提高了师资培养针对性

通过开展试点评价，发现新任教师经过 1～2 年的学管岗位锻炼，语言表达能力普遍较好，授课仪态普遍自然，能准确表达所讲内容，体现出了很好的教学基本功。发现的普遍缺点是基本项目开发能力（单元教学设计编写）还不够规范，课件制作的生动性还不够，在课堂上的思想引导力还需要加强，这都为今后开展师资培训指明了方向，也必将提高师资培训的针对性和实效性。

（二）　明确了个人的努力方向

新任教师通过参加评价，对照评价标准，自我诊断了"五力"方面存在的不足，15 人共提出了 64 条基本教学能力方面的不足。通过评价，看到了距离合格教师的差距，明确了今后的努力方向，为今后自我学习、自我提升提供了参考。

（三）　指明了职业成长的道路

15 名新任教师普遍感觉到，5 个能级的评价标准明确，从助理培训师到首席培训师，路径已经规划好，下一步要对照标准，朝着首席培训师的方向努力，立足岗位成才的信心更加坚定和明确。

五、条件保障

（一）　构建"五位一体"应用体系

推进教师"五力"评价结果与岗位聘任、人才选拔、收入分配等挂钩，构建职业发展、绩效管理、薪酬分配、教育培训、人才开发"五位一体"的应用体系，强化激励约束机制。充分调动广大教师的积极性，引导教师向项目开发、课程设计、双语教学、教研教改以及现场实践等高层次、高绩效的职业方向发展。

（二）　开展教师"五力"培训

构建"基础理论学习、专业能力培训、实践能力锻炼、综合素质拓展、'五力'等级认证"为一体的教师职业学习路径。建立教师继续教育机制，制定学校教师培训学分登记制度。组织教师参加国家级和省级师资培训，观摩省级及以上教学能力大赛，调研名校"双高"建设；每月举办一次"名师大讲堂"，邀请知名院校和企业的电力、科研、职教、管理等领域的专家以及教学竞赛大奖获得者做专题讲座或公开课，分享最新教学经验。

（三） 深化专业技能竞赛

建立教师考试竞赛常态机制，以项目开发、课程设计、课件制作、授课技巧等为重点，每年举办一次教学技能大赛。借助网络大学平台，定期组织教师岗位考试和能力测评，考试结果与"五力"评价挂钩。鼓励专业培训部开展技能比武、课堂教学竞赛、教案制作比赛等活动，促进教师日常"五力"的提升。

（四） 建立教学诊改机制

发挥学术专家委员会、教学指导委员会重要作用，建立内部质量诊断和改进机制，应用督导评价结果，激发教师提升"五力"的内生动力。定期发布培训教学质量报告，将培训教学质量评价结果应用于教师的"五力"评价等工作中，促进教师业务成才。

（五） 强化组织建设与保障

成立"五力"评价实施领导小组和工作小组，加强统筹协调，制定工作方案，明确职责分工，细化落实路径，通过项目化管理推进"五力"评价工作落实；要以督查促落实、以考评促改进，确保"五力"评价取得实效，学校教师队伍行稳致远。

（六） 营造"五力"提升氛围

要加强教师"五力"宣传解读，引导树立优秀典型，大力弘扬干事创业精神，努力营造良好工作氛围，充分调动全体教师参与"五力"评价的积极性。

克难攻坚，齐心完成国际化培训项目

□ 冯　刚

面对困境，用科学的团队管理策略谋划布局，针对不同的国际化培训工作制定精细的指导方案，用卓尔不凡的长远眼光为今后的国际化工作奠定基石，是保证国际化培训工作稳步推进的重要保障。

一、实施背景

随着国际化培训项目地不断开展，教师队伍正面临着愈发加深的挑战。面对更多样化的学员来源，更广泛的技能需求，更频繁的对外交流，如何以团队之力在国际化工作中脱颖而出，成为最近几年来培训团队的主要任务之一。通常，国际化培训任务面临着如下三大挑战：

（一）　培训需求高

随着世界范围内电网精益化水平的不断提高，有关国家的培训需求也正不断加深。比如，斯里兰卡提出进行 HTLS 专用导线的架线培训。这类培训项目的困难之处是，无实训场地和牵张机等设施，HTLS 导线国内应用较少，与之配套的金具难以采购，牵张机操作属于特种作业范畴，现场培训作业安全管理压力巨大。

（二）　工作协调难

国际化培训对象远道而来，通常是想满载而归，达到培训效果最大化的目的。为保证国际化项目落实落地，在培训内容安排、统筹、组织上，往往会下很大工夫。有时场地、内容的安排，一次培训需要联络多家单位共同完成。统筹时间、地点、项目、过程这类协调事项的环节十分复杂。

（三）　翻译难度大

对于一次国际化培训的组建需要事无巨细，而使用语言的不同则需要培训材料全部以英语内容呈现。对于专业英语，还需与培训国家使用的常用术语相对应，否则还是会造成语言沟通上的误解。教师大部分没有出国经历，对相关语言使用需要突击学习，这无疑给培训工作带来不小的难度。除此之外，不同国家由于国情不同，对英语的掌握水平也不一样，教师还要适应不同口音，现场随机应变。比如某一培训中，开班前两天才了解到该培训班工作语言为僧伽罗语和泰米尔语，只有四名学员能说印式英语，一时间授课与现场翻译压力巨大。诸如此类语言上的障碍，急需通过培训、实战等方式方法不断克服。

二、主要目标内涵

（一）　建立完善的国际化人才培养体系

做好国际化培训工作，首先要打造金牌团队。建立健全教师师资队伍，强化其国际化培训水平，需要具备完善的师资培养体系。力求对教师做到"集中培训、远程在线培训、海外现场培训"的全方位包装。从英语训练、授课技巧到专业能力，在一次次摸索中逐步健全培训师人才培养体系。

（二）　搭建综合的资源集中型培训模式

通过一系列国际化培训项目，不断丰富和深化培训主题，建立资源台账。以形成国际化培训"学习集约、资源开发、资源配置"的能力。首先，形成国际化项目培训案例目录，以便今后类似培训有据可依。与此同时，将培训中使用的培训流程、课件、教案、培训指南分类存放，逐步形成模式化培训体系。与各合作单位保持良好联络，以便在今后的培训中形成良性互动。

（三）　形成多元互补型国际化培训团队

进一步完善和扩大团队工作效能。团队中吸纳技能多元型教师，在国际化人才培养体系的帮助下，不断提升其业务能力。使一支工作团队同时兼具培训咨询、项目运营、项目开发、课程设计的本领。将个人亮点融入团队思维，形成针对国际化业务工作的良性合力。以流水线式的工作流程，打造高标准思维模式。

三、实施过程

（一）　培训需求综合分析

培训课程内容的设置必须从培训对象需求角度出发。而如何进行培训项目设计，则需要资料整合、综合分析、优化讨论。为了对课程进行合理设置，以需求为导向进行宏观的课程搭建，再从大框架入手，填充具体实际的培训内容。根据培训需求，在适当的时间与课程处添加实训操作，这才是完成了课程的第一轮设计。更深层次的问题在于，培训团队自身要明确，国际化培训的要义除了完成基本培训工作外，也是宣讲国家电网有限公司新技术、新发展的重要平台。这是更高一级的着眼点，也是将合作的目光放在更长远的方向。对于新技术的宣讲，可根据培训对象的兴趣与关注点进行调整，即对方的明确与潜在需求是什么，我们就讲什么，以此形成"教师宣讲、培训人员互相传播、未来深层次合作"的良性循环。

（二） 加强培训师核心素质能力建设

针对国际培训业务的特殊性，着力打造"金牌教师队伍"。为应对不同培训班共性以及个性问题，对教师的培养主要体现在四大方面：一是英语水平；二是专业积累；三是讲授本领；四是交流技巧。

英语是国际通用语言，只有掌握了英语授课本领，才算走好了踏进国际化市场的第一步。而国际化业务中涉及的交流场景，不仅限于课堂本身。学员来到培训基地，除了抱着提升专业技能的主要目的之外，还拥有对中国文化、思想交流等愈发多元化的渴望，因此国际化培训还肩负着本国优秀文化输出，拓展国际业务深度的重要使命。这也给教师英语水平提出了更高要求。除了专业英语，还需精通在日常生活、商务交流等多各场景中的英语使用。而且，其英语掌握的评判已脱离传统英语水准中"分数"的限制，而走向灵活使用、融会贯通的标准，且以口语表达语音清晰、含义准确为第一要义。

专业技能的提升是培训对象最根本的目的，因此专业性则是衡量教师队伍能力的最根本指标。只有具备丰富专业背景的培训师，才能应对授课过程中出现的种种提问。国际学员主要特征之一就是乐于交流、善于提问，因此每一个问题都可能成为深入讲解的重点。培训前团队"共商共建"，模拟真实情景，互相提问，英语作答，形成有针对性的提问集锦；培训中多人作答，力求讲解完整、准确。

国际化培训重在交流、研讨而非一味地讲授，这与新时代职业教育课堂模式不谋而合。为了适应新形势下课堂转型，探讨如何有效提高课堂交流效果，让交流与讲授互为补充。奠定了如此的基调，接下来就是通过一系列的手段去提前适应国际化授课模式。比如，组织教师积极参加英语授课比赛，在实战中强化本领；团队内部实景模拟，跳脱固有思维，沉浸式演练真实上课情景；邀请优秀教师讲授国际化授课技巧，以采取更能够让外籍学员接受的国际领先授课模式进行培训项目。

此外，教师队伍还在软实力上不断攀升，比如资源开发能力，培训策划能力，资源调集能力和项目管理能力等，这些都在组织培养与自我学习中不断进展。

（三）　精准筛选优化

培训内容、师资团队讲求精细化的配置。针对某次培训的内容从课程需求分析到课程设置都要经过反复地研讨。课程内容并不越多越好、理论讲授要与实训相结合、问题导向要清晰明确、案例讲解不够清晰透彻……诸如此类的讨论与修改在每一次国际化培训准备过程中不断上演，只为用最科学、严谨、认真的态度，打造最合理、优化、全面的培训内容。

（四）　实时反馈整改

国际化项目的前期准备工作越具体，后续开展就越顺利，但总有意料不到的状况和问题。授课过程中，每个项目培训班都配备有专门负责的班主任，针对学员的不同情况划归小组，每小组也配备有专门负责的老师，以确保及时收集学员的问题，反馈整改。

四、条件保障

（一）　高素质师资队伍

培训教师团队的业务基础是开展一系列培训工作之本。拥有一支由高水平教师组成的且具备团队协作精神的队伍为国际化任务的开展提供了有力保障。衡量高水平培训教师的标准绝非单一，是硬实力和软实力的有机结合。由工作经验丰富、学术背景丰厚的专家人才带队，新储备力量的加入，整个团队已经呈现出"任务划分有序、互为补足"的有利局面。

（二） 团队建设水平提升

团队是保证齐心协力完成国际化培训任务的重要单元。科学化团队体系建设为个体优势的发挥和创新提供了有利环境。让独立的个体在团队中找到自己的位置，明确自己的舞台，才能出现 1+1 大于 2 的效果。在团队建设过程中，遵循团队成长的四个阶段，即形成期、风暴期、规范期和高潮期。将针对国际化培训任务的团队建设分成长期与短期两个阶段，即分成长期磨合与短期团队动能激发。对团队组成配比、分工有机划分，将个人成才与团队成就相融合，摒弃了一人独大的管理模式，变成"遵守团队准则，人人都有主动权"的局面。

（三） 国际化需求日渐明显

近几年，有关国际化的培训项目呈现需求大、国家来源多、学员工种多样的趋势。从菲律宾、巴基斯坦，到俄罗斯、哈萨克斯坦、塔吉克斯坦、蒙古国等，虽需求不一，但标准、培训综合度越来越高。有需求，虽然是挑战，但更是动力，不断提高的标准不断明确着国际化团队变革的方向。

五、实际成效以及推广情况

（一） 为今后国际化项目提供范本

随着一系列国际化培训工作的完满结束，大量有实用价值的材料被不断累积起来。根据培训对象的课堂实时反馈、课后培训评价、培训后技能测试等数据，逐渐总结出更具指向性的整改、完善意见。对来自不同国家的学员有了更深入的了解，这为今后有相似国情的培训课程设置、文化交流细节提供了切实可行的依托。

（二） 团队与个体形成纽带性联结

个体与团队的磨合在每一次国际化培训中越发深入、平缓。在每一次研讨、试课、提问与问题解决中，团队队员对自身的任务定位更加准确，对自身不足之处提升的渴望也非常强烈。拥有团队意识是齐心协力完成国际化培训工作的基石。教师在授课过程中，不仅是在展示课程内容，更是作为团队、公司以"形象大使"的姿态进行宣讲。让个体对团队产生纽带性的不可分性，让团队为个体提供发展、展示的空间，是国际化培训工作在团队合作方面的建树。

（三） 硬作风关键时刻显成效

面对繁重的国际化培训任务，愿不愿担当、敢不敢担当和能不能担当成为工作态度和工作水平的最好检验。扎实本领还要配合过硬作风才能体现成效。唯有迎难而上、主动作为、积极补位，才能顺利完成每一次国际化培训任务，为后续再开展国际化业务积累了经验，也铸就了更强的信心。实践证明，"改变思想认识、改变工作作风、改正不良习惯、提升管理效能"活动起到了明显效果。在积极适应国际市场激烈竞争需要的同时，大力加强国际化师资队伍建设和课程建设，持续强化外语能力，把工作做到平时，才能在时间非常紧迫的情况下仍然顺利完成国际化培训任务。

（四） 英语培训大幅提升个人素养

国际化培训工作大幅度提升了骨干教师的英语水平。课堂上的交流讨论逐渐从英语表达的障碍到对问题本身的深入探讨。通过集中培训、等级考试等方式提升英语水平，效果明显；当站在国际化的讲台上进行实战，更为教师提升了信心。学院通过举办英语师资、星火计划、育才计划、ATD 培训大师培训班，充分打造了一支覆盖电网专业技术和企业文化领域的英语师资队伍，为国际化培训奠定了基础。

（五）　多元融合打造国际化品牌团队

随着社会的发展，特别是经济科技快速发展，社会文明程度不断提高，大数据时代来临带来的人才多样性需求，个人发展诉求日益彰显，人们的行为方式发生变化，价值追求趋向多元，人们更加关注个人幸福感和生命价值。这种价值观的主流趋势在国际化培训工作中有着明显的体现。培训团队在进行专业知识讲授的同时，充分关注培训对象的个人需求，教师主动变革的意识和课程开发能力也应不断增强，在变革中找到更深层次的责任和更崇高的使命。

加强国际化师资团队建设，构建国际化人才发展与培养体系

——学校国际化人才"星火计划"培训实施

□ 谭　伟

十八大以来，公司业务逐步从中国向世界其他国家和地区扩展，公司本身也从传统的产品、劳务输出型企业向技术、管理输出型企业升级。山东电力高等专科学校作为公司层面唯一的技术技能类培训和职业教育机构，深入贯彻落实公司"建设具有中国特色国际领先的能源互联网企业"战略目标，积极发挥公司技术技能人才培养"国际合作交流平台"的作用，以高度的使命感和强烈的事业心，全力服务公司国际化业务发展，大力实施国际化人才战略，积极开展国际化人才培训，迈出了建设国际一流企业大学的重要一步，翻开了学校国际化发展的新篇章。

一、实施背景

按照习近平总书记"观大势，谋大局，干实事"的要求，学校准确把握公司国际化发展趋势，全面调研公司国际化培训需求，深入分析自身国际化培训能力，超前谋划国际一流企业大学人才队伍建设，作出了"实施国际化人才战略，开展国际化人才培训"的重大决策，为学校国际化发展赢得了战略主动。

（一） 准确把握公司国际化发展趋势和培训需求

党中央提出要加快走出去步伐，增强企业国际化经营能力，培育一批世界水平的跨国公司，在全球范围内配置资金、技术、人才、市场和战略资源。公司积极响应党中央号召，构建并推动全球能源互联网建设，大力实施境外电网业务投资、国际工程承包、国际能源合作等领域国际合作项目，成功投资运营菲律宾、巴西、意大利、葡萄牙、希腊等7个国家和地区的骨干能源网，累计建成中俄、中蒙、中吉等10条国际输电线路，直接对外投资150多亿美元，境外资产达到560多亿美元，实现了资本、技术、人才、标准全方位"走出去"。

伴随着公司海外业务的发展，为迅速提升海外员工对公司先进电力技术的掌握和应用，增进国际人员的交流与融合，加深海外员工对公司企业文化的认同，推动电力装备出口和电网标准输出，国际化培训业务接踵而来。作为公司技术技能人才培养国际合作交流平台，迫切需要学校转变发展思路，紧跟公司国际化发展的步伐，全力做好国际化培训业务。

（二） 深入分析学校国际化培训能力

服务公司国际化业务发展，重点在学校国际化培训的业务能力，关键在教师的技能水平。当前，国际化人才培训的主要问题依然是不断增长的国际化培训需求与学校国际化业务能力不足之间的矛盾，主要表现为国际化师资队伍能力不足，特别是缺少高水平国际化人才。

（三） 超前布局国际一流企业大学队伍建设

山东电力高等专科学校在深入分析国际化培训业务发展形势和任务的基础上，作出了创建国际一流企业大学的战略目标。国际一流企业大学将建成多语种、多层级、多领域的电力教育培训体系，实现学习平台、课程体系和师资人员全面国际化，覆盖技术、装备、资本、运营等各项国际业务，未来还将设立学校海外分校，建立国际电力技术技能人才培训论坛，努力成为国际知名的电力培训组织。因此，作为企业大学的核心资源，培养国际化人才成为建设国际一流企业大学的首要任务。

（四）存在的问题与困难

1. 国际化师资队伍能力不足，高层次人才依然紧缺

能够灵活运用外语、适应跨国文化、开展高端技术技能培训的教师还不够多；国际化业务团队还缺乏必要的国际市场历练，缺少国际商务、法律、财务和招投标管理等领域的实用型专业人才。

2. 国际化人才的培养体系需要进一步健全

现有国际化人才培养以语言类课堂培训为主，与国际业务的"实战化"要求存在一定差距。需要进一步研究制定培养目标、培训形式、课程设置、实践内容等培养体系；同时，需要进一步健全国际化人才培养与使用的组织形式、培养载体、业务团队、人才梯队。

3. 国际化人才的激励机制有待进一步完善

目前，国际化人才培训的工学矛盾比较突出，国际化氛围的长期保持与增强仍存在一定困难，对国际化人才的培养与使用还缺乏长期有效的激励措施，与国际业务发展相适应的国际化人力资源管理机制还需进一步完善。

二、目标内涵

山东电力高等专科学校将国际化人才"星火计划"培训作为服务公司国际化发展，创建国际一流企业大学的一项长期战略任务和支撑学校改革发展的重要人才工程。

（一） 总体思路

以学校国际化发展战略为指导，坚持目标导向、问题导向和质量导向，实施全员"学外语、用外语"及国际化人才"星火计划"，利用 3～4 年时间（2017—2020 年），建立覆盖全员的国际化人才培养体系，搭建国际化人才培养平台，制定国际化人才培养标准，完善国际化人才激励与考核机制，选拔培养国际化业务骨干团队，围绕国际业务能力，定制培训课程和实践项目，分级分类开展培训技能、课程开发、项目管理以及跨文化交流等专项培训，组织国际资格认证，推动国际化培训业务能力提升，为创建国际一流企业大学提供有力的人才支撑与智力支持。

（二） 培训目标

具体目标为：

（1）将英语作为学校对外交流的工作语言。

（2）建立与岗位对应的外语等级认证体系，全员英语平均水平达到《欧洲语言教学与评估框架性共同标准（CEFR）》A2 及以上，国际化师资团队（含葡萄牙语）达到 B2 及以上水平。

（3）能够熟练运用外语授课的国际化师资团队超过 200 人，其中葡萄牙语师资团队 20 人。

（4）具备外语沟通能力，熟悉国际商务、国际法律、人力资源、培训管理的各类专业管理人员 30 人以上。

（5）具有国际资格认证人员 130 人。其中，教师 100 人，管理人员 30 人。

三、实施过程

2016 年 3 月，山东电力高等专科学校举办了首期国际化师资培训班，拉开了国际化人才培训的帷幕。

2016 年 12 月，学校制定了《全员"学外语、用外语"及国际化人才"星火计划"实施方案》，陆续启动了国际化管理和服务团队培训，组建了国际化培训管理、师资和服务团队，开展了国际化人才"星火计划"首期培训。

2017 年，先后举办了"星火计划"二期培训、葡萄牙语培训、高级经营管理人才英语培训、全员英语认证培训和首期 ATD 培训大师认证等 7 期培训项目、15 个培训班，287 名员工参加培训，国际化培训团队达到 143 人（含葡萄牙语），其中管理团队 62 人、师资团队 62 人、服务团队 19 人。

2018—2020 年，相继实施了"星火计划"师资培训、"星火计划"葡萄牙语测试、高级经营管理人才英语培训。按照学员认证需要，逐年提高办班等级，每个认证等级举办 1 个班。其中，A1、A2 级以网络自学为主，B1 ~ C2 以课堂授课为主。同时，组织教师参加《ATD 培训大师资格（Master Trainer）》认证，目前认证教师已达 62 人；组织教师参加托业（TOEIC）考试。

具体实施方案措施如下：

（一）　制定国际化人才发展规划

以公司国际化人才战略为指引，按照学校国际化业务发展需要，制定并实施《国际化人才发展规划》，构建《国际化人才胜任力模型》，规划国际化人才学习与职业发展路径，完善国际化人才激励与考核机制，组建培训国际化业务骨干团队，持续加大培训投入力度，确保每年用于外语学习和国际业务培训的支出不少于职工教育经费的 60%。

（二）　建立激励考核机制

（1）实行学分制。将外语学习课时、授课任务、考试成绩、竞赛比武以及资格取证情况综合纳入学分考核体系，并按学分开展分级分类考核。

（2）对取证人员进行奖励。奖励分为长期激励和奖学金奖励两种形式，凡取得 B2 级及以上等级认证，每提高一个等级，提升员工 1 个薪档。在实行长期激励的同时，对员工取证及持续提升发放奖学金。

（3）开展外语学习师带徒。按照《"师带徒"管理实施细则》规定，签订外语学习师带徒合同，制定并实施师带徒学习计划。

（三） 实施国际化人才"星火计划"

举办国际化人才"星火计划"培训两期，培训英语授课师资 46 人，采取封闭集训和海外实践锻炼的方式，重点提升学员的英语授课和跨文化沟通能力，设置军训拉练、语言学习、授课技巧、国际文化和综合素质五个培训模块，组织首期培训班学员赴菲律宾国家电网公司现场实践锻炼。

（四） 组织全员英语认证培训

制定《全员"学外语、用外语"及星火计划实施方案》，坚持全员"学外语、用外语"，做优做精国际化人才培训项目。以《欧洲语言教学与评估框架性共同标准（CEFR）》为目标，采用"集中培训、网络自学、认证考试"等方式，要求参训员工在 1 年时间内晋升一个等级，最终达到岗位任职资格所要求的认证等级。

优化培训课程，突出专业实用性，举办高级经营管理人才英语培训 1 期、全员英语等级认证培训 2 期，组织 160 名员工参加英语等级认证，采用以托业（TOEIC）为主的第三方认证方式，每年对全员进行外语等级认证，并进行以实践应用为主的考评。推广网络学习应用，采用沉浸式学习方法，解决工学矛盾；组织员工参加英语和葡萄牙语等级认证考试，举办英语应用技能竞赛。

（五） 举办葡萄牙语培训

为服务国网巴西控股公司项目，开拓葡萄牙语国家培训业务，学校于 2017 年 2 月启动"星火计划"葡萄牙培训，选拔 40 名业务骨干组建了葡萄牙培训团队，于 2018 年组织首次葡萄牙等级认证。

（六）　开展 ATD 培训大师认证

鼓励专业管理和技术人员加入国际组织，参加国际学术交流，取得国际培训职业资格认证。2017 年，组织教师参加国际权威培训组织——人才发展协会（Association for Talent Development，ATD）的培训大师认证，31 名培训师取得 ATD 培训大师（Master Trainer）资格，实现国际培训资格认证"零突破"，成为中国为数不多的具有国际培训资格认证的教师。"十三五"末，国际认证教师达到 62 人。

（七）　建设国际化人才工作站

设立学校国际化工作站，建设国际学习教室、网络学习机房、语音学习室、英语沙龙和外语图书角，长期聘请外教驻站进行实践指导，定期开展教研活动，形成语言语境、沟通交流、创新思维等方面的国际化氛围和特色。

（八）　培养国际化高端紧缺人才

转变培训方式，创新培养机制，培养国际化高端紧缺专业人才。联合培养高端人才，引入国际培训标准，与国际组织联合开展国际化师资队伍资质培养，重点加强特高压交直流、配电自动化、智能电网等专业的双语授课师资队伍建设；拓展国际交流渠道，利用国家交流合作平台，积极参与国际学术交流活动，定期选派师资参与海外访学、定向培养、人才互换等国际交流项目；积极储备青年人才，选送青年骨干教师参与国际培训师项目，加强对年轻教师双语授课能力的培养。

（九）　打造国际化人才培训品牌

加强国际化人才开发理论的研究与实践，申报 ATD 卓越实践奖项，寻求国际合作交流，争取国际培训行业认证，积极承接公司系统各级国际化人才项目，引领示范公司国际化人才培养建设，树立国际培训品牌。

四、实际成效及推广价值

通过实施全员"学外语、用外语"及国际化人才"星火计划"，山东电力高等专科学校培养了一批具有国际视野和思维的创新型人才，开发了符合公司"走出去"战略的国际课程，初步具备了国际业务的开拓和创新能力，推动了国际化培训业务的开展，为创建国际一流企业大学奠定了坚实基础。

（一）　转变观念，国际化思维深入人心

组织全员"学外语、用外语"，员工的观念逐渐从"要我学"转变为"我要学"，树立了学校国际化发展的信心，自觉转化为开拓国际培训业务的行动；举办国际知识和涉外礼仪讲座，了解公司海外项目运营状况，分析学校国际化培训业务前景，进一步开阔了员工眼界，拓展了员工的国际化思维。

（二）　学以致用，国际化氛围日益浓厚

学校不断增强全员外语的学习氛围，并将所学积极应用到国际化业务的拓展和运营中，国际化氛围日益浓厚；营造国际化学习氛围，选拔组建"星火种子"团队，开展外语学习"师带徒"，形成一对多帮扶学习机制，带动学习型组织建设。营造国际化工作氛围，在试点部门推行英语办公、英语教学，在国际业务场合使用英语交流，编写英文版涉外制度与方案等，编纂"应知应会"专业英语词汇手册；营造国际化服务氛围，在授课地点、实训环境、食宿环境中制作中英文对照的双语标示牌和内容简介，拍摄制作中英文双语宣传片，提升了学校国际化交流水平。

（三）　项目驱动，师资授课能力稳步提升

近两年，学校通过国际培训项目驱动，采用"使用一批、培训一批、储备一批"的模式，培养英语授课能力师资 50 人（占比 30%），国际化师资的授课能力也稳步提升。教师现已能够掌握英语设计培训课程、编写教案的技巧和规范，能有效完成课程设计任务；流利自如地使用英语实施课堂教学，分配教学任务，组织课堂活动，与学员顺畅交流，并有效完成课堂反馈和评价；参与学员国际化实操项目，具备国际化培训项目开发与方案撰写能力。同时，引导教师开发以特高压、智能电网、全球能源互联网、新能源技术为核心的国际化课程体系，学习国家电网有限公司主导建立的 42 项国际电力技术标准，不断提升国际技术标准的培训能力，传播国家电网有限公司先进技术和企业文化，教师"走出去"的信心和能力进一步增强。

（四）　强化素质，国际交流合作不断增强

以综合素质训练提升员工的沟通能力和自信，拓展国际化人才的开拓和交流能力。通过开展太极拳表演、英文歌曲学唱、乒乓球练习和国际礼仪学习，员工培养了多种爱好，掌握了传统和国际沟通技能，现已承接 3 期 NGCP 培训项目，成功举办 2017 年国际青年能源论坛中国站活动、埃及优秀高中生文化交流活动和"一带一路"国家及地区电力能源高管人才研讨班，组织 6 人赴埃塞俄比亚执行海外培训任务等，学校在技术标准输出、企业文化传播、公司品牌展示、国际人员交流等方面的信心和能力进一步增强。

（五）　实战应用，国际业务能力显著提升

随着国际化人才队伍的不断壮大，学校已成功举办 NGCP 培训项目（17 人），赴埃塞俄比亚执行项目开发任务（6 人），协助中电装备开展埃塞俄比亚国家电力公司培训中心项目招标前期推介工作，参与巴西美

丽山特高压直流送出工程运维人员培训，筹建全球能源互联网培训交流中心，与美国东南电力培训中心合作策划配电网带电作业师资培训，加入"丝绸之路大学联盟"，为"一带一路"国家和地区培训高级管理人才。学校的国际培训、跨文化交流、服务接待能力得到全面锻炼和持续提升，学校的国际业务能力明显提升，彰显了学校在公司国际化发展中的价值和地位。

第五章

统筹资源，合作共建立体化教学资源体系

> 围绕立德树人根本任务，坚持正确政治方向，弘扬优良传统，推进改革创新，用心打造培根铸魂、启智增慧的精品教材，为培养德智体美劳全面发展的社会主义建设者和接班人、建设教育强国作出新的更大贡献。
>
> ——习近平

职业教育专业教学资源库建设要坚持服务型、公益性、开放性、共享性，其服务对象从学校教师、学生扩大到电力企业职工和社会学习者，并探索建立基于资源库应用的学习成果认证、积累和转换机制，为形成灵活开放的终身教育体系、促进学习型社会建设提供条件和保障，这些重要理念和政策实际上就是要建立一种新的职业教育学习制度。

本章共有八个案例，分别从变电检修与试验实训体系、智能配电网运检实训体系、应急培训管理体系、供用电专业国家级教学资源库建设、电力系统自动化技术专业教学资源库建设、电网基建专业短视频开发、继电保护行动式教材开发、《计算机应用基础》共享课程八个方面阐释了三教改革的教学资源问题。其中，智能配电网运检实训体系、《电子产品设计与制作》教学资源库的建设与推广、电网基建专业短视频开发、继电保护行动式教材开发等四个案例位于二维码中。

虚实结合，建设安全规范的变电检修与试验实训体系

□ 马梦朝

本案例主要根据国家职业教育和电网公司安全管理要求、检修与试验实训项目特殊性和学生的特点，建立了虚实结合的实训设施，通过加强学习、管理等措施，形成"四维"安全管理系统。从学习、组织、技术、管理四个维度开展了安全管控体系建设，经过近几年来的教学实践，该管控模式能够有效保障实训过程中教师、学生和培训设备的安全。

一、实施背景

山东电力高等专科学校（简称"学校"）一直担负着培养电力行业高素质技能型人才的重任，以国务院《关于加快发展现代职业教育的决定》（国发〔2014〕19 号）、教育部《现代职业教育体系建设规划（2014—2020 年）》等为指导，遵循高职高专的教育规律，紧跟国家电网有限公司、电力行业的发展，深化校企合作，推动教学过程与生产过程的对接，注重培养学生安全工作意识和安全习惯养成。

变电检修与试验实训课程是以国家电网职业岗位典型工作任务为载体设计教学活动，以序化的工作任务和工作项目推行做、教、学一体化

的实训项目。在教学实施过程中存在诸多安全风险，首先，国家和电网公司层面对安全生产提出了新的要求和举措，其次，现在的学生本身存在安全意识淡薄、安全知识缺乏和好动不好静等特点，最后，变电检修和试验项目也存在登高作业、带电作业等危险因素。这些安全风险给实训安全管理管控带来极大挑战。

二、主要目标

安全管控的整体思路是消除知识缺乏的不安全因素，加强学习，消除"人"的不安全因素；加强组织维度管理，弥补组织措施漏洞；加强技术措施研究管控，确保组织措施和技术措施到位；加强管理维度保障，目的是实现实训教学的本质安全，提升教师素质，提升全员安全思想意识、专业知识技能和教学水平，守住安全和质量两个底线，严控实训现场安全。

三、实施过程

（一）　加强学习，提升安全意识

提升教师安全水平，系统学习安全的规章制度。开学前，组织全体教师一起，一是学习国家、学校和本系部最新的安全要求和文件精神等内容，学习并进行安规考试，考试合格才能上岗；二是对于新要求和安规中的具体内容和要求进行深入思考和详细讨论，从细节上学习和把握学校和系部的各项工作要求，做到真正入脑入心；三是从思想上根本转变工作作风，全面提升教师的安全管控意识，加强整个专业的执行力建设，确保对每项规章制度的学习、理解和执行不再流于表面形式，而是真正落到实处；四是充分利用教研活动和课后时间，发挥兼职教师以校为家的主人翁意识，让兼职教师积极参与到整个培训教学管理过程中，积极献言献策，研讨交流，充分利用他们丰富的现场工作经验完善培训教学管理细节，提升整体教学安全管理水平。

优化培训方案，固化安全管理模式。在制定培训方案时，将"熟悉生产现场、安全生产规章制度和工作规程，培养工作安全意识"列为学生培养的首要目标。

课程设置中，将安规学习、安全行为养成作为课程重要组成部分，见表5-1。

表5-1 变电检修与试验实训课程

	培训科目	培训方式	学时	考核方式
变电检修与试验安全基础技能	国家电网有限公司电力安全工作规程与现场典型案例分析	讲授	6	笔试操作
	工作现场安全行为养成与应急演练	操作	7	
	安全工器具、劳动防护用品检查与使用	操作	7	
	常用起重机械及起重作业现场安全管理	操作	7	
	现场紧急救护培训	网络自学	3	
	安全工器具使用及登高作业要求	网络自学	3	
变电检修与试验专业基础技能	变电检修与试验规程、规范与技术标准	讲授	4	
	变电检修与试验常用材料与仪表的使用	操作	4	
	工作票的规范填写与使用	操作	7	
	二次回路基本知识与识绘图方法	操作（部分内容采用分组对抗）	7	
	特高压设备认知	操作	3	
	电气试验典型仪器内部结构与工作原理	自学	3	
	变电站运行、巡视及倒闸操作	网络自学	3	
变压器检修与试验	变压器内部结构与工作原理	讲授（部分内容采用交流研讨）	2	
	变压器检修与试验原理、方法和技术要求	讲授（部分内容采用案例分析）	2	
	变压器检修与试验现场安全控制措施准备	自学	2	
	变压器检修与试验三维动态仿真实训	操作	7	
	变压器试验标准化作业实训	操作	10	
	变压器检修与试验结果分析判断与报告编写	操作	3	

第三篇 『三教』改革是重点

培训科目	培训方式	学时	考核方式
断路器检修 与试验	断路器内部结构与工作原理	讲授 （部分内容采用翻转课堂）	2	笔试 操作
	断路器检修与试验原理、方法和技术要求	讲授	2	
	断路器检修与试验现场安全控制措施准备	自学	2	
	断路器检修与试验三维动态仿真实训	操作	7	
	SF₆气体处理方法	操作	7	
	断路器检修与试验标准化作业实训	操作	15	
	断路器检修与试验结果分析判断与报告编写	自学	3	
隔离开关 检修	隔离开关内部结构与工作原理	讲授	2	
	隔离开关检修方法和技术要求	讲授	2	
	隔离开关检修现场安全控制措施准备	自学	1	
	隔离开关检修标准化作业实训	操作	19	
	隔离开关故障分析与检修报告编写	操作	3	
开关柜检修	开关柜内部结构与工作原理	讲授	2	
	开关柜检修方法和技术要求	操作	7	
	开关柜检修现场安全控制措施准备	自学	1	
	开关柜"五防"及日常维护	操作	7	
	开关柜检修标准化作业实训	操作	14	
	开关柜故障分析与检修报告编写	自学	3	
互感器试验	互感器内部结构与工作原理	讲授 （部分内容采用翻转课堂）	2	
	互感器试验原理、方法和技术要求	讲授 （部分内容采用案例分析）	2	
	互感器试验现场安全控制措施准备	自学	2	
	互感器试验三维动态仿真实训	操作	7	
	互感器试验标准化作业实训	操作	14	
	互感器试验结果分析判断与报告编写	自学	3	
避雷器试验	避雷器内部结构与工作原理	讲授	2	
	避雷器试验原理、方法和技术要求	讲授	2	
	避雷器试验现场安全控制措施准备	自学	2	
	避雷器试验三维动态仿真实训	操作	7	
	避雷器试验标准化作业实训	操作	7	
	避雷器试验结果分析判断与报告编写	自学	3	

培训科目		培训方式	学时	考核方式
特高压与状态检测新技术	特高压交流输电技术与应用	操作	2	笔试操作
	特高压直流输电技术与应用	操作	2	
	柔性直流输电技术与工程实践	操作	2	
	红外检测技术	操作	2	
	开关柜暂态地电压检测技术	操作	2	
	GIS特高频与超声波局部放电检测技术	操作	2	
综合实训及技能竞赛	学员实操强化及技能竞赛	操作	25	

注 "五防"指防止带负荷分、合隔离开关；防止误分、误合断路器；防止带电挂（合）接地线（接地开关）；防止带地线送电；防止误入带电间隔。

通过把安全列入培养目标和培养课程，固化安全管理理念，使学生真正养成安全习惯，实现人的本质安全。

（二） 强化组织，防范过程风险

针对学生安全意识淡薄和好动等特点，实训过程中必须严格人员到位制度、监护制度以及工作票制度。

（1）严格人员到位制度。教师在学生实训期间必须始终在现场，不得擅自离开；如果确需离开，必须停止学生的实训操作。

（2）严格执行监护制度。教师在实训过程中必须对学生操作执行不间断监控，监督指导学生严格执行安全操作规程，杜绝违规行为。

（3）工作票制度。明确实训现场"三种人"，严格执行工作票签发要求及实训现场安全交底签字制度。

（4）落实"1111""1112"精益安全管理工作。做好每天重点危险源检查、每月安全例会、每周安全行为观察和每月两次的现场改善会等各项安全管控，养成随时随地检查安全、防范隐患的安全管理习惯，确保各项工作安全有序开展。

（三） 创新技术，实现本质安全

安全管控不能有丝毫漏洞，组织措施须由人来执行，人都有犯错的时候，因此，除了组织措施保障外，还要在技术措施上加强研究和管控。

（1）开发仿真软件和展示模型，建立虚实结合的实训体系。建设变电检修和电气试验仿真室，研究开发了一套电网设备智能全息灵境混合仿真培训系统，系统利用虚拟现实混合仿真技术，混合多重表面材质和纹理，按照1∶1结构比例构建了一套非常逼真的电网设备三维立体场景，可以在虚拟场景中漫游，从不同视角观察设备。同时实现了电网设备的虚拟现实混合仿真拆装，各部件交互式自主拆装操作培训，以及各部件任意角度移动培训展示。并且能够对电网设备局部放电等故障过程的微观效果进行演示，对故障每一步发展和演变的全过程进行模拟，主要用于公司高级技术、技能人员的培训。

软件不仅能对国家电网典型一次设备内部结构原理、检修过程进行学习和操作展示，而且能够模拟现场，由学生自主操作，完成变压器试验、断路器试验、互感器试验、电力电缆试验、防雷及接地装置试验等电气试验项目的实战练习，对各种错误和不安全操作带来的后果进行警示，提高学生安全意识和安全技术水平。

针对一次设备检修项目，实训室建设了变压器、GIS组合电器、互感器等设备的全透明内部结构可视化培训教学实体，能够让学员更加形象直观的掌握一次设备的内部结构，针对检修实操项目，定制了检修平台、检修架，充分保证学员在安全、可靠的检修环境下，进行标准、规范的检修操作训练。

实训大厅采用实训现场"6S"管理模式，设备、仪器和工具等全面实行现场标准化定置管理，实训过程严格执行电气试验标准化作业流程，确保管理的安全可控。

（2）设计制作了一套实训大厅安全预警系统，系统采用红外对射和漫反射技术进行实时检测，试验期间一旦有人穿越红外安全围栏，中控中心将通过私有云网络，将对相应的被穿越工位发送指令，微电脑控制该工位进入自动声光报警状态，同时也可以从大厅外清楚地看到是哪个工位在工作，大大提高了实训的安全管控能力。

（3）营造安全氛围。梳理各种制度牌、定置图，撰写、设计、制作、安装各种管理制度、应急预案、定置图、宣传栏等，还专门凝练了高度概括电气试验专业的实训要点，悬挂在实训大厅内，时刻提醒全体专兼职教师和学员体会、贯彻、遵守，使学生置于浓厚的安全文化氛围中，提升学生时刻主要安全操作。

（4）开展标准化作业。针对每个实训项目，制定了标准化作业流程，实训开始前加强各项目的检修标准化作业流程培训和不带电标准化作业流程培训，登高检修时，要求正确使用安全带。

（5）为确保实训安全，在电气试验时，装设接地线时应先接接地端，后接导体端，拆接地线的顺序与此相反。接地线应使用专用线夹固定，禁止用缠绕的方法接地。

（6）电气试验加压前，教师必须对试验接线进行检查，经确认无误后，得到教师许可，方可加压。加压过程中，教师应对学生进行全方位监护，防止非试验工作人员靠近或进入围栏。

（7）电气试验前后应对被试品进行充分放电，放电应戴绝缘手套。

（四）　加强管理，保障责任落实

组织措施和技术措施是否到位，要靠管理来保障。

（1）做好专业与教师、专业与学生的安全责任书签订，层次落实安全责任。

（2）优化各实训项目的应急处置卡，做好各实训项目的应急预案和疫情防控预案演练。

（3）按照系部二级督导办法明确安全督导到位责任，贯彻落实专业组日巡视制度，检查当日培训安全风险，发现问题及时整改，确保实训安全。

（4）每天召开班前会和班后会，强调和总结安全注意事项。全体学生课前10分钟统一朝门口方向列队考勤，交代安全风险点和安全措施，并且每天实训结束后统一召开班后会，整理工作现场，养成良好的安全习惯。

（5）严肃严格对待每一次安全检查、安全月活动等，不应付走形式，以查促建，全面查找问题和隐患，开展本专业安全周例会，总结本周问题，提出下周注意事项，全面提升培训教学管控水平。

（6）开展安全教育，加强应急演练，提高学生的自救能力。

（7）充分发挥学生自我管理能力，在每个实训小组设立组长和安全员，佩戴专用标识，协助教师纠正不规范操作和行为；并且注重学生安全行为习惯和标准化作业流程的培训，提升学生的整体技能和水平。

四、主要成果与成效

变电检修与试验实训虚实结合的"四维"安全管控是经过长期培训实践、总结再实践，逐步形成的适合变电检修与试验实训课程的安全管控措施，该管控措施是根据国家、国家电网以及学校的管理要求，结合专业和学生特点，在技术措施维度开展了创新，研发了安全报警装置，在管理措施维度中，每个实训小组设立组长和安全员，实现了学员主动管理，值得推广应用。

变电检修与试验实训虚实结合的"四维"安全管控实施以来，切实提升了全员安全技能与素养，提高了应急处置能力，保持了安全实训的良好局面。变电检修与试验先后获得国家电网"先进班组"、学校"工人先锋号"等荣誉称号，充分体现了国家电网和学校对本专业安全管理的肯定。

虚实结合，建设设施先进的智能配电网运检实训体系

□ 商玲玲

配电仿真实训室设立以来，为国家电网有限公司智能配电网运检专业的新员工和学历教育培训工作承担了大量的仿真培训任务。仿真培训具有对师资数量要求低、投资小、风险小、见效快、反复使用等优点。采用仿真培训可以使学员不受天气、设备、工位等室外因素的影响，保证了足够的培训时间和培训训练，能明显地提高培训质量。

更多精彩内容
请扫码阅读

虚实结合，建设规范化、专业化的应急培训管理体系

□ 李文进　李洪战　田迎祥

近几年极端恶劣天气频发，在历次抢险救援和恢复供电过程中，均暴露出国家电网应急队伍抢险救援经验不足、新型应急装备使用不熟练、缺乏基本的应急知识和应急处置技能等问题，迫切需要强化各级应急人员的技能培训和实战演练，提高应急指挥能力和处置技能。应急培训基地成立以来，根据国家电网公司应急体系建设要求，通过虚实结合，建设并完善了规范化、专业化的应急培训管理体系，大力加强应急人员培训（年培训量在 1000 人左右），为提高全员应急能力和安全素质，切实提高电网企业应急管理水平和应急处置能力发挥了重要作用。

一、实施背景

（一）　电网应急管理外部环境不断变化，需要建立规范化、专业化的应急培训管理体系

从 2008 年年初南方雨雪冰冻灾害和 "5·12" 汶川大地震以后，我国社会对应急工作的关注度进一步提升，应急管理体系建设驶上了发展的快车道。2018 年 3 月，十三届全国人大第一次会议批准成立国家应

急管理部，对我国的防灾减灾、应急救援的管理和职能进行了充分整合和优化，我国的应急管理体系日趋成熟，应急队伍日益壮大，应急培训工作成为应急管理的重要环节。

随着全球气候变暖和环境污染的加剧，各种自然灾害和极端恶劣天气呈现多发、频发趋势，给人民生命财产造成重大损失。因此，通过建立规范化、专业化的应急技能培训管理体系来完善突发事件应急救援体系，组织快捷高效的救援行动，已经成为抵御事故风险、控制灾害蔓延、降低危害后果、维护社会稳定、实现安全发展的关键环节和重要保障。

（二）电网规模的日益扩大，要求建立规范化、专业化的应急培训管理体系

随着经济社会的快速发展与技术的不断进步，电网规模日益扩大、网络结构日趋复杂，输电电压等级越来越高、输电距离越来越远，电网事故风险不断加大，一旦发生灾害事件就可能造成重大损失甚至严重影响经济发展和社会稳定。电力系统存在于自然环境和社会环境中，难免受到极端自然条件的挑战和来自社会环境的有意或无意的损坏或破坏。同时，电力系统灾害也会对社会环境、经济发展带来严重影响。因此，健全和完善电力企业应急管理体系，提高防灾减灾救灾水平，服务经济社会发展至关重要。作为承担我国电网建设和运营业务的各级电网企业，担负着为国民经济和社会发展提供更安全、更经济、更清洁、可持续的电力供应的基本使命，切实保障电网运行安全、提高电网防御能力、提高突发事件应对能力、提高电网应急管理水平、提升应急救援处置能力，积极履行社会责任，义不容辞、任重道远。为满足上述要求，必须建立一套规范化、专业化的应急技能培训管理体系，确保应急技能培训取得实效。

实施背景示意图如图 5-1 所示。

图 5-1　实施背景示意图

二、目标内涵

（一）　目标

以公司人力资源战略规划和应急体系建设要求为统领，以提升应急救援基干分队的应急处置能力为目标，以构建高标准的"虚实相结合的培训基地、培训标准、培训课程开发、培训效果评估"为保证，以应急救援基干分队应急技能培训为重点，创新应急技能培训管理，持续优化提升应急队伍的综合素质和专业技能，为公司应急体系建设提供有力的人才支撑。

（二）　内涵

虚实结合，建设规范化、专业化的应急培训管理体系，通过打造虚实结合的应急培训基地，优化培训资源，来提升公司应急技能人员的职业素质和岗位胜任力。一是充分利用现代计算机技术、虚拟现实技术开发建设具有电力救援抢险特色的应急培训基地；二是以《国家电网公司应急人员培训规范》（简称《规范》）为基础，实现培训内容、培训项目的规范化，实施标准化培训；三是依据《规范》，建立培训课程库、培训素材库、案例库以及培训教材等培训课程开发体系；四是通过培训的有效性和效益性进行培训效果评估并进行有效的培训成果转化。

三、实施过程

（一） 超前策划，打造虚实结合的应急培训基地

1. 现代技术手段为探索丰富多彩的培训方式提供了科技保障

多年来，培训基地大力投入，大胆创新，培训实施方式不断推陈出新。大量利用了现代化的科技手段，先后建设了具有体验、训练、考核等多重功能的应急与安全文化展室、4D 灾难体验室、3D 应急预案推演室（电网安全素质测试室）和应急心理训练室，如图 5-2~ 图 5-5 所示。

（1）应急与安全文化的视觉感受。应急与安全文化展室配置有图板、沙盘、影像等展示手段，辅以灯光、特殊音效设备，通过理论讲解、案例分析、装备介绍、互动问答等形式，营造浓重的应急安全文化氛围，为学员提供知识性、趣味性学习平台，通过强烈的视觉听觉感受，提升学员的应急意识。

图 5-2　应急与安全文化展室

图 5-3　4D 灾难体验室

图 5-4　3D 应急预案推演室（电网安全素质测试室）

图 5-5　应急心理训练室

第三篇 『三教』改革是 **重点**

（2）安全应急素质的随机测试。电网安全素质测试系统，通过采集学员生理及心理指标，研发安全心理模型，结合安全知识及技能掌握情况，从安全意识、安全知识、安全技能三个维度对学员应急心理及安全素质做出综合评价，提供了方便、自由的学习平台，也为进行作业前人因风险排查提供了可行的手段。

（3）基于情境构建的无脚本桌面演练。无脚本演练是在非正式、无压力的环境中对突发事件的模拟应对，基于事故情景构建，讨论紧急事态中可能出现的问题以及根据应急预案应该采取的应对程序。可以帮助学员熟悉应该采取的应对行动、程序、措施，熟悉应对突发事件的队伍、部门、个人职责；熟悉应急指挥与协调。这种演练培训方式易准备、投入低、限制少、互动性强、能力提高明显，效果事半功倍。

（4）身临其境的灾难体感培训。利用现代计算机技术、虚拟现实技术开发建设环幕影院，利用动感特效，营造逼真灾难场景，学员沉浸其中，真切感受地震、火灾、海啸等灾害带来的震撼体验，为灾害心理建设和避险逃生训练提供了模拟场景。

2. 各类综合性室外实训场地体现电力救援抢险特色

为满足电网专业化、标准化应急培训要求，基地新建设了平原抢险综合训练场、应急驾驶技术训练场、应急心理及体能训练场、应急综合救援训练场、水域抢险综合训练场等室外实训场地，如图 5-6~ 图 5-10所示。同时，为保证培训效果，确保培训装备与实战相同、与应急储备库相同，基地按照应急救灾物资、电网应急抢修工器具、电网抢修设备、电网抢修材料四个类别，有选择地储备装备器材，这些装备器材平时作为应急培训装备，应急情况下即可成为应急装备。目前已配备了应急发电车、应急越野车、水陆两栖全地形车、冲锋舟、橡皮艇、四驱皮卡车、应急发电机、高杆泛光灯等大型应急装备，能够满足开展各类应急培训的需要。

图 5-6　平原抢险综合训　　图 5-7　应急驾驶技术训练场
　　　　练场

图 5-8　应急心理及体能训练场　　图 5-9　应急综合　图 5-10　水域抢险
　　　　　　　　　　　　　　　　　　救援训练场　　　　综合训练场

（二）　《规范》引领，建立规范化的培训标准

以《国家电网公司应急人员培训规范》为引领，编写应急技能培训标准，实现应急技能培训内容、项目的规范化。应急管理可以划分为风险防范——治于未危、应急处置——转危为安、状态恢复——化危为机三个阶段。

1. 培训对象分析

电网应急的培训对象包括以下 4 类人员：各级应急管理、指挥人员的应急指挥、协调能力培训；电力应急救援基干分队和应急抢修队伍基本技能和专业技能培训；应急管理人员专业能力提升培训；一般生产人

第三篇　『三教』改革是 **重点**

177

员和管理人员应急意识和应急处置基本能力提升培训。

电网应急的培训重点是电力应急救援基干分队和应急抢修队伍的基本技能和专业技能培训。应急救援基干分队是电力应急救援的"特种兵""先遣队",具有"平战结合、一专多能、装备精良、训练有素、反应快速、战斗力强"的特点。他们是应急队伍的骨干力量,也是应急培训的重点人群。

2. 培训需求分析

以"目标 – 现状 = 差距"这一理念指导培训需求分析,其中差距就是培训的需求,应急技能培训工作应解决应急人员的岗位胜任力,即解决"知识、技能、职业素养"三个维度上的差距。

3. 明确适用级别

《规范》包括 4 个岗位:应急综合救援、应急后勤保障、应急供电和应急信息通信。每个岗位的能力级别分为三级,即 I 级(初级)、II级(中级)和III级(高级)。其中:

(1) I 级适用于新进应急救援基干分队队员。其行为表现是能够完成工作要项中的一般工作任务。

(2) II 级适用于熟练的应急救援基干分队队员。其行为表现是能够独立完成工作要项中较复杂的工作任务。

(3) III 级适用于高级应急救援基干分队队员。其行为表现是在能够独立完成工作要项中较复杂工作任务的同时,解释、处理工作中的疑难问题,组织、指导工作。

4. 应急培训体系设计

坚持"以终为始"的理念,采用"剥洋葱式"逐层分解法,从能力种类、能力级别、资源类型三个维度(如图 5–11 所示),由外及内设计开发应急培训体系。

应急培训体系由能力分析表、培训内容及要求、培训课程三个主要

部分组成,其中:

(1)能力分析表:涵盖胜任本岗位应具备的全部能力种类和能力分项。包括能力分析总表和能力分析分解表。其中,岗位能力分解表对各能力项分Ⅰ、Ⅱ、Ⅲ级进行行为能力描述。

(2)培训内容及要求:涵盖本岗位理论、技能、综合类Ⅰ、Ⅱ、Ⅲ级培训科目及具体内容。包括标准培训科目组成表和培训科目指导书两部分。其中,培训科目指导书对培训实施的方式、学时、目标、内容、安措、工器具、考核等做了规范界定指导。

(3)培训课程:对全部培训课程的章节、分级要求进行详细描述。

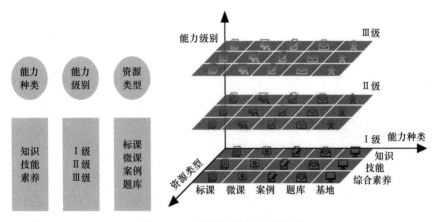

图 5-11 培训规范体例设计图

（三） 精心策划,建立标准化的课程开发体系

1. 建立应急培训课程设计、开发与管理体系

建立培训课程库:建立培训课程模板,并将每门课程完善为课程介绍、PPT 文件、教师手册、学员手册、培训辅助资料(案例、工具等),依据培训对象和课程类别建立培训课程库。

建立培训素材库:依所用类别,对培训用案例、管理游戏、故事、视频资料等进行整理入库。

开发应急培训课程:根据典型社会事件处置案例、电网企业自身应急事件处置案例为基本素材，自主开发应急培训课程。

2. 应急培训课程体系的标准化

应急培训课程体系的标准化，是要保障同类、同级的培训学员接受到大体一致的知识与技能培训和训练。在聚焦问题、需求分析、学员分析、团队学习的过程中，逐步明确应急培训课程的目标，根据课程开发规律，采取结果导向、逆向思维形成课程开发创新成果载体"课程包"。

"课程包"一般由课程简介、课程体系清单、课程大纲、课件PPT、学员手册、讲师手册、题库等资料组成。其中课程体系清单是专业培训课程的主体规划（如图5-12所示），课程大纲是单门课程的框架结构，课件PPT、学员手册是培训呈现的基础工具，其他要素为课程完善过程中逐步动态优化的部分。

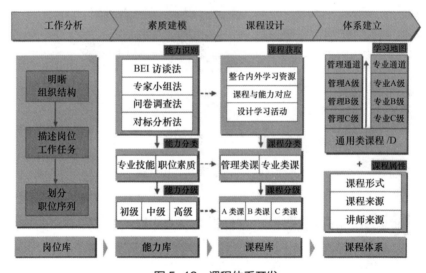

图 5-12 课程体系开发

3. 机构与讲师筛选和内部教师培养

构建全面培训讲师管理体系（包含内部讲师的选、育、用、留，外部培训供应商管理），建立并完善机构与讲师筛选和内部教师培养的专业化管理工作流程。

培训机构筛选：搜集培训机构，建立外部培训机构库——对培训机构进行资质审评——确定培训机构能力评价——进行沟通谈判——签订合作协议——纳入外部培训机构库进行管理。

外部教师与培训课程选购：明确课程——审查课程大纲——与外部教师进行面谈沟通——试讲试听——签订合作协议——纳入外部师资库进行管理。

内部教师培养：培训并获得教师资格——TTT 培训——随堂听课学习——参与讲课——试讲认证——纳入内部教师师资库进行管理。

（四） 量化考核，建立高效的培训效果评估机制

1. 培训效果评估

培训效果必须在实践中得到检验，通过培训的有效性和效益性进行评估。根据"培训效果反馈表"进行授课质量评估；整理学员的意见，反馈讲师并提出改进授课质量的措施；收集整理各部门的"培训计划进度及应用效果跟踪表"；根据上述整理结果，分析培训效果及应用状况，提出改进措施等。还要根据"培训计划进度及应用效果跟踪表"进行培训结果的应用效果跟踪等。

2. 建立应急技能培训评估系统

通过"规划面、执行面、追踪面"三个维度，对培训的有效性进行评估，取得了较好的成效。通过开展四级评估，收效较好，培训转化成为工作能力的行为和绩效在后续工作中均得到逐步改观，学员表示课程实用、应用快捷，逐步建立起培训形式的新常态，使成效发生了质的飞跃。

四、条件保障

（一） 加强应急培训管理体系建设，满足公司切实提高全员的应急素质的需求

"履行社会责任，点亮希望之光"是电网企业在处置突发事件的应

急情况下的必然选择。目前，公司各级应急救援基干分队均已成立，各级基干分队人数约 3 万人。但是，在近几年的历次抢险、救援和恢复供电过程中，仍暴露出了许多问题。个别抢险队员心理素质和身体素质差，不能适应灾区恶劣地理环境和多变的气候，还没到救援第一线自己就成了"伤兵"，成了"被救"的人；由于救援队员缺乏必要的专业训练，抢险救援经验不足、应急装备操作使用不当、缺乏基本的应急知识和现场处置技能，救援能力受到很大限制。因此，公司明确要求通过应急技能专业化培训，以提高全员的应急素质，强化各级专业应急人员，尤其是各级应急救援基干队队员的技能培训和实战演练，提高应急指挥协调能力和现场处置技能，从而大幅度减少在重大灾害和事故发生时生命财产损失，提高灾害和事故面前的自救和互救能力、救援和抢险能力。

（二）加强应急培训管理体系建设，是学校提升实训安全管控水平的内在要求

深化持续安全创建活动，强化风险管控与隐患治理。培训过程中，将安全理念、秩序观念和铁的纪律，贯穿到应急培训的全过程。刚性执行《安规》和作业现场"十不干"规定，严格执行实训作业指导书标准作业流程，严格执行班前会、班后会制度，强化实训过程监护，确保安全措施有效落实。开展登高作业、带电类操作、应急驾驶等实训项目，开展每日安全巡视和参培学员身体状况测试：实操开始前开展学员血压测试和酒精测试，确认参培学员身体健康、无妨碍作业的生理障碍后，方可从事相关作业，确保操作人员把安全工作放在心里、抓在手上。结合实训场所、操作项目特点，进一步完善人身触电、高空坠落、机械伤害、实训室火灾等应急预案，明确应对措施和处理流程，切实提高突发事件的处置能力。通过有效有质的安全管理，进一步降低安全风险，提高安全管控能力，以严之又严、细之又细的工作作风，保证培训教学安全。

五、实际成效及推广价值

（一） 应急培训成绩斐然

基地成立以来，先后举办各类应急培训班 164 期，培训 10000 余人。其中，举办国家电网应急技能培训班 112 期，培训 6800 余人；举办山东公司、浙江公司等应急培训班 52 期，培训 3200 余人。年培训规模在 1200 人以上。公司省级和重点城市的应急救援基干分队队员得到了全面轮训，实施效果和质量得到了国网安监部的充分肯定和送培单位的一致认可，取得了较好的培训业绩和社会经济效益。培训学员利用培训期间学到的应急知识和业绩技能，在芦山地震、舟曲泥石流等重大灾害的抢险救灾过程中发挥了重要作用。职工教育与职业教育研究科研课题《关于中央企业应急培训规范管理的研究》荣获 2011 年度山东省职工教育优秀科研成果一等奖。培训教材《电力生产现场自救急救》被确定为 2018 年全国安全生产月推荐使用书目。

（二） 应急培训资源深度融合

截至 2020 年 9 月，基地已具备应急技能培训标课 42 门、微课 180 余门、电子题库若干，开发了 42 门课程大纲、24 个培训方案，编写了 14 本培训教材或讲义。作为应急培训不可缺少的优质软硬件，一体化的培训资源体系持续为公司应急培训项目实施提供更具针对性、时效性的资源支撑；持续为公司应急队伍建设和素质提升提供了更具适应性、拓展性的资源服务。

（三） 应急培训效益显著

基地始终坚持把"抓基础、抓基层、抓基本功"的"三基"理念贯彻落实到位，强化应急技能培训的内外宣传力度，多次在系统内外主流媒体报道创新管理成果。同时作为学校的品牌培训项目，坚持融入中心、激发创新实践、突出典型引领、凝聚品牌效应，充分发挥品牌示范作用，实现了精益管理提升。作为山东电力高等专科学校的"亮点工程"，基地成为学校对外宣传交流的"窗口"，每年接待国际、国内参观调研超过 10 批次。除圆满完成公司应急救援基干分队专项应急技能培训外，借助公司应急培训基地这一优质平台，每年进行市场化培训达200 人次以上，取得了较好的经济效益。

强强联合，成功立项国家级教学资源库建设项目

□ 王文波　袁　旺

为贯彻落实《国家职业教育改革实施方案》对深化职业教育改革作出的重要战略部署，根据《教育部办公厅关于做好职业教育专业教学资源库 2019 年度相关工作的通知》（教职成厅函〔2019〕11 号）有关要求，山东电力高等专科学校（简称"学校"）与广东水利电力职业技术学院、重庆水利电力职业技术学院等 21 家校企单位强强联合，组建共建共享联盟，紧跟智能电网技术发展，聚焦电力产业链关键环节的典型技术应用，遵循"一体化设计、结构化课程、颗粒化资源"逻辑，瞄准"能学、辅教"的功能定位，完善专业人才培养方案，优化专业课程体系，建设基础资源、拓展资源、培训资源和国际合作资源，建设以学习者为中心，具有国际视野、可有力支撑"互联网＋职业教育"人才培养体系的优质教学资源库。

一、实施背景

（一）职业教育创新发展，促进了供用电专业的教学改革

《国家职业教育改革实施方案》是党中央、国务院对深化职业教育

改革作出的重要战略部署，对于实施创新驱动发展战略，创造更大人才红利，加快转方式、调结构、促升级具有十分重要的意义。教育部印发的《教育信息化 2.0 行动计划》中指出："推进信息技术应用，顺应'互联网 +'的发展趋势，构建国家、省、学校三级数字教育资源共建共享体系"。职业教育专业教学资源库建设项目自 2010 年设立以来，经历了不断地充实思路、拓展功能、完善管理、推广应用的过程。现已建成和在建 112 个国家级专业教学资源库，其标准代表了国家水平，具有高等职业教育特色，推动了教学理念、教学方法和学习方法改革，为社会学习者提供了资源和服务，增强了职业教育社会服务能力，为形成灵活开放的终身教育体系、促进学习型社会建设提供了条件和保障。

供用电技术专业是全国电力类院校开设最早、最为普及的专业之一，根据中国高职高专网"高等职业教育专业设置备案结果"数据显示，全国 113 所高职院校开设了供用电技术专业，在校生近 7 万人，600 余所开设了供用电技术相关电力类专业，在校生近 60 万人，专业布点多、学生数量大、行业企业对供用电技术人才需求迫切。建设国家职业教育供用电技术专业教学资源库，是贯彻落实国家高等职业教育相关政策，实现电力产业发展的国家战略，服务于国家电力"一带一路"发展规划，顺应"互联网 + 智能电网"发展趋势，切实推动职业教育在信息化背景下教与学方式的深刻变革，提高教与学的效率与效果，进而提高人才培养质量，同时服务于继续教育和终身教育，促进学习型社会建设。

 电力产业利好政策的实施，夯实了资源库的建设基础

国家发展改革委发布的《电力发展"十三五"规划》中指出："十三五"时期是我国全面建成小康社会的决胜期、全面深化改革的攻坚期，电力产业是关系国计民生的战略支柱产业，电力供应和安全事关国家安全战略，事关经济社会发展全局，面临重要的发展机遇和挑战。

国家能源局发布的《2018"一带一路"电力国际合作展望》认为：一带一路沿线国家中很多是发展中国家，电力短缺是常态。而且整个一带一路沿线国家城市化程度比较低，国家要发展，电力是最基本的基础设施，需要进行大量投资。因此，电力增长潜力非常大，未来"一带一路"沿线国家的电力需求会保持高速增长，预计到2020年，沿线国家的发电量将比2016年增长70%。同时还指出"优化电力教育结构、提高教育质量，鼓励电力类高等院校、社会团体等机构与一带一路沿线著名大学合作，将电力学科建设纳入沿线高等教育体系。面向沿线国家开展电力类专业学历教育、短期培训和进修，切实提高电力从业人员的素质和水平"。供用电资源库的建设，将更加有利于促进中国电力名片在一带一路沿线国家传播与推广。

（三）　电力产业的快速发展，凸显了资源库建设的必要性

电力产业的迅猛发展不仅需要一批从事基础研究的领军人物，更需要一支庞大的具有精湛技艺的复合型技术技能人才从业大军。作为培养电力行业复合型技术技能人才重要基地的高等职业院校，面临难得的发展机遇，迫切需要建设具备一流团队、一流资源、一流应用的供用电专业教学资源库，以便更好达到"面向电力供应核心产业链变电、输电、配电、用电环节关键岗位，适应智能电网建设、综合能源服务转型升级需要，运用供配电基本知识，现代智能供配电系统运维、智能用电等结构化课程体系，以育训结合学做一体为手段，校企协同培养具备安装、调试、施工、运维等能力，德智体美劳全面发展并有'努力超越，追求卓越'的新时代电力人职业精神的复合型、创新型高素质技术技能人才，提升行业产业员工、技术人员技术水平"的人才培养目标，为电力产业发展提供强有力的技术和人才支撑，对促进电力产业转型和升级，具有很大的现实意义和深远的历史意义。

二、建设目标

落实立德树人根本任务，适应"互联网＋职业教育"人才培养新模式，遵循"一体化设计、结构化课程、颗粒化资源"的建构逻辑，实施四个"一流"建设策略。联合企业院校，组建一流建设团队；注重顶层设计，搭建一流整体框架；坚持共建共享，汇聚一流特色资源；突出开放共享，提供一流社会服务，坚持边建、边用，边推广、边提升，全力打造"全国一流、引领专业、服务行业"的国家级职业教育专业资源库。

三、实施过程

（一）　完善专业人才培养方案，优化专业课程体系

根据《教育部关于职业院校专业人才培养方案制订与实施工作的指导意见》（教职成〔2019〕13号）和《高等职业学校专业教学标准》的要求，学校完成课程标准、顶岗实习标准、实训条件建设标准和职业技能等级标准等开发工作，制定并实施适应"互联网＋职业教育"发展需求的专业人才培养方案。持续优化专业课程体系，完善课程结构，打造核心课程，力求借助此次资源库建设持续推动教师、教法、教材改革，普及项目教学、案例教学、情境教学、模块化教学等教学方式，广泛运用启发式、探究式、讨论式、参与式等教学方法，推广翻转课堂、混合式教学、理实一体教学等新型教学模式，积极推动教师角色的转变和教育理念、教学观念、教学内容、教学方法以及教学评价等方面的改革。加快建设智能化教学支持环境，建设能够满足多样化需求的课程资源。

（二）　联合企业院校，组建一流建设团队

组建成员涵盖网省公司一线专家及具有资源库建设经验职业院校教师的项目开发建设团队，保证资源库建设内容既符合职业教育特色要

求，又具有电力行业的典型性和实用性。学校作为国家电网有限公司举办并唯一直管的普通高等职业院校，充分发挥生产技能人员培训的天然优势，主抓"培训中心"栏目建设，如期将其打造成结构合理、资源丰富、可学性强的精品栏目，并为资源库的持续应用与推广提供有力保障。重庆水利电力职业技术学院作为国家中西部地区培养电力工匠的摇篮，充分发挥地缘优势和精品课程建设优势，主抓继电保护运行与调试、电力系统二次回路和电能计量等标准化课程建设，如期将其打造成结构合理、资源丰富、可学性强的精品标准化课程，并为资源库的持续应用与推广提供有力保障。参建院校主要负责资源库15门标准化课程（均为所在院校的省、校两级精品课程）资源建设，包括课程与模块所需的各种颗粒化资源素材建设等，并为资源库的持续应用与推广提供有力保障。参建企业主要负责行业企业资源模块建设，并协助电力虚拟仿真模块建设，并为资源库的持续应用与推广提供有力保障。

（三）建设培训资源，满足社会学习者培训需求

加强对资源库建设相关政策的学习以及对资源库平台的应用，全面开展供用电专业资源开发、制作工作，落实资源库项目建设进度和质量要求，确保在开发推进阶段保质保量地完成企业案例收集、国际合作教学双语资源开发、电力工匠视频制作等资源库年度建设任务。以结构化课程资源建设为重点，以颗粒资源为基础，按国家教育信息化技术规范，根据资源属性、教学属性、用户属性按照知识点与技能培养要求进行有效管理与整合组织，建设"课程中心""技能训练""技能竞赛"等栏目。课程建设紧盯智能电网技术发展和岗位职责变化，体现"行业—岗位—典型任务—课程"的有机对接与深度融合。遵循育训结合、长短结合、内外结合的要求，建设各级各类专业培训资源，服务于全体社会学习者的技术技能培训；发挥国家级资源库的引领作用，扩大并依托共建共享联盟，开发符合相关标准的职业技能等级证书培训资源和课程，支持学习者通过资源库学习，获取多类职业技能等级证书，提升业务水

平和可持续发展能力。紧随国家电网和南方电网的对"一带一路"沿线国家的能源资源开发与合作的步伐，联盟参建院校和企业广泛开展了对"一带一路"国家本地电力行业员工的培训，带动国内电力技术、装备、施工"走出去"，为当地社会经济发展起到了积极促进作用。广东水利电力职业技术学院杰克逊国际学院的供用电技术专业中美班，引入并整合国际优质资源，提高专业人才培养质量。利用自身办学优势，"引进来"和"走出去"并举，走出了教育对外开放的创新之路。

四、实际成效及推广价值

供用电资源库建设具有规模大、功能强、应用广等特点，能够充分满足国内供用电技术专业及专业群师生、企业员工、社会学习者的教学、培训和自主学习需求，实现电力行业企业的资源共享，同时供用电技术专业教学资源库是一个具有国际视野、以学习者为中心的交互式、共享型专业资源库，能够充分满足国内供用电技术专业及专业群的教学需要，服务新时代电力工匠人才的培养需求，能够在任意时间和地点通过网络平台与手机客户端为用户提供良好的针对性、互动性和无界化的便利服务，充分满足用户的多方需求，为教学资源库建设提供范例。

（一）　加快职业教育信息化建设，助力职业院校诊改

供用电技术专业教学资源库建设利于在微课、网络教学、翻转课堂，线上线下混合式教学等方面做出有益探索和实践，教师通过资源库进行课程教学，能够实现信息技术与教学的深度融合，通过真实、实时收集数据，利用数据挖掘技术对数据进行分析，职业院校能够及时准确掌握教师、学生的课堂活动，教师能够及时准确掌握自己的授课效果，学生能够及时准确掌握自己的学习情况，职业院校、教师、学生均能够及时发现教学中存在的问题，从而实时进行诊改，提高教学质量，进而提升高职院校核心竞争力。

（二）　引领职业院校教学方式方法变革，提高教学质量

资源库能够使供用电技术专业教师接触到新技术、新应用，提升教师的专业知识水平；为教师提供丰富的教学素材；促进教师更新教育理念，创新教学思维，推动职业院校教与学习方式方法的变革，提高人才培养质量。

目前，全国 300 余所中高职院校开设了供用电技术专业或专业群，建成的专业教学资源库能够集中相近专业的师资力量，整合专业教学资源，促进专业融合，降低办学成本，提高办学效益，提升供用电技术专业的人才培养质量。

（三）　拓宽学生学习渠道，转变学习方式

有效拓宽学生学习渠道，使学生学习突破了时间和空间的限制，为学生提供多种教学方法和多元化的评价方式，引导学生转变学习方式，使学生能够根据需要进行积极、主动、针对性的学习，从而提升学习效率。

（四）　满足企业员工继续教育需求，服务学习型社会建设

资源库能够为企业在职人员和社会自主学习者提供优质学习资源，以便捷的方式和个性化的用户体验，供社会学习者进行培养、培训和自主教育，使他们能够突破学习时间和空间的限制，满足他们接受多种形式继续教育的需要。这将使国内数百万电力从业人员和社会自主学习者受益。从业人员通过提升专业技能水平，不断提高生产效率，并为企业节省大量的培训时间，从而提高企业的生产效益。同时，资源库能够为终身教育体系的建立、全面建设学习型社会作出重要贡献。

第三篇　『三教』改革是 重点

191

职业教育专业教学资源库的
建设与推广

——以山东电力高等专科学校电气自动化系参建《电子
产品设计与制作》课程为例

□ 王　莉

　　电力系统自动化技术专业教学资源库建设涵盖专业资源、课程资源、职业培训资源、行业资源、特色资源、素材中心等方面，具有能学辅教的功能，通过《电子产品设计与制作》课程建设，可展示本专业教学改革成果，实现优质教学资源互享，为教师教学及学生自主学习、在岗职工继续教育和社会人员多样化学习，提供一个资源共享的平台。

更多精彩内容
请扫码阅读

当培训遇上短视频

——电网基建专业作业层班组及核心分包队伍培训短视频开发与应用

□ 姜一涛　高立民

近年来，安全生产越来越受到各级领导的重视，并且安全生产的形势也越来越严峻。近几年，每年都有安全生产事故发生，并由此造成巨大的经济损失。随着移动网络的进一步发展，发生事故后，引发的网络舆论，影响范围也越来越广。造成这种现象的期中一个原因就是，一线工作者的安全素养比较薄弱，需要通过培训来增强安全意识。移动网络的发展同样催生了短视频的传播，当培训遇上了短视频，从而开发出的电网基建专业作业层班组及核心分包队伍的网络资源，从一定程度上，能有效地提升现场作业人员的安全素养。

更多精彩内容
请扫码阅读

第三篇　「三教」改革是 **重点**

193

深挖岗位需求，融合实战特色

——继电保护行动式教材开发案例

□ 王　涛　王玉莹　崔梅英

　　大学有经典的继电保护教材，着重于原理介绍，但不能满足实训时操作步骤和流程讲解的要求。因此，结合现场岗位要求，与现场专家一起，共同开发了能够满足现场检验工作要求的实训室操作教材，使学生能够在学校里就熟练掌握操作流程和步骤，并得到实训室实战演练，将来工作后可以在岗位上快速上手，真正实现教学与岗位无缝对接。

更多精彩内容
请扫码阅读

依托专业优势，开发《计算机应用基础》省级精品资源共享课程

□ 王乃玉

2017 年，信息工程系《计算机应用基础》课程获得山东省精品资源共享课程建设项目立项。课程教学团队严格按照精品资源共享课程建设指南和技术规范进行项目开发，科学分工，责任到人，经过两年的共同努力，高标准完成了课程建设。课程的开发有助于完善山东电力高等专科学校（简称"学校"）计算机应用基础课程的资源体系，满足线上＋线下混合式教学要求，进一步锻炼教师队伍，有效提升教师的技能水平。

一、实施背景

2016 年 10 月，山东省教育厅和山东省财政厅共同发布了《关于启动职业教育精品资源共享课程建设的通知》。信息工程系《计算机应用基础》课程教学团队积极申报，整理申报材料，于年底前完成课程资源的网络申报。2017 年 5 月获得正式立项。由此开始了为期两年的精品资源共享课程资源建设。

二、主要目标

教学团队根据《计算机应用基础》课程现有资源，参照《山东省职业教育精品资源共享课建设指南及技术规范》，制定了精品资源共享课程资源建设的建设思路：基于大规模在线开放课程的建设理念，按照"颗粒化资源、系统化设计、结构化课程"的组织建构逻辑，利用各种媒体技术，以碎片化的素材资源为基础，深度开发建设具有自主知识产权、以学习者为中心的《计算机应用基础》课程数字化教学资源。教学团队在梳理已有数据资源的基础上，确定了四个方面的建设目标。

（1）修改完善现有的教学资源。根据高职学生学习特点和全国计算机等级考试（二级 Office 高级应用）大纲要求，修改完善现有的《计算机应用基础》课程教学资源，包括电子教材、习题库、教学课件、课程标准等。

（2）以教材中的知识点、技能点为单位，使用专业录屏软件制作Win7 操作系统、Office 2010 中 Word、Excel、PowerPoint 的课堂教学全程操作微课。

（3）针对计算机硬件系统的组成及工作原理和网络模型等抽象、微观的教学内容，将其制作成精彩生动的 Flash 动画进行展示，让学生直观形象地理解相关知识。

（4）开发拓展资源。深度开发课程的拓展资源，包括整理计算机等级考试二级 Office 高级应用科目练习题库，收集企业案例，职业岗位标准、法律法规，介绍 IT 行业发展的前沿技术和最新成果等。

所有教学资源的制作应满足《山东省职业教育精品资源共享课建设指南及技术规范》的要求。

项目完成后，能够满足计算机基础课程线上＋线下混合式教学的要求，同时满足教师灵活搭建课程和学生自主学习的需求。

三、实施过程

（一）　项目的组织管理过程

精品资源共享课程立项以后，教学团队于 2017 年 6 月召开了启动会，王乃玉处长负责统筹管理，团队成员有王雪筠、徐海峰、张晓蓉、徐珊珊四位老师。由负责人王雪筠介绍了课程的立项背景、主要内容和预期成果。团队成员共同学习了《山东省职业教育精品资源共享课建设指南及技术规范》和《山东省职业教育精品资源共享课程评审指标体系》，制定了里程碑工作计划，通过对课程资源建设要求的学习，重新梳理了《计算机应用基础》课程现有资源，查缺补漏，确定了课程资源建设的详细内容，四个方面的资源建设同步开展，由教学团队的 4 位老师分工协作，共同完成。

（二）　项目主要技术要求

针对课程详细资源建设，教学团队认真研究分析后，提出了具体的要求。

（1）对现有教学资源的修改完善，要做到系统完整，反映课程的教学理念、教学设计，同步支撑专业教学。

（2）对课堂教学的全程操作微视频，要求短小精悍、教学过程完整、讲解透彻、逻辑清晰，适合于移动学习时代知识的传播，也适合学生个性化、深度学习的需求。录制软件要能满足操作和配音分别录制和编辑的功能。

（3）结合教学实践和内容理解的难易程度，制作第 1 章计算机硬件系统和第 6 章网络基础中重点、难点内容的 Flash 动画，其中计算机硬件系统组成这一部分要能反映硬件发展的新技术和新方向。

（4）对于整理计算机等级考试二级 Office 高级应用科目练习题库，要参考考试常见题型，尽量覆盖考试的所有知识点。

第三篇　『三教』改革是 **重点**

（三） 项目的重点工作及遇到的难题

教学微视频的录制和 Flash 动画的制作是课程建设的两个重点工作，教学团队对此付出了大量的时间和精力。

教学团队首先对微视频的录制软件进行了调研。经过对多种常用录屏软件的对比、使用、分析和教学团队成员的实际使用经验，选择专业屏幕录制编辑软件 Camtasia 9 为微视频制作软件，并组织教学团队成员学习软件安装与使用。

然后，教学团队明确了微视频制作标准和要求，制作标准高于《山东省职业教育精品资源共享课建设指南及技术规范》中要求的微视频标准。

制作过程中，项目负责人发现，每位老师制作的微视频还是有很大差异，存在音画不同步、操作速度过快、鼠标移动轨迹乱等问题。于是，项目负责人详细规划了微视频的制作步骤。明确微视频录制过程包括了选择知识点，准备素材（PPT 和操作演示素材），录制操作演示视频，配音，调整音量，视频、音频剪辑处理，操作与配音同步，添加转场效果，视频输出共 9 个步骤。通过负责人现场示范讲解，重点强调录制过程的注意事项，确保了教学微视频的高质量及统一的整体风格。

教学团队对课程第 1 章计算机硬件系统和第 6 章网络基础中重点、难点内容进行系统调研和探讨，精选制作内容，然后细化分解为多个知识点来进行动画制作。选取的教学内容有三部分：

（1）计算机硬件系统的组成；

（2）硬件的工作原理；

（3）计算机网络拓扑结构和 OSI 参考模型的数据传输过程，常见网络设备的工作原理。

教学团队选择与信息公司合作的方式进行 Flash 动画的制作，双方确定了 Flash 动画的制作清单和风格定位、界面设计、功能呈现及动画呈现形式。经过反复沟通、协作、修改，共同完成了所有知识点的动画制作。

（四） 项目建设历程

从 2017 年 6 月至 2019 年 12 月，教学团队成员分工协作，共同完成课程资源建设任务。

其中 2017 年完成的工作：

（1）修改完善了《计算机应用基础》的电子教材和教学课件；

（2）参照《全国计算机等级考试二级考试大纲》，整理了 3 套计算机等级考试二级《Office 高级应用》练习题；

（3）制作完成 80 个教学操作微视频；

（4）制作完成 4 个教学 Flash 动画。

2018 年上半年完成的工作：

（1）教学团队成员高标准严要求，制作了 95 个教学操作微视频；

（2）整理了 2 套计算机等级考试二级练习题、搜集企业案例；

（3）制作完成 8 个教学 Flash 动画；

（4）整理提交 2 项发明专利申请，并已获得专利申请受理通知书；

（5）编写现代学徒制行动式教学改革教材《计算机应用基础》。

2018 年下半年完成的工作：

（1）制作完成剩余的 78 个教学操作微视频，完成了《计算机文化基础》教材中 Win7 和 Office 办公软件全部教学内容的微课录制；

（2）制作剩余的 7 个教学 Flash 动画，完成所有 Flash 动画的配音工作；

（3）进一步整理完善教材、题库，开发有声教材等教学资源。

2018 年 10 月，教学团队完成了所有资源建设项目。

2019 年底，根据省教育厅要求，在山东省职业教育精品资源共享课建设系统平台上按时完成数据上传。

（五） 项目风险控制过程

项目各阶段均为多名教师共同完成，分工明确，任务划分合理，最大限度地保证各阶段工作均能在规定时间内正常完成。

教学全过程微视频是基本教学资源中最核心的内容，数量多，耗时长，要求高，教学团队首先共同设计了教学微视频的样例，保证微视频整体风格的统一，然后制定了每个月的录制计划，确定录制数量，严格按计划执行；另外聘请了其他高校的教授专家进行 Flash 动画制作优化和审核，保证项目能顺利完成。

四、实际成效及推广价值

（一）立项至今该资源共享课目标实现情况

课程团队根据自身的优势合理分工，完成现有教学资源的修改完善。

（1）修改完善了现有的《计算机应用基础》课程教学资源，包括电子教材、习题库、教学课件、课程标准等。

（2）搜集企业案例，开发有声教材，整理计算机相关法律法规、职业标准、计算机等级考试二级 MS Office 高级应用练习题库等拓展资源。以知识点、技能点为单位，高标准制作完成 6 个章节所有内容微课视频，共计 253 个。

（3）促进教材建设。以培养职业能力为出发点，以岗位典型工作情境为核心，在原有教材基础上，编写了现代学徒制行动式教学改革教材《计算机应用基础》，以学生学习任务为基本模块，注重情境式教学，把"做、教、学"融为一体。以达到传授知识、训练技能、提升能力、拓展思路的目的。

（4）优化课程教学模式。通过使用雨课堂这一新型智慧教学工具，采用"翻转课堂＋在线课堂"的教学模式，全面提升课堂教学体验，推动教学改革。采用"课程＋证书"的教学模式，协助学生获得全国计算机等级考试二级证书，提升就业竞争力。

完善学校计算机应用基础课程的资源体系，满足计算机基础课程线上＋线下混合式教学的要求，同时满足教师灵活搭建课程的要求，能够指导开展教学方法研究、实训室建设、教学资源开发等，同时进一步培养锻炼了师资队伍，促进教学模式、教学方法的改革，有效提升教师的技能水平。

（二）　校内外推广应用分析

（1）教学团队将《计算机应用基础》精品资源共享课的微课资源上传到国家电网有限公司网络大学的精品课程包，在国家电网有限公司范围内实现资源共享，有效实现知识汇集和经验传播，提升了培训效率，促进了员工职业发展。

（2）新冠肺炎疫情期间，教育部发出"停课不停学"的要求，收到学校关于远程教学的通知后，《计算机应用基础》课程任课教师选择了学习通在线教育平台进行网络教学。创建课程后，上传了精品资源共享课中覆盖《计算机应用基础》教学全过程的微课视频进行网上授课。

《计算机应用基础》精品资源共享课经过校内外一年多的推广运用，得到了任课老师和同学们的高度认可。同学们通过动画和视频能够全面形象了解硬件设备和网络结构，达到了非常好的学习效果。资源上线后，可以让学生能够随时随地自主学习计算机知识和技能，适合学生个性化学习、深度学习的需求，对移动学习时代知识的传播起到推动作用。

第六章

以能力培养为本位，推进情境化教学模式

> "
>
> 教育决定着人类的今天，也决定着人类的未来。人类社会需要通过教育不断培养社会需要的人才，需要通过教育来传授已知、更新旧知、开掘新知、探索未知，从而使人们能够更好认识世界和改造世界、更好创造人类的美好未来。
>
> ——习近平
>
> "

山东电力高等专科学校以校企合作、育训结合为教法改革切入点，教法改革的重点是教学过程的情境化教育模式，通过实验、实训、实习三个关键环节的改革，以能力培养为本位，带动专业调整与建设，引导课程设置、教学内容改革。积极实行启发式、讨论式教学。改革考试方法，着重提高学生综合运用所学知识、解决实际问题的能力。研究制订适应不同生源实际状况的培养方案。运用现代信息技术推动教法改革。引入翻转课堂等现代教育技术，增进教学内容，改进教学方法，推进"互联网＋做教学评一体化"实训教学改革与实践。

本章共有五个案例，基于翻转课堂的《电力电子技术及应用》课程学习的情境化教学模式、基于翻转课堂的《直流输电技术》课程学习的情境化教学模式、提升项目开发的精益化水平、输电线路设计培训教学系统、互联网＋做教学评一体化实训教学五个方面阐释了三教改革的教学模式问题。其中，"高端引领企业培训软实力建设，持续提升项目开发精益化水平"案例位于二维码中。

基于"翻转课堂"理念的《电力电子技术及应用》课程学习情境研究与开发

□ 赵笑笑

随着互联网的普及和计算机技术在教育领域的应用，信息化技术在辅助教学方面已经得到了较为广泛的应用，信息化平台的建设在各高校的推广已经初见成效，诸多职业院校积极探索基于信息化教学平台的"翻转课堂"教学模式。从"传统课堂教学模式"向"翻转课堂教学模式"转变，努力克服学生长期以来依赖老师"教"的学习习惯，激发学生的学习积极性，提高学生的学习效率，充分发挥学生的个性特长，促进学生个性化学习，能够极大地提高教学效率和教学质量。

结合作者多年教学经验，以《电力电子技术及应用》课程的实际应用为突破口，重新整合选取课程内容，开发形象生动、贴近生活实际的学习情境，利用现场实例，提高学生的学习兴趣，帮助学生理论联系实际，更好地理解课程内容，轻松完成学习任务。

一、实施背景

《电力技术及应用》课程是山东电力高等专科学校培养学生的职业能力和职业素质的重要专业基础课程。课程涉及强电和弱电，涵盖内容

第三篇 『三教』改革是重点

多，难度大，且抽象难懂。课程内容多、知识零散与学时少形成主要矛盾；当前教学过程主要停留在以分析电路原理，讲解参数计算过程和计算方法为主的传统教学模式，"重灌入轻启发、重讲授轻研讨、重考查轻反馈"等问题导致学生学习兴趣和积极性不高，课程参与度低，师生沟通少。"注重知识目标，忽视能力和素质目标"，难以促进学生自我发展和全面发展。多年来尝试过各种教学手段，教学效果不甚理想。随着高等教育信息化技术在辅助教学方面得到越来越广泛的应用，以及在"翻转课堂""行动式教学"等诸多新型的教学理念的倡导下，本项目开发《电力电子技术及应用》课程案例，创设学习情境，探索研究以"翻转课堂"理念为基础的多种教学模式，大力推进课程改革，努力克服学生长期以来依赖老师"教"的学习习惯，将教学重心由"教"向"学"转化。目的是，激发学生自主学习的积极性，提高课堂学习效率，充分发挥学生的个性特长，促进个性化学习，提高教学效率和教学质量。

二、主要目标

组建网络教学平台，开发各种教学资源。基于平台设计翻转课堂教学模式，不仅有利于发挥学生的主观能动性，还有利于将教学重点由"教"向"学"转化，提高教学效率和质量，并能够实时协助课前和课后学生的疑难问题解答，以期获得良好的教学效果。

三、实施过程

（1）进行行业企业调研，撰写调研报告。深度分析人才培养方案和行业标准、课程标准后，分析职业岗位对应职业能力要求，总结工作任务，项目组提炼出与专业岗位和生活实际紧密结合的典型应用案例，讨论确定了课程的六大学习情境，分别为：电力电子器件的认知、调光灯电路的设计与调试、电动机直流调速电路、电风扇无级调速器、开关电源、电力电子技术在电力系统中的应用，并选取情境对应课程内容，以及对应的情境，划分知识点技能点，完成教学目标的设计与学时分配。课程的六大学习情境如图 6-1 所示。

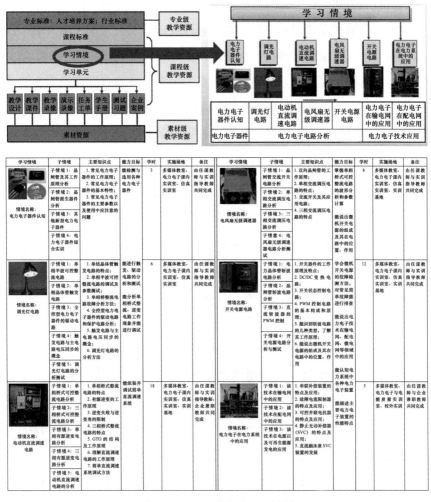

图 6-1　课程的六大学习情境

课程情境教学全面展开。总结分析教学效果，发表教学研究论文"浅述《电力电子技术及应用》课程情境教学模式探究"。

（2）分层、分类推进教学信息化改革。围绕情境完成整体教学设计、单元教学设计的编写。完成六个学习情境对应的相关教学资源包的

第三篇　『三教』改革是重点

开发与完善，保证多媒体课件图文并茂，案例图片丰富多彩。完成动画库、电路仿真库、试题库等多项资源的开发。开展校内行动式教材的研发工作，出版现代学徒制的行动式教材一本，编制情境化教学讲义一套，编写并公开出版"十三五"规划教材一本。在项目完成后的2019年，项目组继续梳理完善数字化课程资源和教材，开展《电力电子技术及应用》多维度立体化教材的二维码课程资源开发，完成《电力电子技术及应用》国家级精品教材的申报工作。

（3）完成课程各学习情境对应主要知识点、技能点讲授的同步课堂微课开发32个。课程多个微课在校内网络大学平台进行分享，其中制作的优质精品微课"直流融冰技术在电力电子中的应用"在校外全国职业院校微课网站进行展示和分享。

（4）开发课程实践教学项目，围绕六个学习情境进行教学实践。2017年组织学生将《电力电子及应用》课程中复杂难懂的"逆变电源"情境理论知识进行教学实践，指导学生完成"微电网并网系统"的设计与调试，在2017年全国大学生电子设计大赛中参赛取得优异成绩，获得一等奖一项、三等奖一项。2018年7月对电力电子"开关电源"情境内容进行实验验证测试成功，在2018年全国电子设计大赛中成功获得一等奖一项、二等奖一项。2019年继续进行情境项目调试验证实验，在2019年的竞赛中，获得国家二等奖一项、二等奖一项。

（5）《电力电子技术及应用》信息化网络学习平台组建完成，实现教学资源的上传与分享。充分运用平台功能，实施"翻转课堂"教学改革，设计六个情境的翻转课堂教学设计，制定六个情境的翻转课堂实施计划并落到实处。分析比较教学效果。撰写研究报告1份，发表教学心得论文《翻转课堂教学模式的实践探索》。

（6）完成课程网络题库的开发工作，并在五年一贯制班级中实施机考、阅卷、成绩统计分析。

四、主要成果与成效

　　成果于 2017 年、2018 年在校内 2016 级普通大专班发电专业、继电专业以及现代学徒制多个专业班级学生《电力电子技术及应用》课程中实施，学生满意度高，通过调查报告数据分析分别有 85.4%、78.6%、78.6%、70.9% 的同学认为在自主学习、口头表达、逻辑思维和团队合作上有提升，成效明显。实践证明，很大程度地提高了学生的自主学习能力，网络总访问量 3 千多人次。课堂教学的效率有明显提高，在课时从 51 课时缩短到 45 课时的情况下，学生掌握的知识点更多。选取两部分教学内容，实施了"翻转课堂"的课堂中，学生学习氛围要高很多，通过线上线下的测试结果数据统计和课程成绩统计分析，学生成绩不及格率总体下降 4%，优良率总体上升 10%，学习成绩有明显提高。项目的实施提升了课程教学资源的更新率和精品课程资源的开发进度，课程数字化资源从 124 条增加到 371 条。通过项目开展，课题组教师的信息化教学技能水平显著提高。以"翻转课堂"为理念，同时将"探究性学习""合作性学习"有效引入课堂，改变了学生的学习方式，以学法的改革带动教法的改革，为课堂教学注入新的活力。开设学生第二课堂，开发学生的潜能，提高学生的实际动手能力。经过指导锤炼的学生在理论学习、实践能力、创新意识等各方面都有显著提高。

　　项目的实施促进了师资队伍的建设，激发了课题组成员教研相长的热情。投身教学研究，提炼教学心得，撰写教研论文和专利发明，并积极参加国际会议进行交流学习。项目实施期间，专业组教学的论文发表量明显提高。

　　通过课堂问卷调查和学生的谈心谈话，普遍反映"翻转课堂"教学在传授专业知识技能的同时，对学生在为人处世、开拓创新、协作沟通等方面的能力都得到了很大的提高，对于综合能力的提升和将来步入社会起到了很大的帮助。

项目实施受益学生两千余人，开发的情境化配套教材受到国内多所高职高专类院校广大师生和电力企业生产技术人员的普遍欢迎，得到了中国电力出版社的高度认可。项目成果对课程数字化资源建设、储备和信息化教学模式改革有良好的推动作用，本项目的研究成果，不仅可以应用于发电厂及电力系统专业、继电保护等专业学生培养，有效提高学生的职业能力，其教研教改的研究思路、方法和课程体系构架，也可以为同类的课程提供参考，具有广泛的指导作用。同时项目的实施为课程后续申报省级、国家级资源共享课程建设项目，国家级教学资源库项目，国家精品在线开放课程建设项目申报和数字化课程资源开发储备打下坚实的基础。

项目组成员同时还承担学校《电路》《应用电子技术及实训》等相关课程的开发，通过本项目的实施，项目成果和课程改革思路可以推广应用到专业其他课程。项目实施的理念对学校专业改革起到带动和引领示范作用。师资队伍教学、科研水平显著提升。

项目组成员在 2017 年中国高等学校电工学年会、山东电工学年会上，进行了"电力电子技术课程建设成果"的分享，课程改革理念和成效以及建设经验受到了与会的各高校专业课教师的一致好评。

任务驱动式翻转课堂教学模式在《直流输电技术》课程中的应用

□ 任玉保

一、实施背景

翻转课堂（flipped class model，FCM）也称"反转课堂"教学理念，在 21 世纪风靡全球。其基本思路就是把传统的学习过程翻转过来，老师按照教学计划和教学目标提供教学课件、辅助材料、教学视频等相关材料，安排学习者利用课外时间进行学习获得基本原理、概念，在课堂上老师与学生之间进行互动、答疑，探讨解决实际问题，实现知识的内化过程。

"任务驱动"教学法是在教学过程中，以富有趣味性、能够激发学生学习动机与好奇心的情景为基础，以与教学内容紧密结合的任务为载体，使学习者在完成特定任务的过程中获得知识与技能的一种教学法。"任务驱动"教学法是将传统的"学以致用"中的"学"与"用"顺序进行翻转过来，先让学生明白"学习的知识是做什么用""为什么学"这样的问题，激发学生的积极性，然后学生通过完成老师所布置的具体任务，主动获取基本知识、技术技能以及解决问题的方式、方法，培养学生的协调能力、自主创新能力以及学生对知识进行自主深化与拓展的能力，从而达到以"用"促"学"的目的。将"翻转课堂"与"任务驱动"结合起来，可以充分体现以教师为主导、以学生为主体的教学思想，有益于实现技术技能的有效传承，因此本项目将"任务驱动"教学法与"翻转课堂"教学模式进行有机融合，尝试开展探索研究。

目前，各个高校对直流输电技术这门课程重视程度有待加强，大部分学校为选修课程，但是随着电力技术的不断进步，特高压建设在中国的不断推进，《直流输电技术》将成为今后电气工程专业的必修课程，另外其涉及知识面广、实践性、操作性较强，重在培养学生具备直流输电工作必需的技术技能。本项目将"任务驱动"教学法与"翻转课堂"教学模式进行融合，探索任务驱动式的翻转课堂教学模式，并应用于高职业教育的《直流输电技术》课程中。

二、主要目标

（1）将任务驱动与翻转课程进行融合，构建可移植的任务驱动式翻转课堂教学模式。

（2）将任务驱动式翻转课堂教学模式应用于直流输电技术，根据课程本身的教学内容、教学资源、教学目标等情况结合学生的基础层次，在注重内容的时效性和实用性基础上，进行基于《直流输电技术》的任务驱动式翻转课堂教学设计及应用。

（3）建立新型直流输电技术课堂教学模式，并形成一个全过程的考核方式，从而为其他高校直流输电技术教学模式的研究提供参考。

三、实施过程

（1）通过文献对任务驱动式的翻转课堂教学模式进行分析总结，结合目前高校直流输电技术的教学现状、教学目标、课程内容及具体学生情况等，探索基于《直流输电技术》的任务驱动式翻转课堂教学模式的构建方法。

（2）将构建出来的教学模式应用到在校大二学生《直流输电技术》课程的教学过程中。在课前，老师布置任务，并将任务进行分解说明，明确实施流程，老师将所需相关知识点的教材、视频、PPT 等材料上传到百度云盘供学生自行下载学习；在课中，老师提出学习任务，讲述基本要点和任务要求，并解决学生疑问，检查学生任务进度；学生带着任务听课，分析任务，探索完成任务的方法和途径，经过理论与实践的结合，最后学生提交任务作业，老师进行成果验收，查缺补漏。

（3）通过成果展示对学生任务成果进行效果评价，分析实践过程中存在的问题并提出相应的对策，从而为高校直流输电技术教学模式的研究提供参考。

四、主要成果与成效

（1）教学内容方面：抓好教师授课内容的管理工作，不断增强教学内容的针对性和实效性。结合目前电力技术的发展、电网建设的实际情况、学生的基础层次，对教学内容和教学计划进行合理的布置和提炼，注重内容的时效性和实用性，避免课本知识点都是重点，注重理论与实际的结合，另外通过翻转课堂的方式让学生根据自己的实际情况安排基础知识的学习时间。

（2）教学方式方面：抓好教师素质的提升工作，不断增强教学方式的灵活性和实用性。采用任务驱动式翻转课程教学模式，通过以"用"促"学"的方式，提高学生的学习积极性，增强学生协调能力和创新能力，让学生真正明白"什么叫学以致用"，提升学生的主观能动性，利用老师提供的相关辅助资料学生能够自己解决学习过程中遇到的问题。

（3）教学考核方面：抓好培训教学的管理工作，不断增强教学考核的丰富性和多维性。采用结果与过程结合、动态与静态结合，注重能力评价，如：采用工作任务考核、平时作业、课堂参与度、期末考试、期中考试等相结合的方式并按一定比例计入总成绩中。

高端引领企业培训软实力建设，持续提升项目开发精益化水平

——敏捷迭代在学校品牌培训项目开发中的创新应用

□ 鹿　优

随着改革逐步深化，国家电网有限公司正按照集团化、集约化、标准化、精益化、数字化、国际化的方针，进行资源重组、战略转型，以增强核心竞争力，提升在复杂局势中的生存和适应能力。培训是人力资源管理和人才队伍建设的重要手段，是"发展、战略、绩效、人才、培训"五位一体价值链的起点。培训质量是企业始终关注的核心问题，也是培训发挥智力支撑作用的关键指标，由培训项目开发决定。培训项目开发作为培训的顶层设计，以培训需求为导向，以提质增效为目标，高端引领培训业务的全过程组织实施。企业培训应融和行业特色，探索并创新适合自身实际的培训项目开发模式，以思维创新推动模式创新，以先进模式塑造培训品牌，积极面对新时代、新形势的挑战，继续保持高效率高品质的问题处理能力，切实提升培训质量。

更多精彩内容
请扫码阅读

基于工作过程的输电线路设计
培训教学系统应用与实践

□ 尹辉燕　王德洲

基于工作过程的培训教学系统开发，以职业能力培养为核心，以工学结合、能力递进的思路设计学习情境，在真实的工作情境中实施培训教学，并基于工作过程进行培训评价。本文以送变电专业《架空输电线路设计》的课程改革为例，探讨国网培训基于工作过程的工学结合的培训系统开发思路。

该培训教学系统已全面应用于国家电网有限公司各层次技术技能人员和山东电力高等专科学校输电工程线路基础专业学生的现场培训教学。国网山东省电力公司、黑龙江省电力有限公司等多家单位一致认为：该系统利用虚拟现实混合仿真等多种技术手段，创新了培训教学模式，按照工作进程的逻辑构建教学内容，能够引导学员自主学习、创造性学习。

该培训教学系统为技能实训教学体系的构建，社会培训领域、架空输电线路领域的技术进步，大电网的安全稳定做出了较大贡献，为国家电网有限公司技术技能优秀人才的培养发挥了重要作用，取得了较高的经济效益和社会效益。对相关领域教学体系的架构具有指导和示范意义，具有全面推广和应用前景。

一、实施背景

基于工作过程的培训教学系统，注重的是实际工作进程，强调的是工作方法、能力，社会能力与专业能力培养融为一体。

基于工作过程的架空输电线路设计培训教学系统利用虚拟现实混合仿真等多种技术手段，采用真实线路铁塔和智能实境虚拟仿真系统相结合的模式，构建了虚拟现实一体化的智能教学系统。

通过调研分析该培训课程所面临的岗位群，然后对岗位群进行工作任务分析，提炼出典型工作任务，再对典型工作任务所需具备的职业能力（专业能力、方法能力和社会能力）进行归纳，将行动领域相对应地转换为学习领域，分析学习领域涉及的知识与技能，引入真实或模拟工作情境组织培训，以企业工作任务完成标准制定培训评价体系，让学员获得知识职业岗位能力要求的一种培训体系。输电线路设计课程体系优化的流程如图 6-2 所示。

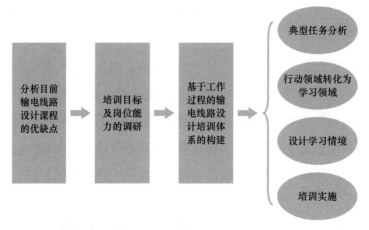

图 6-2　输电线路设计课程体系优化的流程

二、实施过程

（一）创建了输电线路设计的智能实境虚拟仿真系统

建立了功能齐全，具有前瞻性，教学项目互动性强，能进行三维可视化设计的实训室，在实训室进行智能实境的仿真设计。

利用虚拟现实混合仿真技术真实展现测量线路三维场景，实现了智能实境的仿真设计。实现了输电线路三维设计、输电线路定位、金具组装与设计、输电线路优化排位、孤立档计算、线路平断面图形处理线路设计全过程模拟。

可对设计条件进行定义，包括气象条件（风速、冰雪覆盖等）、线路负荷、导线运行情况、交叉跨越。自动进行各种电气校核，包括悬垂绝缘子串摇摆角、悬挂点悬垂角、导线风偏角等。

▶ （二） 基于工作过程设计学习情景

首先深入企业调研，了解学员所从事的具体工作岗位，对典型工作任务所具备的基本职业能力进分析，这些能力就是学习领域中学习目标制定的依据。学习目标确定后，在制定培训教学计划时，强调对学员专业操作技能的整体训练，按照实际工作任务、工作过程和工作情景组织培训课程。从岗位发展需要出发，以工作过程为主线，将培训环节进行整体设计。为使虚拟仿真在现场实际重现，利用电网检修专业的同塔双回 500kV 和 220kV 输电线路设计了一条模拟线路，该线路与现场实际完全一致。

该教学系统研究主线是工学结合、任务驱动、项目导向的理念，通过工作过程的分析，将输变电专业学员学生需要掌握的专业知识、技能知识、综合素质融合，将工作领域转换为学习领域，设计了具有架空输电线路设计工作完整过程的、具有递进性的工作任务体系，构建了线路设计的五个学习情境，如图 6-3 所示。学习情境的教学，利用虚拟混合仿真技术和现场实际工作环境有机结合。架空输电线路设计培训分为知识模块和技能模块。知识模块包括线路设计的基础知识、导线的应力弧垂分析、导线的安装、线路的选线和定位、输电线路施工图识读。技能模块包括输电线路测量、输电线路杆塔定位、三维金具组装、线路的改建。

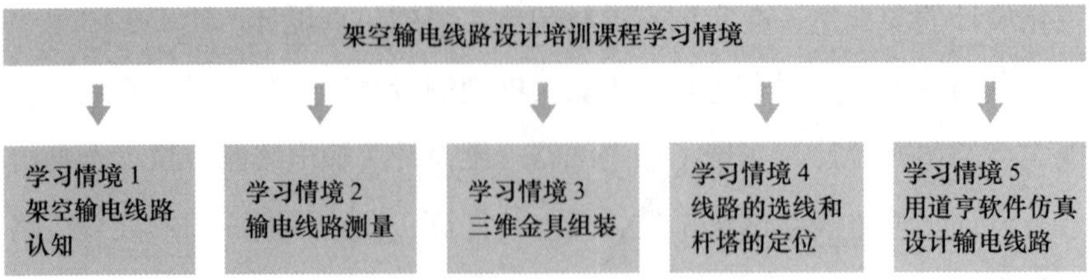

架空输电线路设计培训课程学习情境				
学习情境1 架空输电线路认知	学习情境2 输电线路测量	学习情境3 三维金具组装	学习情境4 线路的选线和杆塔的定位	学习情境5 用道亨软件仿真设计输电线路

图6-3　架空输电线路设计培训课程学习情境

学习情境是学习领域课程的具体化，从学习领域到学习情境的转换与设计，在架空输电线路设计课程的优化过程中，项目团队打破以知识传授为主要特征的传统学科课程模式，转变为以工作任务为中心组织课程内容，让学员在模拟工作现场的学习情境中进行培训，完成具体项目、任务的过程中来构建相关理论知识，并发展专业能力。

（三）　基于工作过程实施任务驱动的培训过程

任务驱动是在设定好的学习情境中，基于真任务来进行设计的。输电线路设计培训课程优化的过程中，基于工作实际，把培训内容设计成一个或多个具体的任务，让学生通过完成一个个具体的真实工作任务，掌握培训内容，达到培训目标。它是一种以学员主动学习，教师加以引导的一种教学方法，它打破了传统教学方法中以教师为中心的老套路，而是以完成一个个任务作为驱动来进行培训，最终完成培训任务。任务驱动教学实施流程主要包含以下四个方面：设计任务——分析任务——完成任务——效果总结。

基于工作工程实施任务驱动的培训，学员在任务的驱动下展开培训，由简到繁，由易到难，循序渐进地完成一系列任务。在培训过程中体现"做中学"的特点，即学习的内容是工作，通过工作实现学习，使其在不断地建构与完善自己的知识能力、工作技能的同时，也提高自我认识和对自身的评价能力。

（四）　自主研发了基于 Web 的输电线路设计专题网站及在线网络考场

创新教育培训方式，采用 O2O（offline to online）模式组织开展混合式培训项目，线下培训、线上培训相结合，帮助员工打造自主学习的平台。

自主开发的基于 Web 的在线网络考场，可以实现实时打分，强制收卷等功能。每一部分的考核均实现了每个学员的考核内容完全不同。

在线考试题库分为 5 部分。每个项目结束后的习题、阶段考试、培训结束的理论在线考试、综合计算考试、最后选线排塔定位的仿真设计考核。每一阶段每个学生的试题均不相同。考核采用了动态网页编程，学员根据自己机器 IP 地址，使用同一个链接自动下载不同试题。

（五）　基于工作过程、工学结合的理念开发教材

教材的编写上尽可能与架空输电线路设计岗位的工作进程相一致，按照工作进程的逻辑建构教学内容，基于工作过程、项目导向编写实训教材，在每个项目下，以工作活动的特定任务为支撑，在工作任务的驱动下，将学员需要掌握的知识点贯穿其中，打破了以学科知识逻辑为主线，专业理论知识为主体的培训内容。形成项目化、模块化的培训教材。

优化后的架空输电线路设计培训教材，具有以下特点：①从岗位需求分析入手，经过大量调研，符合现场输电线路设计；②体现了以技能培训为主线，相关知识为支撑，有利于帮助学员掌握现场知识；③突出教材的先进性，结合生产实际，缩短了培训与企业需要的距离。

（六）　基于工作过程评价进行输电线路设计培训考核评价

传统培训效果的评价，以课程结束时的笔试、最后选取一个实训项目考试相结合的方式，基于工作过程的考核评价应采取过程评价与成果

评价相结合的方式，在课程考核评价的过程中，应将工作过程考核与综合能力考核相结合，将理论考核与实践考核相结合，建立"立体考核，综合评价"的立体考核机制。

1. 多维度设计课程考核内容

课程评价的内容包括：按照培养学员是否具备送变电施工专业工作能力的要求，以实操考核为主，理论考试为辅，侧重"工作技能、应用能力、综合应用能力"来考核。

考核"课程的计划、实施、结果等"等诸多课程要素。通过课程要素的评价，反映了学员能力培养与工作过程的融合程度；通过对学员的评价，测试学员在工作过程中的学习能力、岗位技能、合作能力、创新能力等诸多方面的能力水平。

2. 评价主体的多样化

通过自评、小组内互评、组间互评和教师评价等方式，规定了各种评价方式在总评中的比例。评价标准主要从专业知识和操作能力、表达能力、合作学习表现、资料查阅能力、日常行为习惯等方面进行制定。

（七） 基于交互性教学系统实施教学控制

教学过程中建立先进的软硬件系统，在教学中对学员做到可以实时指导、实时监控、教学互动、实时解决问题，摒弃传统的教学方式。

"互联网＋做教学评一体化"实训教学改革与实践

□ 任玉保

一、实施背景

职业教育在"十三五"期间取得了较大的发展，服务经济社会能力也有了一定程度的增强，但与高等教育相比，仍然是教育事业发展的薄弱环节。为更好地服务职业教育发展，提升服务能力，本专业通过广泛调研实际生产岗位需求，总结历年来的人才培养情况，对职业教育过程中存在的问题和不足进行了深入的挖掘和分析，归纳起来主要包括以下4个方面：

（1）与生产岗位对接仍不足。主要表现在以往教学内容局限于现有学校资源，在更新实训资源、开展企业实习、培养学生能力导向等方面，与企业的契合度较差，易形成自我封闭的孤岛培养模式，难以培养出高素质的蓝领工人，职业教育与生产岗位对接存在较大的缺口。

（2）忽视学习对象的转变。职业教育与传统学科教育相比，学习对象发生了根本性的改变，学科教育打造的是"学习型"学生，而职业教育则为"技能型"学生，以往的职业教育在学习对象转变方面没有引起足够的重视，在培养方案、教学手段、知识技能结构等方面易沿用培养"学习型"学生的旧模式。

（3）传统课堂教学模式影响职业教育发展。以往教学模式或多或少延续传统学科教育的模式，偏重知识的传授，对学生动手能力的培养不足，学生积极性、主动性和创造性的培养不足，原有职业教育载体仍具有学历教育的特性，制约了职业教育的健康快速发展。

（4）原有实训资源和网络学习资源需要进一步通过生产性、现场性。职业教育偏重技能类教育，实训室和实训基地是保障其实施的重要依托，是专业课程内容与岗位技能标准有效对接的重要保证。

通过实施"互联网＋做教学评一体化"实训课程改革与实践项目，可以有效解决"与生产岗位对接不足"等方面的不足，形成以下5个方面的预期成果：

（1）深入分析企业人才需求、岗位群典型任务、岗位能力，重构紧密对接岗位能力需求的发电厂及电力系统专业课程体系，突出培养目标的针对性。

（2）以职业能力培养为目标，借鉴"互联网＋教育培训"先进理念，将典型工作任务作为载体设计教学活动，推行"任务驱动式"等教学模式，整体提升教学质量、学生的综合素质与职业能力。

（3）针对本专业典型工作任务，开发《智能变电站倒闸操作》《电网监控》《电网调度及运行》等特色实训课程，完成"做教学评一体化"实训课程建设。

（4）依据与岗位生产过程零距离对接的指导思想，继续优化实训220kV智能变电站、电网调控一体化实训室等优质实训资源。

（5）开发优质线上教育资源，包括精品共享课、网络课件、微课件等，实现线上线下课堂的有机融合，有效提高学生学习兴趣和自主学习能力。

二、实施过程

针对发电厂及电力系统专业传统人才培养过程中存在的问题，采取了一系列行之有效的措施和方法推进人才培养模式创新，案例形式多样、涵盖面广、可操作、可推广性强。

（一）　对接岗位能力需求，修订人才培养方案

为主动适应行业快速发展对高素质技能型人才的需求，着重培养具有突出工程实践能力的技能型人才，教学团队前往电力生产企业进行了现场调研，系统性分析了企业的人才需求。依据调研结果，针对生产岗位能力需求，优化专业人才培养方案，保证人才培养始终与企业人才需求一致。紧紧围绕岗位职业标准，深化校企合作，突出职业岗位的针对性，统筹教授、专家、现场技术人员力量，共同修订形成紧密对接发供电企业岗位能力需求的发电厂及电力系统专业人才培养方案，推动培养内容与生产过程的有效对接。突出工学结合、知行合一，更加注重培养学生实践动手能力，将"2.0+0.5+0.5"的培养模式转变为"1.5+1+0.5"，大幅增加岗位技能训练时间，增强人才培养的针对性。

（二）　强化职业能力培养，创新课堂教学模式

以职业能力培养为目标，借鉴"互联网＋教育培训"等先进理念，改革教学模式和方法，以岗位工作流程为主线，以典型工作任务作为教学线索设计教学活动，推行"做教学评一体化""翻转课堂""模拟演习法""任务驱动式"、O2O 等教学模式，激发了学生学习积极性，突出教学模式的时代性、先进性，较好地解决了理论知识传授与能力培养有机结合的问题，完善了以"学做交融、能力渐进"为主线的人才培养模式，教学质量得到了有效保证。

（三）　突出典型工作任务，开发特色实训课程

依据人才培养方案，面向变电运维、电网调控、配电自动化三个生产岗位开设了《智能变电站倒闸操作》《智能变电站设备巡视》《电网监控》《电网调度及运行》《配电 SCADA 运行维护》等特色实训课程，课

程以仿真应用培训系统为工具，以岗位工作流程为主线，突出其中典型工作任务的解决方案，通过老师现场教学，学生动手操作并辅以完善的自动考评系统，实时实现了"做教学评一体化"实训课程体系建设，极大地提升了学生技能水平。

实训课程借助先进的教学设施，采用仿真软件模拟实训与真实设备操作相结合的实践教学方式，全方位培养学生的动手操作能力。通过"任务驱动式""做教学评一体化"等多种培训教学方法，充分调动学生的参与热情和学习积极性。引入了"过程考核＋标准化软件考评"的并行考评方法，增强教学效果的针对性和教学评估的权威性。自专业改革实践以来，共开发出变电运维仿真、电网调控仿真、配电操作实训等特色培训课程26门，4门课程入选学校"品牌教学课程"。

（四）　校企合作互利共赢，打造优质实训资源

为满足实训课程需求，结合现场实际，通过校企共建、共享教学资源，打造了实训220kV智能变电站、电网调控一体化实训室、变电运维仿真实训室等一批优质实训资源，实现了对"做教学评一体化"实训课程开展的强有力支撑。通过校企共建、共享教学资源，建成了一大批紧跟现场工作步伐的先进实训资源。实训220kV智能变电站户外实训如图6-4所示。

利用优质实训教学资源，开发了与岗位生产过程零距离对接的特色技能培训课程。自专业教学改革实践以来，共建成功能全、设备先进的

图6-4　实训220kV智能变电站户外实训

专业实训室 12 个，形成覆盖变电运维、电网调度及自动化、配电自动化实际生产岗位的实训室群，其中 3 个实训室被评为国网技术学院"实训室优质工程"。

（五）引入"互联网＋教育培训"，建设线上线下课堂

在"互联网＋教育培训"的背景下，把线上课程与线下课程结合起来，充分发挥各自优势，开发了一批线上课程资源，实现了线上线下课堂的有机融合，有效提高了学生自主学习的兴趣和能力。发挥"互联网＋"在教育领域积极作用，开发网络课程，制作信息化课件、精品共享课，扩大优质教育资源的覆盖，促进教育公平。为更好地促进学习者的学习，专业团队将线上与线下课程有效地结合起来，扬长避短，线下课堂主方法，线上课程主内容；线下课堂主交流，线上课程主获得；线下课堂主组织，线上课程主自主。

自专业改革实践以来，共开发网络微课件 200 余个，并全部入选国家电网有限公司网大平台。从多媒体课件、试题库、教学视频等多方面加强精品共享课程建设，新建了 3 门省级精品课程网站及 2 门校级精品课程，为教师教学、学生自学搭建了一个开放式的学习平台。截至目前，发电厂及电力系统专业 5 门精品课程被省教育厅批准为山东省省级精品课程。

三、实施成效

"互联网＋做教学评一体化"实训课程改革与实践项目，在人才培养方案改革、课程体系开发、实训资源建设、网络课程教学资源开发等方面专业建设特色显著，实践效果良好，不仅提升了学生的动手实践能力和学生培养质量，而且为企业培养了各类急需的人才，提高了学生的就业率和就业层次，为同类专业建设起到了引领和示范作用。本项目的开发案例已成功应用到发电厂及电力系统专业，取得了良好的教学案

例，实际应用效果得到了学校和企业的充分肯定，对教学质量的提升有显著效果。自 2015 年以来，"互联网 + 做教学评一体化"实训课程改革与实践广泛实施，发电厂及电力系统专业在课程建设、教学方法改革、实训资源建设、信息化教学、网络资源开发与应用等方面取得了显著成效，申报并获得多项省部级及以上的奖项。

（一）　人才培养质量显著提升

本项目开发深入对接发、供、用电单位对高素质技能型人才的需求，在充分现场调研的基础上，通过"互联网 + 做教学评一体化"实训课程改革与实践项目，深化教育教学改革，按照职业岗位能力要求，重构课程体系，改革课程内容，开发实训项目，突出职业技能的培养，大大提高了学生的工程实践能力，增强了学生的就业竞争力，专业的人才培养质量显著提升。毕业生深受社会青睐，就业范围广，该专业毕业生可在电网公司各级供电部门、大中型火力发电厂、核电厂、电力建设企业、电力修造企业、电气设备生产厂、工矿企业自备电厂及有关试验院所，从事电气设备的运行、检修、安装调试、技术管理和试验研究等工作，就业率达到 99% 以上，且就业质量高，服务了整个电力系统及相关电力行业，得到了社会的认可。

（二）　学生培养更加符合企业需求

"互联网 + 做教学评一体化"实训课程改革与实践项目在电力调控仿真实训、变电站仿真实训、配电网自动化实训三门课程上得到了充分的体现，通过深入调研企业需求，按照职业岗位能力要求，将企业需求和课程设置紧密结合，学生毕业后可立即进入相关单位工作，学生培养更加符合企业需求，达到了学校、企业和学生三赢的效果。

（三）　课程设置实现标准化教学

优化和整合课程资源，建立符合办学目标的教学内容与课程体系；

建设一支结构合理且相对稳定的教学队伍；建立运行状况良好、能较好地满足教学需要的实训教学基地；进一步规范和推进教材建设。课程标准化建设的实施进一步提高了课程建设水平，促进教学质量和教学水平的不断提高，保证课程的动态发展和不断完善，使课程符合人才培养的基本要求，为提高课程质量奠定了基础。

（四） 师资队伍科研水平显著提升

该项目对于发电厂及电力系统专业师资队伍科研水平的提升有显著意义。在调控运行、变电运维、配电网自动化等实训室建设中，该专业教师积极申报国家电网有限公司、教育厅等组织的科技项目，同时与供电公司和科研机构联合开展科研项目，积极参与到科研工作中，不仅取得了大量的案例，提升了教师科研水平，而且有效提升了教学质量。

四、创新点

（1）以具体职业岗位（群）→典型工作任务→职业岗位能力→专业课程体系的流程，通过"校企合作""工学结合"，构建基于工作过程的人才培养模式。

（2）改革创新教学模式方式，将典型工作任务为载体，推行"分组对抗""翻转课堂""模拟演习法""任务驱动式"、O2O等教学方法，形成以学生为中心、"互联网＋做教学评一体化"教学模式。

（3）采用典型工作任务驱动、仿真软件模拟操作、标准化软件考评的教学流程，开发了与企业岗位紧密关联的特色实训课程，增强教学效果的针对性和实用性。

（4）建设了优质仿真实训资源，通过搭建仿真平台、嵌入工作任务情境、模拟生产现场工作场景的方式，为学生提供了与工作现场高度一致的实训环境，并建设了涵盖完整性评估、正确性评估、操作顺序评估3个校验层次的电子化自动考核系统，有效提高了考核的公平性和学生

第三篇 『三教』改革是 重点

的操作水平。

（5）在"互联网＋做教学评一体化"教学思维指导下，丰富线上课程资源，开发网络课件、信息化课件，创建精品共享课，把线上的课程与线下的课程结合起来，发挥各自优势，使教育更符合学生的特点，并且让学习者学会学习，发展学习者的自主学习能力。

第四篇

「四化」驱动是特色

第七章

定制化，突出人才培养的针对性

> 要牢牢把握服务发展、促进就业的办学方向，深化体制机制改革，创新各层次各类型职业教育模式，坚持产教融合、校企合作，坚持工学结合、知行合一，引导社会各界特别是行业企业积极支持职业教育，努力建设中国特色职业教育体系。要加大对农村地区、民族地区、贫困地区职业教育支持力度，努力让每个人都有人生出彩的机会。
>
> ——习近平

定制化人才培养是电力职业教育的特色之一，是产教融合人才培养的有效方式。山东电力高等专科学校坚持职业为基、教育赋能，深入推行现代学徒制和企业新型学徒制，主动服务能源电力企业，近年来学校与国网新疆电力、国网蒙东电力等公司开展合作，积极开展面向艰苦边远地区生产一线的技能人才定向培养。深化与国网北京电力、国网浙江电力、国网山东电力的合作，定向培养供电服务一线专业人员。

本章共有四个案例，分别从变电检修与试验专业新员工标准化培训体系、继电保护专业竞赛、特高压输电带电作业培训和电力监控系统网络安全四个方面阐释了四化驱动之定制化人才培养问题。其中，电力监控系统网络安全案例位于二维码中。

变电检修与试验专业新员工标准化培训体系

□ 裴　英

企业员工培训过程中，不同教师很可能对同一培训项目有着不同的理解、考虑和设计，因此在培训内容方面，很可能造成不同教师所强调的侧重点不同，深度、广度、难度上也很难控制，这将严重影响培训教学的质量和水平。因此，只有标准化培训内容，才能保证每位教师对同一培训项目，按照标准化培训内容进行讲授，使培训内容达到标准化的要求，使培训教学重点、深度、广度、难度都达到标准化的要求，从而保证培训教学的质量和水平。

一、实施背景

目前，标准化体系已应用于企业管理、环境管理、高新技术产品产业化和商业化、经贸、银行、海关、运输、保险、商业等许多领域。科学的发展、生产的进步与标准化有着密切的关系，标准化作为现代科学管理的重要手段，既是人类生产和科学技术发展的产物，又是推动生产和科学技术的重要保证。但是标准化体系的理念并未专门应用于企业全员培训的培训教学与管理过程中，究其原因，主要由以下几个方面的原因造成：一是在企业的运营过程中，培训教学环节并不受重视，因此极少有人去专门研究如何行之有效的对整个培训教学过程进行管控；二是目前标准化体系的理念虽然已得到了广泛的应用，但其主要应用领域还是一些较大的企业管理、过程控制等领域，一些具体的、较小的过程控制少有应用；三是建立一套比较完整、成熟的标准化体系，需要在调查、研究、总结的基础上，投入很大的人力，这也是其应用于具体的、较小的过程控制的一大局限；四是要想真正发挥标准化体系的优势，实际推广、应用过程中，必将打破以往很多的漏洞和习惯，这也使其在推广应用过程中受到一定的阻碍。

二、主要目标

本案例通过大量的调查和研究，得出一整套对变电检修与试验专业新员工培训过程中的标准化培训和管理控制方法，能够使企业培训的质量得到大幅度的提高，使培训的效果得到更有效的保证。

三、实施过程

标准化培训内容设计方法如图 7-1 所示。一个标准化培训项目应由理论知识准备、操作过程要求、培训总结分析三部分组成。理论知识准备对培训项目所需要掌握的理论知识、操作原理和操作内容进行了标准化规范，使培训项目的理论部分达到标准统一，包括理论知识讲解、操作原理讲解、操作项目内容三个具体方面的内容。操作过程要求规范了培训教学的操作流程、安全方面的要求和操作注意事项，不仅能够为操作过程的标准化提供指导，而且为学员的操作安全提供了切实的保障，包括标准化操作流程、操作安全要求、操作注意事项三个具体方面的内容。培训总结分析是最容易被忽视的重要环节，它的有效执行将对整个培训过程的质量起到保障和提升的作用，并且对整个培训过程的重点、深度、广度、难度实现标准化规范，包括培训过程总结、重点难点

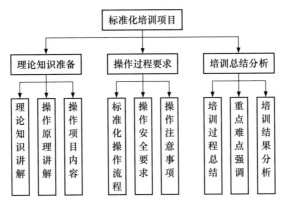

图 7-1 标准化培训内容设计方法示意图

强调、培训结果分析三个具体方面的内容。有了以上几个方面的详细内容，一个培训项目才能够实现真正意义上的标准化。

（一） 标准化培训过程

由于培训内容和侧重点的差异，必将造成不同教师在培训过程中，在各个环节所用的培训时间和方法的差异，以至于学员实际操作的时间、操作的程度也有所不同，这就很难保证培训教学的效果。因此，只有标准化实施过程，才能保证每位教师在培训过程中按照标准化实施过程进行，使每个环节的培训时间、培训方法达到标准化的要求，使学员实际操作的时间、接受指导的方法等都达到标准化的要求，从而保证培训过程的有效性。

对于培训实施过程，应当建立标准化培训实施过程控制表，见表7-1。表中应对每个培训环节的培训内容、原理讲授时间、学员操作时间、学员操作方法及指导方法进行详细的规定，并在具体的培训实施过程中严格执行，记录指导学员操作过程中遇到的问题，培训课程结束后对整个培训效果进行综合评价与分析。这一表格不但规范了培训实施过程的标准化，而且对于更加合理的改善和提高整个培训实施质量也提供了重要的依据和参考。

表 7-1　　　　　　　　标准化培训实施过程控制表

培训环节序号	环节一	环节二	环节三	……
培训内容				
原理讲授时间				
学员操作时间				
学员操作方法				
指导方法				
学员遇到的问题				
培训效果评价				

（二）　标准化作业指导

教师在指导学员实际操作时，有的并未按照标准化作业流程进行指导，忽略了一些操作细节上的要求，这不仅严重影响学员的实际操作水平，还很有可能在学员的操作过程中埋下重大的安全隐患，严重时甚至有可能造成学员的人身伤亡事故。因此，只有标准化作业指导，才能保证每位教师在指导学员实际操作时按照标准化作业流程进行指导，严格要求每个细节，使每个环节的操作过程、操作方法都达到标准化的要求，从而保证学员的操作安全和实际操作水平。

根据各个不同的培训项目，具体的标准化作业流程有不同的要求，但总结起来大致都分为以下几个大的步骤和环节：作业人员准备、办理开工手续、开工会、布置工作现场及安全检查、现场工作、工作终结整理现场。

各个项目应当根据各自的不同特点，详细归纳和总结标准化作业的流程和要求。

（三）　标准化培训管理

目前在企业的运营过程中，培训并不很受重视，对培训过程的管理和控制就更加混乱，往往没有完整成熟的管理体系，学员本应通过培训掌握很多真正的实践知识和技能，但在这种管理模式下将很难实现。因此，只有标准化培训过程管理，才能使每个环节都能够有章可循、有据可依、有条可查、有序进行，从而保证整个培训过程的有序进行。

标准化培训管理流程图如图 7-2 所示。首先应讲授必要的原理和操作方法，其次，安全要求和操作注意事项应作为非常重要的一项强调清楚，然后才能进行实际操作前的准备和检查工作。如果操作准备或安全准备没有达到标准化的要求，就绝对不能开始操作，否则将存在重大安全隐患，必须及时整改处理，准备充分，经检查无误才能开始实际操作。在学员实际操作的过程中，教师应严格按照标准化要求来进行操作指导，待操作结束，教师应对操作过程进行判断和评价，如果操作过程并未达到标准化要求，则应重新操作，以确保实

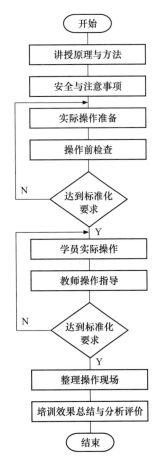

图 7-2　标准化培训管理流程图

际操作过程达到培训的目的和要求。最后，应对操作现场进行整理，并及时对培训效果进行总结与分析评价。只有这样，才能确保培训教学安全有效地进行，切实保障和提高培训教学质量。

四、条件保障

目前对培训设施的管理条理不清，有章不循，往往会出现培训设施受损、仪器无法使用、小零件缺失、材料变质等情况，严重影响了培训的正常有序进行。更有甚者，培训仪器和设施会发生严重危害学员人身安全的故障，例如触电、灼伤、烫伤、坠落等。因此，培训设施的管理

必须更加严格和规范。

通过大量的调查和研究，总结出了一套高培训设施的标准化管理方法，确保对培训过程中所涉及的所有设施进行标准化管理，使培训设施的保存、使用、检查和维护都达到标准化管理的要求，从而保证学员的人身安全和培训教学的正常进行。

（一） 标准化保存管理

培训设施的标准化保存管理是其标准化管理的第一步，制定一套完备合理的标准化保存管理措施，并且严格遵守和执行，首先能够确保培训设施在不用的时候不会受到不必要的损坏，而且能够有效合理的利用有限的保存场地，同时在需要使用时，还能够快速查找和存取。标准化保存管理具体来讲主要包括标准化保存条件和标准化定置保存两个方面的内容。

（1）标准化保存条件。培训设施、仪器和材料等对保存条件往往都有一定的要求，可以从以下几个方面来考虑保存条件的要求：

1）环境温度应适宜，否则容易引发某些材料变质等问题；

2）环境湿度要合适，湿度过高将引起设施生锈、仪器和材料受潮等问题，而有些材质却要求湿度不能过低；

3）仪器一定要注意防止震动，以免造成仪器内部损伤或松动；

4）一些材质的保存环境要求通风，防止受潮变质等问题；

5）应避免设施长时间处于强电磁场中；

6）要注意防止设施、仪器和材料等被腐蚀；

7）很多材料需要避光保存，以免光照变质；

8）应适当防尘，尤其是一些比较精密的仪器等。

（2）标准化定置保存。所谓标准化定置保存，是指按照一定的规律来安排各种设施、仪器和材料的保存位置，并严格按照固定位置来进行保存管理。一般来讲，确定位置的依据主要有以下几种方法：

1）根据大小体积来划分，大小差异较大或有特殊形状的设施、仪器和材料比较适合这种方法，可以把大小和形状相似的安排在一起，这样比较节省保存空间；

2）根据种类来划分，一般培训设施都不止一个，可以将同一种类的设施、仪器和材料放在一起，这是比较常见的保存方法；

3）根据培训项目来划分，就是把一个项目所需的所有设施、仪器和材料放在一起，这种方法便于使用时的存取。

另外需要注意的是，无论采取哪种方法，除了在保存位置设置标签以外，都应绘制标准化定置图，标明各种设施、仪器和材料的保存位置，以便于存取和检查。

（二）　标准化使用管理

培训设施的标准化使用管理是其标准化管理的重要环节，由于使用频率较高，使用者又是不熟悉设施和仪器的学员，除了教师的正确指导以外，一套比较完备的标准化使用管理方法也是非常必要的。比较常用的方法主要有列表管理法和智能软件管理法两种。

（1）列表管理法。顾名思义，是指将培训设施、仪器和材料在使用过程中需要管理的项目和内容都统计在列表中，便于统计管理其存取状况和使用状况等。这是目前最常见的一种管理方法，不需要额外的投入，但同时也存在着查找统计困难等问题。

（2）智能软件管理法。随着现代科技的发展和进步，利用针对性较强的智能软件来进行管理已经非常普遍了。这种管理方法不但方便快捷，查找统计也一目了然，而且在开发上也并不困难。比较基本的培训设施标准化使用管理软件结构如图7-3所示。

软件主要包括种类管理、使用管理和状况管理三大模块，每个大模块下还分为若干专门功能的子模块。种类管理模块主要承担着培训设施、仪器和材料的大分类管理、每种具体名称管理以及数量管理和统计等功能。使用管理模块主要包括培训设施、仪器和材料的发放、归还和记录管理功能，能够清楚明了地分类查找统计使用情况。状况管理模块

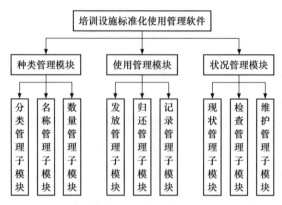

图 7-3　培训设施标准化使用管理软件结构图

则是负责记录、统计和管理培训设施和仪器的现状及检查维护情况等。当然也可以根据具体情况和管理需求来添加其他更多的完备功能。

（三）　标准化检查和维护管理

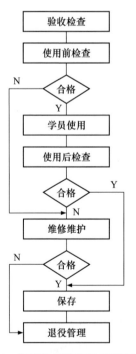

图 7-4　培训设施的标准化检查和维护管理流程

培训设施的标准化检查和维护管理是其标准化管理的必要保障，由于培训设施和仪器在使用过程中难免会出现问题，因此，对每种培训设施和仪器实行标准化的检查和维护管理是非常必要的。培训设施和仪器的标准化检查和维护管理流程如图 7-4 所示。

培训设施和仪器必须经过严格的验收检查，合格才能投入使用。每次使用前应先检查设施和仪器是否合格，如果不合格应直接进行维修维护，只有检查结果合格才能让学员使用。在学员使用后，也应对设施和仪器进行检查，只有合格才能保存，以备下次使用；相反，如果不合格也应直接进行维修维护。经过维修维护的设施和仪器如果合格，应按照如前所述的标准化保存管理来进行妥善保存，以备下一次使用。维修维护的同时应判断设备和仪器还能否继续满足培训的要求，达到退役条件的设施和仪器必须进行退役处理，如果强行继续使用，将埋下重大的安全隐患。

严格按照标准化检查和维护管理流程执行，确保每种培训设施和仪器从投入使用一直到退役的整个过程中，只有在合格的情况下才能被学员使用，从而保障培训过程安全有序的进行。

五、主要成果与成效

通过设计标准化培训内容，能够保证每位教师对同一培训项目的讲授内容、教学重点、深度、广度、难度都达到统一的要求；通过实施标准化培训过程，能够保证每个培训教学环节的培训时间、培训方法、学员实际操作的时间等方面都达到统一的要求；通过标准化作业指导，能够保证每位教师在指导学员实际操作时，按照标准化作业流程进行指导，严格要求每个细节，使每个环节的操作过程、操作方法都达到标准化的要求，从而保证学员的操作安全和实际操作水平；通过标准化培训管理，能够使每个环节都能够有章可循、有据可依、有条可查、有序进行，从而保证整个培训过程的有序进行；通过标准化设施管理，能够确保培训设施的保存、使用、检查和维护都达到标准化管理的要求，从而保证学员的人身安全和培训教学的正常进行。通过以上这些具体方法，能够确保企业全员培训安全有效的进行，切实保障和提高整个培训的教学质量。

继电保护专业竞赛实现"以赛促培、以赛促评"

——挖掘专业竞赛深层目标

□ 马小然

近年来，山东电力高等专科学校先后承办国家电网有限公司十年一届的顶尖赛事——继电保护专业技能竞赛在内的多项大赛，组织系统内外保护领域优秀团队集中比武竞技，逐一做到了比赛前精心统筹、周密部署，比赛中有序组织、公平公正公开，比赛后科学分析、推进完善。在当前全球电力互通互联的大背景下，继电保护的重要性尤为突出，竞赛汇集出一批出色的专业团队能手，促进公司内专业人才培养，落实人才强企战略，同时还有助于产业内技术升级，实现了以赛促培、以赛促评，助力发挥业务骨干作用，强化专业技能升级，助推生产一线员工的技能培养，践行"工匠精神"。

一、实施背景

电网是国家重要的基础设施和战略设施，电网安全直接关系国计民生和社会稳定。当前，我国电网已形成全国大范围联网、跨区大规模送电、特高压交直流混联的复杂大电网格局和世界上最大规模的新能源并网电源结构。电网和电源结构的深刻变化带来电力系统安全的巨大挑战，电网安全运行更加依赖二次系统，电网二次系统运行风险更加突出、责任更加重大，继电保护正确动作的重要性尤为突出。伴随着电网的逐渐发展与升级、智能电网的建设和计算机技术的快速发展，电力系统的网络化、智能化、虚拟化和一体化有了进一步突破与展现，对继电保护在高领域的应用水平随之产生了更深程度的要求，生产一线工作人员的动手操作能力需要更加严谨、细致，现场设备维护需要更加全面、及时，装置内部的各个软硬件需要更加流畅、协同。

为选拔一批继电保护专业高技术技能人才，更好地服务于生产一线，带动基层员工取得进步，保证电能质量，促进各省市电力公司综合实力提升，落实人才强企战略，强化专业队伍建设，国家电网有限公司在 2017 年工作会议中提出要开展继电保护专业竞赛安排，根据 2019 年公司工作计划及国调中心年度重点工作要求，公司决定举办 2019 年继电保护专业竞赛。这次竞赛是十年一度的顶尖盛事，公司上下高度重视，各单位密切关注，配合公司精心准备，对继电保护从业人员进行全员培训，通过技能比武遴选出优秀的专业人才，最终来自公司系统 28 家单位的 112 名优秀选手参与竞赛。经过严格的理论考试和现场规范的实操测试，12 名选手获得公司技术能手荣誉称号，6 个单位获得团体一、二、三等奖，6 个单位获得优秀组织奖。

来自各生产一线单位的继电保护从业人员习惯于生产现场的各类二次装置调试、监测、检查、维护，应对各类实际故障或非正常运行状态往往来自前辈的传授、自身的学习领悟以及日积月累的经验。在没有任何竞技压力的条件下，生产人员往往可以做到较为精准有效的操作。而处在公司级别专业竞赛的高压条件之下，要兼顾时间与精准度，这对选手应对突发事件的紧急处理能力、理论掌握的扎实程度及临场应变能力都是极大的考验。

一直以来，学校始终坚持"一基地、两平台、三中心"的功能定位，坚持匠心卓越育人，着力培养"国网工匠"和"电网铁军"，着力塑造优秀的培训品牌，是公司高技术高技能人才培养的摇篮，是员工终身学习的引擎，是公司人才强企战略的助推器，多年来为国家高级电力技术人才培养做出了突出贡献。通过这次公司级竞赛，进一步发挥学校"立德树人"强大文化动力和"企业发展"强劲人才动力的国际一流企业大学作用。

二、主要目标

本着公平、公正、公开的原则，通过竞赛获取专业最前沿技术技能，选拔出一批最优秀的继电保护专业人才和团队，带动公司系统内继电保护领域的发展步伐和技能水平提升，实现继电保护全产业革新升级。同时，通过竞赛实现技术实用性的全面了解，有助于提高学校各类培训的针对性和时效性，实现以赛促培、以赛促评，提高学校的影响力，打造学校培训品牌的综合效果。

（一） 组织目标

（1）精准竞赛标准。做到了竞赛模拟现场与实际生产现场的"三统一"（标准统一、设备统一、操作统一）。

（2）强化巩固专业队伍建设。能够进一步落实公司人才强企战略、强化专业队伍建设，是对各单位继电保护专业技能水平的一次集中检验。以此次竞赛为契机，总结经验，反思不足，不断完善、不断进步，促进继电保护专业团队素质能力持续提升，更好地保障交直流混联大电网的安全稳定运行。

（3）多方协调，统筹安排。各单位组织全体专业从业人员培训选拔，遴选优秀选手参加最终竞赛，实现全员参与；公司人资部、工会等部门大力支持，国调中心统筹安排；学校主动汇报、精心筹备、周密部署、细致策划，各部门支持配合承办部门的组织工作，齐心共赢；命题专家严谨负责、兢兢业业；竞赛全过程工作人员组织有序、上下联动、密切配合、有效沟通；全过程公平、公正、公开、透明，取得了预期效果。

（二）　技术目标

通过竞赛提升专业管理水平。

（1）进一步夯实继电保护专业人员基础、设备基础、技术基础，强化专业队伍建设和专业管理穿透力；加强设备核查整改，提升设备健康水平；完善专业规程规定和技术标准，适应电网发展和安全运行需要。

（2）全面加强安控装置设备管理，进一步重视安控装置在大电网安全稳定运行中的重要作用，并将其纳入继电保护专业管理体系，提高标准化和规范化水平。

（3）推进技术创新和管理创新，稳步推进继电保护完全自主设备联网试运行工作。解决电网关键技术难点，落实公司变电站二次系统整体功能优化方案，加快试点应用，统筹协调管理措施与技术进步，不断完善专业管理制度，进一步提高二次系统运行管理水平。

（三）　效果目标

通过竞赛实现效果提升。

（1）人员素质的提升。弘扬爱岗敬业的工匠精神，目前公司系统从事继电保护专业的人员，80%以上的学历都达到本科及以上，属于高素质人员。而继电保护工作需要掌握一套完整的理论体系和实操本领，需要从最基层的生产一线逐步夯实积累，贴近设备本体，解决实际问题。竞赛的全过程选拔出一批心怀责任、技术过硬、踏实肯干、追求卓越、精益求精的优秀工匠，带领基层员工成为学习型、技能型、专家型人才，不断夯实专业队伍，提供电网安全稳定运行的人才支撑，为实现公司成为具有中国特色的世界一流能源互联网企业做出贡献。

（2）软硬件设备的优化升级。通过竞赛了解专业技术前沿，融合计算机、通信等技术应用，形成与时俱进的设备管理体系，持续完善专业人员调试监测能力。

（3）学校影响力的提升。此次竞赛十年一度，是公司系统顶尖赛事，公司领导、人资部、工会领导出席，大大彰显了学校的影响力，树立了高端培训品牌，也证实了学校服务保障公司大局的出色能力。同时针对竞赛进行全方位宣传报道，与国调中心保护处共同撰写宣传稿件，在国家电网有限公司网站刊发，取得了良好的宣传效果。

三、实施过程

（一）赛前筹备

1. 组织方面

国网人资部、工会等部门全力指导支持，国调中心统筹安排，各参赛单位全力配合，全体从业人员参与培训准备。

国调中心考察学校承办竞赛条件，并通过学校承办意向申请。学校致力于充分发挥公司技术技能人才培训开发中心和新技术新技能推广示范中心的功能定位作用，积极响应国调中心要求，进行全方位、全过程的筹备组织，先后两次赴公司汇报，及时掌握竞赛工作要求，为竞赛的顺利开展奠定了良好的基础。同时，学校上下高度重视、精心筹备、周密部署、细致策划、有序组织，根据竞赛承办总体方案要求，特制定《国家电网有限公司 2019 年继电保护专业技能竞赛赛务组工作方案》，成立竞赛办公室，下设考务、监督巡考、技术支持三个工作小组，明确分工、细化责任，明确职责分工，设立工作组，下设工作小组，明确各部分配合对接工作；组织全体考务人员、监考人员及技术支持人员召开考务会、赛前培训和赛前会，明确考试规则、纪律及各类注意事项，提前设想竞赛突发事件并给出处置预案，做到从容应对，保障竞赛全过程稳定有序。

2. 技术方面

（1）筹备期间邀请专家召开 SCD 文件考试系统评估会，协调解决全新的 SCD 文件配置考试模式和相关技术问题。

（2）根据确定的已有实训资源场地，进行软硬件环境的大规模改造，搭建包括 2 个正式实操考场、2 个备用实操考场在内的实操竞赛平台，并召开 SCD 考试系统安装协调会，解决考试环境网络架构升级改造、考试用机配置问题，实现 SCD 考试系统功能优化，符合竞赛全部要求。

（3）完成考试系统培训相关工作，对考试监考人员进行系统的操作培训，撰写考生操作手册，为实操环节的顺利举行奠定了坚实基础。

3. 服务方面

学校为各位参赛选手制定详细的《国家电网有限公司 2019 年继电保护专业技能竞赛指南》，对日程、食宿、服务团队、竞赛选手须知、参赛队伍守则、仲裁受理流程、突发事件应急处置、温馨提示、学校位置平面图等方面进行了妥善安排，各环节工作人员密切配合。

4. 考题设置方面

学校特制订严密的封闭命题组织实施方案。

（1）在比赛当月，组织 15 名命题专家来学校进行为期十天的封闭出题，各专家兢兢业业、严谨负责。

（2）妥善安排各专家出题场所及食宿问题，严密把控题目的保密性，严格限制并监控各类通信方式，并指派专人进行全程监督检查，最终圆满完成了封闭命题各项组织工作，全过程无泄题、漏题事件发生。

5. 考场方面

为避免因座次排布造成的考试作弊现象，根据国调中心提出的"28 家公司每家 4 名选手，全部在每场考试前现场抽签，抽签后不得人为调整，且该 4 人保证至少间隔一人的距离"的要求，竞赛工作组进行多轮次座次方案商定、修改、完善，最终形成满足要求且公正的座次安排。后由国调中心于同一时间召集各领队抽取每名选手的抽签顺序，等待竞赛正式开始。

第四篇 『四化』驱动是 *特色*

（二）　赛中实施

竞赛本着秉持公正、细致认真、廉洁自律、严守纪律的要求，全过程做到以下几点：

（1）做好专家封闭命题、隔离转场、封闭阅卷工作，国调中心负责全程跟踪监督、押运试题。

（2）预演各环节风险点，如关于座次安排的现场抽签，要求同一公司4名选手不得坐在一起，每场考试前安排抽签。工作人员事先模拟抽签现场，预想各类突发场景，多次进行细节修改，不断完善实施方案。

（3）及时解决选手在上机演练时出现的鼠标迟钝、键盘不适等问题，确保考试顺利进行。

（4）做好服务保障工作，学校提前告知比赛期间的天气、交通、医疗等信息，全面跟进后勤服务，有助于参赛选手专业技能的真实发挥。同时，考试结束后阅卷严格高效，成绩逐一核对，第一时间组织成绩公示，无公司和选手提出相关质疑。

（5）秩序组织赛前抽签，严格安检入场，排除任何电子设备，严格核验选手身份胸牌，竞赛组委会领导对各赛场进行严密巡检，监考员全过程监督，切实对考生负责，如图7-5和图7-6所示。

图7-5　竞赛秩序井然

图7-6　座次设置合理公平

（三）　赛后总结

比赛之后召开竞赛总结大会，制定《嘉宾接待方案》《大会议程和座次表》等文件，保证颁奖现场顺利圆满，对获奖个人和团队给予最大程度的鼓励和支持。

四、实际成效及推广价值

（一）　实际成效

1. 电网方面

继电保护是保障电网安全稳定"三道防线"中的第一道防线，作用尤其重要，地位尤为突出，且其数量庞大，遍布于复杂的二次回路之中，实时监测各个电气元件，维护全线路通电，影响区域电网的电能质量。在继电保护日益智能化和一体化的今天，始终离不开生产一线的专业从业人员的精确整定、精益管理、精心运维，在我国大电网的背后，是一支高素质、高技能的员工队伍。通过竞赛推动继电保护技术的巩固提升，提高电网的安全稳定运行状态，实现从业人员安全意识和安全能力的综合提升。

2. 员工方面

（1）前期的遴选有助于促进各单位基层员工的队伍建设得到有效提升，持续强化生产一线员工的技能培养。

（2）经过初期的培训和检验，有助于从业人员工作能力和专业思维得到锻炼和改善。

（3）各单位对表现优异的员工给予激励政策，有助于提升员工自我认同感和企业归属感，同时凸显各单位识才、爱才、敬才、用才的浓厚氛围，丰富企业文化。

（4）竞赛选拔出更为优秀的专业技术技能人才团队，有助于更好地回馈基层员工，广泛带动基层员工成长成才，形成一只有信念、有理想、懂技术、会创新、敢担当、讲奉献的专业队伍，充分发挥业务骨干技能人才的作用。

3. 精神方面

习近平总书记在十九大报告中指出要弘扬劳模精神和工匠精神，营造劳动光荣的社会风尚和精益求精的敬业风气。国家电网有限公司"诚信、责任、创新、奉献"的核心价值观深深烙印于每一位国网人心中，在工作中树立敬畏意识、吃苦耐劳、专业专注和精益求精的精神，时刻展现国网人的工匠精神。如在竞赛期间，某公司一名参赛选手出现突发身体不适症状，工作组按照《竞赛工作方案》进行应急处置，经过服务人员的全程陪同、医护人员的及时治疗以及选手本人的坚强意志，最终顺利完成竞赛全过程，并取得不错的成绩，凸显了选手本人持之以恒的工匠精神，体现了公司"努力超越、追求卓越"的企业精神。

（二） 推广价值

实践出真知，通过竞赛选拔优秀专业人才团队，充分发挥高技能人才领军带头作用，将技能作为传承工匠精神的摇篮，发挥其辐射、引领、示范和带动作用，激发基层员工钻研技术、扎根一线、勤学肯干的热情，形成不同年龄、不同层次的发展梯队，充分发挥每一位员工的能量，努力打造优秀的专业团队，更好地服务公司，展现"人民电业为人民"的国网担当，打造国网工匠。

实战出铁军，持续鼓励员工积极参与到专业技能比武和各类竞赛中，激发员工创造潜能，秉持匠人之心，守护电力安全，守护万家灯火。

百炼成钢，锻造特高压输电线路带电作业培训品牌

——特高压输电带电作业培训创造价值

□ 冯　刚　陈　盟

　　特高压输电线路是"一带一路"全球能源互联的重要电力输送通道，也是中国西电东送、北电南供的电力输送主动脉。特高压输电线路一旦投用，不允许非计划停电。输电线路带电作业属于特种作业，工作人员必须通过培训，并取得相应的资格认证才能开展相应作业。山东电力高等专科学校主导的特高压输电线路带电作业培训项目，全面贯彻国家电网有限公司人才强企战略和人才发展规划，对保证特高压电网甚至整个国家电网的安全、稳定、可靠运行具有十分重要的意义，具有明显的经济效益和社会效益。

一、实施背景

（一）带电作业成为特高压输电线路运维的重要手段

　　随着经济快速发展，中国特高压建设规模日益扩大，特高压已经成为中国名片。鉴于特高压电网在整个国家电网中处于核心地位，特高压输电线路一旦投用，不允许非计划停电；一旦出现悬挂异物，引流板过

热，导地线、绝缘子和金具损伤等隐患和缺陷，必须通过带电作业的方式进行消缺，因此，带电作业作为特高压电网运行检修的重要技术手段，对确保特高压电网安全、稳定、可靠运行具有重要意义。

（二）　带电作业技术的发展为培训创造理论和实践基础

随着我国特高压输电工程建设的大力推进，相应的带电作业技术研究与现场实践也不断跟进与发展。近十年来，国家电网有限公司先后针对特高压交流 1000kV、特高压直流 ±800kV 输电线路展开了系列带电作业技术理论基础及实用化技术课题的研究，并取得了大量研究成果，获取了特高压输电线路带电作业最小安全距离等关键技术参数，明确了特高压输电线路带电作业人员安全防护的措施与原则，确定了带电作业的方式方法，研制完成了大量能够应用于现场的作业工器具，制定了带电作业技术导则及相关标准规范。经过多年理论研究的完善和现场实践工作经验的积累，特高压输电线路带电作业技术已日臻完善并成熟，为开展特高压输电线路带电作业培训奠定了坚实的基础。

（三）　创新专项培训模式，做好顶层设计

特高压输电线路由于输送电压等级高、电能负荷大，其线路、铁塔、绝缘子无论是在机械强度、绝缘水平、耐压水平等材料内部特性上，还是在各部件大小、结构、高度、金具组合连接形式上都与普通超高压输电线路有较大区别。如何在短时间内高标准开展特高压带电作业培训并取得显著成效并无经验可循，传统的培训模式主要有两种形式：一种以理论授课为主，培训模式单一，讲授方式枯燥乏味、形象性差；另一种以实践教学为主，若实训环境与生产实际不一致，将极大限制培训的最终效果。依托与生产现场基本一致的特高压试验 / 培训线路硬件基础设施，开展特高压输电线路带电作业培训技术研究，解决特高压输电线路带电作业培训相关技术难题，扎实做好专项培训的顶层设计，从而彰显特色培训品牌。

二、目标内涵

通过特高压带电作业岗位胜任能力模型的构建，建立特高压输电线路带电作业培训能力规范，开发特高压输电线路带电作业培训课程体系、培训教材、考核评价标准、网络课件、教学示范片，搭建高度还原现场生产实际的实训设施、配套培训工器具等，规范化开展作业人员理论和实操训练及考核，严格资质认证程序，培养具备实际生产现场作业能力的带电作业人员，为特高压输电线路带电作业做好人员和技能储备。

三、实施过程

（一） 岗位能力培训规范

培训需求需要认清生产现场实际需要与任职者现有知识能力之间的差距。针对特高压输电线路带电作业人员培训这一高技能人才储备培训项目，结合待培训人员素质能力现状，以切实提升理论水平和技能水平为目标，通过访谈调研、对标研究、问卷调研、专家工作坊等多种方法，根据特高压输电线路带电作业人员岗位的工作描述、工作任务，确定作业人员必须达到的岗位胜任能力的知识、技能和态度水平，构建以工作为导向的 3 个能力大类、11 个能力小类、52 个能力项的特高压输电线路带电作业岗位能力素质模型，编制《特高压输电线路带电作业岗位能力培训规范》，使得标准化培训有规可循。

（二） 实训基地建设

规范化的培训必须配置规范化的实训场地和实训设施。对于特高压输电线路带电作业专项技能培训，必须保证实训场地和实训设施的安全可靠，才能为顺利开展培训打下坚实的场地设施基础。学校的特高压直流培训线路完全按照国家电网 ±800kV 复奉线标准建设，并配置了升压设备，完全贴近生产现场；为确保培训过程中教学演示方便和安全，铁塔横担布置有教练教学平台，配置有全段观摩教学和视频监控装置、登高防坠装置和内旋梯等，满足个性化和安全性要求。新建 1000kV 交流线路，扩展 2 基铁塔，根据培训需要个性化配置多种导地线、绝缘子、金具类型，配置单相升压设备。学校成为世界唯一的同时具备特高压交直流输电带电作业培训功能的基地。同时建设了标准化带电作业库房，配置了合格的带电作业工器具和个人防护工具，高标准通过了公司特高压直流带电作业实训基地认证。

（三） 培训教学资源建设

2015 年，学校牵头立项公司级科技项目"特高压输电线路带电作业规范化技能培训和高海拔关键技术研究"，针对规范化培训资源建设开展研究攻关。课题研究开发的《特高压输电线路带电作业生产技能人员岗位能力培训规范》《特高压输电线路带电作业培训系列教材》等研究成果，直接应用于培训过程中，为规范化开展特高压输电线路带电作业培训奠定了坚实的资源基础。

以《特高压输电线路带电作业生产技能人员岗位能力培训规范》为重要依据，明确了特高压交、直流输电线路带电作业的培训对象，并进行能力差距分析，确定培养目标和培养方向，配置了相应课程，规定了培训方式方法，制定了师资队伍和培训教学资源，制定了特高压输电线路带电作业培训实施方案，规范了培训过程。

以特高压输电线路带电作业人员能力需求和工作需要为目标，注重实际工作现场与理论知识的结合，以突出完善知识体系、提升应用能力为核心，遵循"知识够用、为技能服务"的原则，编制完成特高压输电带电作业培训系列教材 7 部，分别为《基本知识分册》《标准化作业交流分册》《标准化作业直流分册》《交流标准化作业演示》和《直流标准化作业演示》《取 / 复证培训题库交流分册》和《取 / 复证培训题库直流分册》。尤其是标准化作业指导书、示范片和题库的教材化，作为标准化培训教学资料的同时，也可以作为生产现场的重要指导和参考资料，创新了教材模式，突出了针对性和实用性。

依托国家电网有限公司网络大学平台，建设输电线路带电作业资质认证专区，实现培训基地管理、考评人员管理、参培学员信息管理、培训过程管理、理论考试和技能考核、证书管理等多项功能，开创了特高压输电线路带电作业专项培训的新模式和新方法，特高压输电线路带电作业资质证书也由传统的纸质版变为电子版，且学员参与培训的全部过程信息均在网络大学专区留存。

（四） 培训实践

每年年初向各省公司发放调研问卷，统计计划参培人数，据此分解年度培训计划，并按培训计划提前一个月统一下发培训通知。培训通知中明确约定培训时间、地点、参培人员要求、注意事项等。为切实落实公司及学校安全管理要求，强化实训全过程安全管控，打造"思想无懈怠、现场无隐患、安全无死角"标准化、示范化培训品牌，有效防范各安全事故的发生，培训班制定安全管控工作方案，明确教师和学员安全教育、培训设备设施隐患排查、实训现场安全管理、安全监督检查、应急处置和应急管理等各项要求。运用柯氏四级评估法开展培训效果评估，建立特高压输电线路带电作业技能人才档案，对学员培训后的工作情况进行持续跟踪，特别是对现场从事特高压输电线路带电作业的情况进行统计。了解培训内容在其工作实践中的应用程度，以及带来的绩效改变，重点是安全生产事故率、特高压输电线路等电位带电作业次数、避免停电小时数，以及由此对应的直接经济效益和用户满意度等间接经济效益等重要经济指标。

四、实际成效及推广价值

（一） 解决了特高压输电线路带电作业人员紧缺的现状

截至 2019 年底，特高压交、直流基地共主办 37 期特高压输电线路带电作业取证培训班，其中交流 19 期、直流 18 期，累计 580 人取得特高压交流带电作业证书、585 人取得特高压直流带电作业证书。特高压输电线路经过的 22 个省公司均配置了 1～2 支能够独立从事特高压输电线路带电作业的技能人才队伍。

（二） 解决了规范、标准的统一推广应用问题

开展特高压输电线路带电作业规范化技能培训，为国家电网有限公司统一技术规范和检修标准打下了坚实的基础。受各省公司地理环境、人员配置、技术力量等因素影响，各省公司特高压线路运维检修方式、方法、工器具等存在较大的差异，对特高压线路带电作业的接受度和认可度也不尽相同。结合公司系统特高压输电线路带电作业领域研究成果，开发的培训教材、标准化作业指导书及示范片，通过理论课程进行标准宣贯，通过实操课程进行实战演练，统一了 4 类共 15 个现场作业项目的工作流程和工作标准，示范了有利于现场生产实际的工器具及组合方式。这样做的更深层次的目的，就是为了保证全公司范围内特高压输电线路带电作业技能人员和技术装备的统筹与统一，在遇到较大技术难题时，不再是各公司单打独斗，而是在统一规范指导下协同作战，提高工作效率。

（三） 提升了技能人才实践能力，取得了巨大的直接经济效益

学员经过培训，掌握了特高压输电线路带电作业的基本原理、安全防护要求和作业方法，具备了职业资格，截至目前，各省公司共开展

了 2000 余次特高压输电线路带电作业，一方面及时消除了设备危急缺陷，确保输电线路安全运行，保障电力供应；另一方面，避免了因停电造成的区域电力负荷变化，进而引起的电网调度和设备的不稳定状态，确保大电网安全可靠运行。国家电网已成为过去 20 年以来全球唯一没有发生大面积停电事故的特大型电网。国家电网有限公司积极服务和参与"一带一路"建设，特高压已经成为中国名片，特高压带电作业人也被冠以"高空舞者、禁区勇士"的美名，各大新闻媒体也对特高压输电线路带电作业表示了极大关注，这对于正面宣传公司企业形象起到了推波助澜的作用，大大提升了公司的品牌价值。

（四）　在实践中创新，不断推动技术的发展

由于无现成的经验可以借鉴，开展特高压输电线路带电作业，必须首先解决人员安全防护、带电作业安全间隙等防范和方法措施，保障绝缘工器具、金属工器具等安全、有效、便捷，这就需要大量的创新和研发。特高压输电线路带电作业不同于超高压、高压电压等级，对人员的安全防护措施要求更严，对工器具的受力、绝缘、效率、重量等方面要求更高，这就需要中国电科院等科研单位会同生产单位搞创新研发，通过大量的试验确定关键点参数和数据，保障工作过程安全。通过专项培训，参培学员学到了多种操作方法和操作要求，但由于各自单位、各管辖范围内线路的实际情况不同，哪种工具最顺手、哪种方式最有效，还需要根据现场实际情况来确定，这就激励各参培人员结合实际进行技术创新，保证后期工作的高效。各省公司为解决现场实际问题发明创造的带电作业工器具，就是理论基础与生产实际相结合的产物，这对于带动公司科技创新具有重大的推动作用。

（五）　促进了培训业务的提升和培训品牌的树立

通过全过程参与特高压输电带电作业培训项目的设计、开发、实施和改进提升等各环节，学校培养和锻炼了一批项目开发和管理骨干。

该项目的顺利实施，丰富了培训资源，编制教材 7 部、案例集 1 部、教学示范片 21 项、网络课件 9 项、题库 4082 道、技能操作项目评分标准 15 项；培养了一批特高压带电作业专业理论雄厚、技能卓越的教师队伍，对特高压电压等级下高空作业危险控制及作业项目开发积累了丰富的经验，形成了独有的知识产权；树立了培训品牌，为未来类似培训项目建立了标准。作为学校品牌培训项目，多次在学校国际化项目中介绍典型经验，宣传公司先进技术，树立了良好的国际形象。曾获中国最佳企业大学排行榜最具传播价值奖、ATD 卓越实践奖，ISPI–IPP 绩效改进"杰出项目奖"等，体现了该项目在特高压带电作业人才培养方面做出的杰出贡献。

助力打造国网公司电力监控系统网络安全"铁军"

——公司电力监控系统网络安全系列培训

□ 宋新新

为贯彻落实国家电网有限公司战略，加快电力物联网全场景安全防护体系建设，山东电力高等专科学校通过对多个教学环境全面的软硬件新增改造，充分整合学校现有的智能电网各环节实训环境资源优势，建设了电力监控系统网络安全实训室，通过举办高技能人才培训班，协助国调中心建立电力行业网络安全专家梯队，完善复合型人才队伍培养机制，提高各电力企业网络安全队伍实战对抗、安全防护技能，进一步提升公司电力监控系统网络安全防护人才队伍水平，打造具有"一平台、多领域、全场景、广整合"特色的培训支撑与仿真验证环境，为电力监控系统网络安全防护专业建设多层次、多梯队的研发、测评、攻防、应急、运维队伍提供坚实保障。

更多精彩内容
请扫码阅读

第四篇 『四化』驱动是 **特色**

第八章

现场化，突出职业教育的实践性

> 贯彻新发展理念，充分发挥引领示范作用，推动职业教育进一步坚持面向市场、服务发展、促进就业的办学方向，坚持工学结合、知行合一、德技并修，坚持培育和弘扬工匠精神，努力造就源源不断的高素质产业大军。
>
> ——李克强

现场化是职业教育实践性的本质体现。山东电力高等专科学校发挥企业办学、产教一体的优势，把实习实训基地作为产教融合的载体，基本建成覆盖电网各个工种、与现场一致的实习实训设施，最大限度再现企业工作环境，突出实战需求，构建良好的育人环境。整个实训设施的建设按照"服务生产现场、再现工艺流程、锤炼操作技能"的思路，建成一批集职业教育与培训一体共享的实训基地，新建一批通用型智慧仿真实训室，打造高水平专业化产教融合实训基地。建成智能电网运行新技术技能、电网检修、供用电技术、输电线路、电力物联网技术、应急与安全文化等6个产教融合实训基地，为开展现场化教学提供了坚强支撑。

本章共有两个案例，分别从输电线路运检专业培训和"三位一体"的教师现场实践锻炼两个方面阐释了四化驱动之现场化人才培养问题。

构建现场化培训教学模式，
筑牢专业发展基石

——输电线路运检专业培训教学实践

□ 彭玉金　王振宇

随着山东电力高等专科学校的发展和输电线路运检专业的不断向前，现场对输电线路运检人员开始提出更多新的要求，而与之相对应的培训教学工作必须紧跟时代的发展，在继承传统优势培训项目、培训方式的同时，不断拓展创新，积极适应，以不变的创新改进应对万变的发展变化。而现场化培训教学模式正是符合现场发展要求，使学生学员实现与工作岗位"零距离"的体现。现场化培训教学模式的建立，应以高度符合现场实际的实训教学设施、高度符合现场需求的培训教学项目、高度敏感变化的持续改进为核心，积极面对新时代、新形势的挑战，真正从学生学员的职业发展出发，切实提升培训教学质量。

一、实施背景

近年来，国家大力倡导实施人才发展战略、创新发展战略，作为世界最大公用事业企业的国家电网有限公司在助推人才培养、推动高层次人才向高度职业化、专业化方向发展作出了不竭的努力，学校是公司直属的高层次电力专业人才培训培养基地，在实践立德树人、人才强国、人才强企方面做出了积极探索。

输电线路运检专业是学校的重点专业之一，近年来培养培育了大批的公司输电线路运检专业新员工和职业教育学生。例如，2019年输电线路运检专业进行了五期国家电网有限公司新入职员工技术技能培训，包含1期非理工类人才培训和4期电力理工类专业技术技能人才培训，培训时间达200余天，为各省公司输电线路运检专业新员工培训近千人，使新员工切实掌握了输电线路运检专业的核心知识和技术技能，切实提高了新员工的动手操作能力和生产技术技能水平，锤炼了新员工良好的工匠品格，使其更好地为公司电力生产和发展贡献力量和智慧。

在职业教育方面，自2018年以来，输电线路运检专业每年招收2～3个输配电专业班级，每届100余名输电专业学生，为社会各生产单位提供大量优质的高素质专业技术工人，为推动工业产业发展作出了一定贡献。

作为实用性强、应用广泛、技术技能操作繁重、锤炼工匠精神的学科，输电线路运检专业始终紧跟专业发展形势，了解现场实际技术技能需求，构建起现场化的培训模式，为学生学员筑牢专业发展基石。

二、目标内涵

构建现场化培训教学模式，主要体现在培训内容现场化、实训设施现场化、培训流程现场化三个方面。

（一）培训内容现场化

输电线路运检专业培训内容始终保持与现场实际所需知识技能的高度一致性，并根据专业发展最新形式、最新技术实时更新培训内容，实现培训内容的"零距离"。同时深入理解现场专业能力的理论技能基础，通过培训搭建起学生学员的专业知识技能框架，为学生学员以后的发展梳理出思路和主线，催发学生学员自我学习、自我提升。

（二）　实训设施现场化

输电线路运检专业实训设施现场化主要从培训内容出发，在培训内容与现场高度一致的基础上，打造满足培训内容的实训环境。经过多年的培训教学经验发现，实训设施的现场化不是完全复制现场环境，而是要基于如何能够提升培训效果来建设，要充分发挥培训人员的能动性和创造性，在模拟现场环境的同时，将培训人员的经验和体悟加入实训设施的建设和改进中，直抓培训难点痛点。在不影响实训效果的前提下，还要同时体现人性化设计，充分满足培训需求。

（三）　培训流程现场化

目前随着现场作业对安全和质量要求的越来越高，作业人员安全意识、作业标准化程度、现场规章制度的执行程度成为现场作业人员必须改进提升的重要内容。培训流程的现场化，主要强调突出以下几个方面：从学生学员的安全意识培养做起，严格要求学生学员从开始接受专业技能培训开始就要建立起不可动摇的安全意识，将安全贯穿到整个作业的全过程；加深对现场安全及各项规章制度的理解深度，自觉执行各项现场安全和作业管理制度，实现到现场作业的"自适应"。

现场化培训模式的建立，为学生学员后期的专业发展扫平障碍，构筑知识网架，打通自我提升通道。

三、实施过程

输电线路运检专业培训教学，旨在服务学生学员职业发展，筑牢专业发展基础。实施过程主要包含培训教学需求调研分析、培训教学设施建设改进、培训教学内容持续改进三个核心步骤。

（一）　培训教学需求调研分析

为提高培训的针对性和有效性，组织开展专业需求调研分析，主要方式有三种：

（1）现场调研，主要采用座谈会现场调研、问卷调研等方式，主要包括现场实际技术技能要求、不同层次学生学员的培训需求、培训周期时间安排要求等内容。

（2）调研企业对输电线路运检专业人员的组织要求，通过分析公司和各企业单位对不同层级输电线路运检岗位的职责和岗位能力的要求，确定培训教学内容符合各单位的组织需求。

（3）现场实践锻炼，选派输电线路运检专业各个层级的专职教师到输电线路运检岗位一线进行实践锻炼和挂岗锻炼，真正实际体会分析输电线路运检岗位在现场工作中的职业能力需求。

输电线路运检专业自开展培训教学工作以来，始终坚持进行需求分析调研工作，利用各种与现场人员接触的机会进行培训需求调研工作，先后十余次派出专业教师到现场进行实践锻炼，不断收集分析公司及各个企业单位对岗位人员的组织需求，保证培训教学内容与实际现场的一致性。根据确定的培训需求进行培训方案开发与评审工作，培训方案需包含培训周期、时间安排、课程设置、培训大纲、学员反馈意见等内容。组织专业负责人、专兼职教师按照规范化、标准化的编辑体例完成培训方案的初稿编写和初步审核。组织召开专业培训方案评审会，邀请企业内部各级专家人才、岗位能手担任评委，灵活运用专家工作坊等先进理念开展评审，着重完成方案中的课程体系和培训大纲的调整和审定，同时建立储备师资库和备选项目，保证培训开展的统一性和灵活性，根据专家意见完善培训方案。

（二）　培训教学设施建设改进

由培训需求和培训方案入手，进行培训教学设施的建设改进，实训设施的建设在与实际现场保持一致性的同时，还要考虑培训项目设置、培训多样性等方面的因素，并根据实际培训需求和效果进行改进。经过十余年的不断建设和改进，目前输电线路运检专业现有实训设施包含 ±800kV 直流输电线路带电作业实训基地、1000kV 交流输电线路带电作业实训基地、110～500kV 输电线路实训场地等户外实训场地，以及带电作业工器具库房、导线接续实训室、金具识别与组装实训室、输电线路仿真实训室、全球能源互联网新技术展示中心等室内实训室。其中为了充分满足学生新员工的培训教学需求，专门建设加装了低空模拟线路，在培训教学过程中取得了很好的效果。同时为了充分满足各类企业、各种电压等级、各种杆塔构件形式，输电线路专业的实训设施进行了多样化改造，电压等级涵盖 110kV、220kV、500kV、±800kV、1000kV 等各个电压等级，绝缘子形式包含瓷绝缘子、玻璃绝缘子、复合绝缘子等不同种类，同时在杆塔塔型、导线布置等方面也充分体现了多样性。在运检设备方面，紧跟现场运检设备的发展，不断进行运检设备更新，配备了无人机、红外检测、电子测距等仪器。

（三） 培训教学内容持续改进

在开展实际培训教学过程中，始终坚持现场需求调研、培训过程跟踪、培训学员反馈、培训效果评估等工作，对调研、培训、反馈过程中反映发现的任何问题，高度重视，高度敏感，不放过任何对培训改进的可能性，同时紧跟现场技术的进步，在传承优势培训项目的同时，不断拓展开发新的培训项目。目前输电线路运检专业可开展输电线路施工、运维、检测、检修等方面的专业教学培训。主要的培训课程包括输电线路巡视、输电线路日常维护与检测、输电线路运行管理、输电线路缺陷辨识、输电线路检修、无人机巡检、输电线路事故预防与处理、输电线路带电作业、全球能源互联网等。

通过不断进行的培训教学需求分析、培训教学实训设施建设改进、培训教学内容持续改进，目前输电线路运检专业已经形成了"实施—反馈—改进"的良性循环模式，实现培训的持续优化和迭代，通过培训检验和反馈，建立起了真正符合现场需求的"现场化"培训教学模式，取得了良好的培训教学效果。

四、条件保障

（一）安全保障体系

培训教学过程严格执行《国家电网公司电力安全工作规程（线路部分）》，工作票、作业指导书、班前班后会记录、现场看板等资料完整，保持安全执行与现场实际工作的高度一致。同时结合《安全责任细则》，坚持"安全管理，人人有责""谁主管、谁负责""一岗双责、失职追责"的原则，梳理编制 36 个岗位的岗位安全责任清单，明确各类人员安全职责和义务，压实安全责任，切实将安全管控责任分解到各个层面、各个环节、各个岗位，建立一级抓一级、一级对一级负责的安全责任制。实现安全管理关口前移，从制度上约束安全工作不尽责、不担当、不作为、慢作为等不良行为和意识，杜绝麻痹大意、松懈和厌倦的思想，安全工作与业务发展齐头并进。修订和全员签订安全责任书，切实做到知责明责。牢固树立教师"培训教学现场第一安全责任人"的责任意识，签订兼职教师安全责任书，实现安全管理关口前移。认真开展实训设备设施检查，按照"全面、全员、全过程、全方位"开展"四查"工作，根据规程开展安全防护工具、带电作业工器具定期检验，安全带、安全绳、防坠器等工器具准备送检。各实训场地加装统一制作的中英文双语安全警示牌等，确保设备设施警示明显，无带病隐患。严格落实现场安全督查要求，教师现场分工明确，每期培训开展高空防坠落应急演练，将安全管控落到实处。

（二）坚强的师资队伍

输电线路运检专业教师始终坚持专业学习，结合学校教师五力提升计划，从项目开发能力、教学实施能力、语言应用能力、思想引导能力和现场实践能力入手，努力成为"双师型"专家人才，积极参与各类现场实践锻炼，切实提高自身专业素质，真正做到教师能力的"现场化"。输电线路巡检专业现有专职教师 18 人，其中公司优秀专家人才 1 人、学校优秀专家 2 人、学校首席培训师 1 人、ATD 国际培训师 6人。师资队伍的不断壮大和素质提升，已经成为保障"现场化"培训教学模式实施的坚强后盾。

五、实际成效及推广价值

随着现场化培训教学模式的实施改进，输电线路巡检专业的培训教学质量不断提高，通过调查调研、培训教学效果评估、意见反馈的情况来看，专业的培训教学质量得到了专业学生学员和各个用人单位的充分肯定。在保证教学质量的同时，专业也得到了长足的发展，近年来专业先后完成了"特高压输电线路带电作业规范化技能培训和高海拔关键技术研究"公司级科技项目 1 项、学校科技项目 6 项。获全国电力职工技术成果二等奖 1 项、三等奖 1 项，中国职工教育和职业培训协会优秀科研奖二等奖 2 项，学校科技进步一等奖 1 项，"特高压输电线路带电作业专项技能培训项目"获 2015 年度中国企业大学"最具传播价值奖"，"输电线路运检专业培训标准化课程体系建设"项目获中国职工教育和职业培训协会优秀科研二等奖。停电检修培训项目被评为实训安全管理标杆项目。输电线路运检专业已成为学校的特色专业之一，专业多个项目被评为品牌培训项目。

创新模式、赋能增值，开展"三位一体"的教师现场实践锻炼

□ 马志广　王　磊

百年大计，教育为本；教育大计，教师为本。职业教育所有的改革、创新都离不开教师，推进职业教育改革措施落地，不断提高现代职业教育质量，关键是要打造高水平的职业教师队伍。"双师型"是职业教育的显著特征，是职业教育对专业课教师的必然要求。高素质专业化"双师型"教师队伍，是深化"校企合作、产教融合"教学改革的关键内容。定期组织教师到生产一线现场锻炼，创新实践锻炼形式、丰富实践锻炼内容，是适应职业教育改革发展新形势、加强校企融合力度、提高教学质量、拓展毕业就业渠道的迫切需要。

一、实施背景

为更好地服务公司战略，紧跟电网技术发展，提升教师现场实践能力，山东电力高等专科学校将按照《国家电网有限公司教育培训管理规定》，选派教师赴部分省电力公司进行实践锻炼，并开展新员工培训调研、学员访谈及现场培训助学等培训支持和服务活动。

2020年，学校在国网人资部的指导和协调下，拓展教师现场锻炼渠道，丰富现场实践内容，继续与国网山东省电力公司开展双向挂岗锻

炼，并组织教师赴山东省以外的电力公司进行现场锻炼。

二、主要目标

根据国家电网有限公司和学校重点工作部署，结合培训业务实际，此次现场实践锻炼除组织教师现场学习、锻炼以外，还将围绕"电网云学""新员工网上学堂"等新业务开展客户调研、学员访谈和现场培训助学等工作。

（1）学习各省电力公司贯彻落实公司战略新思路、新举措，以及最新技术、技能和管理经验，调研"新基建"、电网数字化建设、综合能源服务等新兴业务。

（2）根据专业发展方向，结合专职教师现场能力提升需求，由各省电力公司安排其到一线生产岗位或重点建设项目锻炼，参与现场管理与实际操作。

（3）学校与接收单位共同制定《教师现场实践锻炼任务清单》，组织锻炼人员收集整理现场案例，合作开发适应现场需求的培训项目和课程。

（4）在学校后方支持下，组织锻炼人员在现场开展"新员工线上培训、技能等级评价、网络大学运营"等专项支持和服务活动。

（5）借现场实践锻炼机会，由学校组建调研小组，深入省内外地市、县供电公司，了解新员工线上学习情况，与省电力公司共同开展新员工培训调研、学员访谈及效果评估。

三、实施过程

（一）　统一思想，提高认识

此次现场锻炼，不仅是学校服务公司战略，紧跟电网技术发展的重要举措，也是打造师资队伍、推动内涵式发展的根本保障。对于参加锻炼的教师，既是责任和挑战，更是信任和激励，锻炼教师要找准定位、提高站位，把个人的思想和行动统一到学校的决策部署上来，全身心投入到此次锻炼中，强化自我约束，强化合作交流，发扬求真务实的工作作风和职业素养，展现学校良好风貌。

（二） 提前谋划，做好准备

接到现场实践锻炼通知后，按照学校要求，编写个人能力提升任务清单和项目开发任务清单（见表8-1）。根据目标和任务，对锻炼场景和可能出现的问题进行预判，制定工作思路和方法，着手准备实践锻炼工作。

1. 任务清单准备

表8-1　　　　　　　　教师现场实践锻炼任务清单

专业		配电网不停电作业
能力差距		（1）对配电网不停电作业现场业务流程、专业技术管理、新技术应用了解不够深入； （2）对绝缘短杆作业法、桥接施工法、低压配电网不停电作业的方案制定、新型装备设施使用、危险点预控不够熟悉； （3）缺乏配电网故障抢修现场实践经验； （4）针对不同等级配电网不停电作业从业人员的培训项目开发与评价能力有待提升
任务清单	能力提升任务	（1）全程跟班，加深对配电网不停电作业业务管理、PMS2.0、供电服务指挥系统、新设备新技术应用等现场知识与技能的了解； （2）跟班参加配电网不停电作业项目，提升配电网不停电作业技能； （3）跟班参加配电网抢修项目，提升配电网标准化抢修技能； （4）现场访谈智能配电网运检专业新员工线上培训效果与培训需求，增强培训开发与实施能力； （5）调研配电网不停电作业从业人员培训需求，增强培训项目开发与评价能力
	项目开发任务	（1）配电网不停电作业新技术应用培训项目开发； （2）配电网标准化抢修培训项目开发； （3）配电网不停电作业现场案例收集整理； （4）联合锻炼单位，做好承担配电网不停电作业外包业务从业人员的《配电网不停电作业培训方案》开发
提交成果		（1）《配电网不停电作业现场实践锻炼报告》； （2）《配电网不停电作业新技术应用》《配电网故障抢修》培训课件； （3）《配电网不停电作业现场案例》； （4）《配电网不停电作业培训方案》（外包业务从业人员）

2. 专业知识准备

整理了配电网运检相关规程规范电子资料包，咨询了配电网不停电作业施工方案编写要点和现场作业管控措施，建立了专业问题清单。

3. 专业技能准备

由于国网上海市电力公司绝缘斗臂车以杭州爱知车型为主，因此专门到国网泰安供电公司练习了爱知车型的操作使用，到带电作业工器具库房对新型工具进行了逐一认知。

4. 交流信息准备

通过公司内网，系统浏览学习了实习单位的配电运检部门的组织架构、岗位工作标准，了解了配电网运检业务流程和业务开展情况。做到沟通有主题，交流有内容。配电网不停电作业，开展的业务类别多、作业次数多。每周计划安排不停电作业 50 次左右，包括业扩与代工项目、基建与技改项目、消缺项目。另外还有临时性抢修任务。

（三）　聚焦任务，赋能增值

此次现场实践锻炼，在学校的精心安排和周密组织下，目标清晰，任务翔实，在现场锻炼中对每项工作进行赋能增值，确保锻炼质量和效果。实践学习、需求调研、培训助学"三位一体"教师现场实践锻炼架构图如图 8-1 所示。

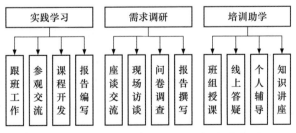

图 8-1　"三位一体"教师现场实践锻炼架构图

1. 融入现场，提升技术技能

以国网上海市电力公司的可靠性管理和配电网不停电作业两个优势项目为突破口，全面学习配电网运维、配电网故障抢修及应急处置等专业技术技能，深入汲取职工内部培训和精益化管理典型经验。厘清生产流程、体验操作要领、咨询科研技术、收集技术资料。不放过每次锻炼机会，针对问题清单逐一销号处理。对典型作业任务、实践创新成果，按照情景再现模式提炼总结，形成针对性、操作性强，可复制、可推广的培训素材。

2. 培训调研，精准对接需求

通过与人资部门、运检部门座谈交流以及现场访谈新员工形式，开展新员工培训需求调研，全面了解培训目标、形式、内容和考核管理办法。研讨现场轮岗实习、定岗实习内容。通过访谈、座谈和三级培训评估等形式，深度了解新员工培训效果和岗位能力需求。加强与人资部门的沟通交流，现场访谈"电网云学""新员工网上学堂"培训效果，整理培训需求与建议，增强培训的针对性和有效性。

3. 现场助学，搭建交流平台

向现场人员讲授"标课""微课"的开发技术与教学实施策略，介绍线上培训课程脚本编写技巧，推介学校"电网云学"系列培训课程。针对现场人员较为关注的技能等级评价工作进展情况，现场锻炼的教师与检修中心相关人员进行了一个小型的座谈会，介绍了国家人才评价改革的大背景、公司技能等级评价体系的基本架构，目前技能等级评价的专业、工种、评价维度、题库建设和使用、证书有效性、申报范围、评价环节及如何开展，对申报技能等级评价的注意事项、材料准备等内容进行了详细说明。与国网上海市电力公司联合做好集体企业配电网不停电作业的培训方案开发与专用培训资料写工作。充分利用国家电网有限公司网络大学资源和平台，做好国网上海市电力公司配电网不停电作业集体企业人员的业务指导和取证工作。

四、实际成效及推广价值

（一） 开阔了视野，启发了思路

真实体验了供电公司配电网运维与检修业务流程、运维检修内容、现场作业环境。真实体验了配电网不停电作业方案制定、工作票办理、现场作业、工器具使用、安全管控全流程业务。了解到国网上海市电力公司作为世界观察中国电力的窗口，开展世界一流配电网建设的目标定位和建设情况。熟悉了一线作业人员的工作性质、岗位职责、日常工作内容；真实感受了一线班组的班组业务管理、安全管理、文化建设；了解了现场新员工培养和绩效评价体系，对员工职业生涯规划、新员工培训具有较大借鉴意义。

（二） 增长了知识，提升了技能

熟悉了配电网网架结构与电网装备现状，熟悉了现场供电可靠性管理技术和措施，了解了预算式停电时户数可靠性指标管控机制；参加了配电网不停电作业项目和配电网抢修值班，提升了个人专业技术技能；熟悉了现场安全管控体系、现场安全管理、安全文化建设管理，增强了安全管理能力；熟悉了现场新员工轮岗实习、定岗实习的内容和形式；启发了教学思路，增强了培训能力。

（三） 全过程熟悉现场管理制度

每个先进企业都有自己的闪光点，但要有长久的生命力，还需依靠制度的保障，而制度的生命力在于执行是否到位，一项制度出台后即按照条文严格执行。实践锻炼中，体会最深的是管理规范，有章可循。该做什么，什么时候做，怎么做，国网上海市电力公司在各个方面都制定了完善的规章制度。在实施时也是该怎样就怎样，只要照着规矩来，就不会出问题。正是因为制度的严谨，员工逐渐形成了执行制度的习惯。

（四）　全方位了解现场培训需求

通过跟班实习、座谈交流，了解了配电网不停电作业专业现场岗位配置情况、岗位职业、能力需求现状，为实训设施建设、人才培养方案制定指明了方向，为培训课程开发提供了素材。

（五）　高质量完成项目开发任务

按照开发任务清单，全面完成开发任务。配电网不停电作业新技术应用3门课程，即《微网发电不停电作业技术》《新型绝缘短杆作业法在配电网不停电作业中的应用》《配电网标准化抢修》。收集整理配电网不停电作业现场案例4个，即《绝缘短杆桥接法作业指导书》《旁路作业结合绝缘短杆桥接法检修线路作业指导书》《（中压发电＋移动箱变＋带电）组"微网"不停电作业施工组织方案》《配电网不停电作业培训方案》（配电网不停电作业外包业务从业人员）。

要把更好发挥市场在资源配置中的基础性作用作为下一步深化改革的重要取向，加快形成统一开放、竞争有序的市场体系，着力清除市场壁垒，提高资源配置效率。

——习近平

第九章 市场化，突出职业教育的产业性

市场化是确保职业教育高质量发展的根本法则。根据国家电网有限公司经营管控改革的要求，山东电力高等专科学校用市场化理念推进职业教育改革。职业教育的市场化破解了之前职业教育的封闭性，实现了开门办学、开放办学。作为企业主办的电力职业院校，山东电力高等专科学校主动强化市场化意识，采取企业化管理模式，在办学实践中引入供给与需求概念、成本与资产管理、质量与服务意识，不断提升学校的核心竞争力和综合实力，实现经济效益与社会效益相统一，探索出一条市场化发展的新路径，真正实现了自主发展、高质量发展。

本章共有两个案例，分别从国网西藏电力培训项目和中广核新能源公司技术人员培训两个方面阐释了四化驱动之市场化人才培养问题。

以专业专注建立互信关系，以培训体系设计引领市场化拓展

——国网西藏电力培训框架项目

□ 潘志远

随着国家东西帮扶工作的不断推进，西部地区尤其是西藏地区对于人才的数量和质量的需求迅速增加。国家电网有限公司深入贯彻习近平新时代中国特色社会主义思想，全面落实新时代党的治藏方针，从"人才、项目、技术、管理"等方面对西藏电力发展提供全面支撑。在此背景下，学校积极主动投入到援藏工作中，先后派遣 2 名青年技术骨干赴西藏参与东西帮扶工作，以深度服务西藏电力人才培养为目标，推动人才援藏从"输血"向"造血"转变，从单纯帮扶支撑到向专业化、市场化服务转变，取得了一定的成果。

一、实施背景

（一） 公司及学校对援藏工作的重视

党的十八大以来，以习近平同志为核心的党中央科学分析西藏工作面临的形势，深刻阐述一系列重大理论和实践问题，在党和国家工作全局中部署和推进西藏工作，为新时代西藏工作指明了前进方向、提供了

根本遵循。国家电网有限公司坚持以人民为中心，心系西藏和三省涉藏州县人民群众，关键时刻拉得出、顶得上、打得赢。近年来，山东电力高等专科学校始终将援藏作为服务党和国家工作大局的重要政治任务，坚决落实公司党组各项部署，策划制定一系列援藏工作举措，重点推进培训精准帮扶、专业建设帮扶、东西人才帮扶"三个帮扶"，取得了明显成效。

（二）　学校对于市场化业务拓展的探索与鼓励

山东电力高等专科学校一直专注于电力行业技术技能人才培养工作，而市场化培训是检验学校是否具有"真本事"的试金石。只有真正把学校的培训服务推向市场，经受市场的检验，才能不断地取长补短，实现培训业务水平的全面提升。因此，学校自2018年起，更加注重市场化业务的培育与拓展，将学校赖以生存的技术技能培训等的服务推向市场，与系统内外的同行们同台竞技，对外展示学校的特色和优势，对内则汲取外部影响内化为成长提升的动力，使学校的发展始终保持积极旺盛的生命力。

二、主要目标

（一）　支撑国网西藏电力技术技能人才培养

西藏地处我国西南青藏高原，自然环境十分恶劣。高寒缺氧的地理环境让很多人望而却步，因此对许多大学毕业生来说并不是自己首选的工作和生活地点。国网西藏电力每年的电力人才招聘也是如此，每一位愿意进藏工作的青年人都是十分宝贵的财富。对国网西藏电力来说，电力人才的成长成才才是真正能够实现公司快速崛起，缩短与内地公司差距，实现跨越式发展的关键。因此，以专业的水平和专注的态度，助力国网西藏电力开展技术技能人才培养是开展此项工作的主要目标之一。

（二）　建立互信关系，赢得市场认可

国家对西藏多年来进行了多种形式、多个批次、多个方面的帮扶工作，最终期望能将外部的"输血"变为自身的"造血"，其关键核心就在于人才的培养。因此，将无偿的人员、资金、技术帮扶与有偿市场化运作方式的人才、技术支持相结合，有利于自身"造血"能力的提升，并且避免"等靠要"的惰性心理。因此，以东西帮扶为契机及切入点，通过专业专注赢得国网西藏电力的认可，通过签署培训合作框架，建立长期的合作关系。这是开展此项工作的另一个主要目标。

三、实施过程

（一）　以援藏帮扶为契机，调研人才培养现状

山东电力高等专科学校在 2017 年以前，并没有公司下达的援藏帮扶任务。学校领导本着积极支撑西部地区建设及人才培养工作，积极申报参与公司东西帮扶项目，于 2017 年 4 月首次派出青年骨干参与援藏帮扶任务，并形成常态化工作。派出的援藏青年骨干，以东西帮扶为契机，充分发挥自身的专业特长，立足生产岗位，兼顾人才培养现状调研及培训、科研及管理创新等多方面工作。援藏人员顶着严重的高反，充分发扬老西藏精神，深入一线了解实际情况，并且主动与帮扶单位进行沟通，背靠学校和整个公司技术技能人才资源库，搭建起了学校与国网西藏电力的"连心桥"。

在藏期间，援藏人员利用工作之余承担国网西藏电力及下属地市公司等 9 个单位包括配电网运维、配电自动化、变电运维在内的十多门课程 371 课时的讲授工作，并利用授课之余对 9 个单位的员工现状及人才培养情况进行了调研，充分了解了国网西藏电力存在的员工技术技能基础薄弱、培训经费少、培训资源匮乏、培训体系不健全等情况，形成了

多份调研报告。并以此为依据，规划培训帮扶及培训合作。

（二）　规范培训班管理实施流程

参与援藏的青年骨干，在入藏初期协助帮扶单位组织实施培训班的过程中，发现培训班实施过程存在管理粗放、流程不清、目标不明确等多种问题。因此，援藏人员以公司短期培训班管理规定为依据和基础，结合国网西藏电力自身的实际情况，编制了适合自身的培训管理实施细则。同时组织所在帮扶单位的人资及相关专业部室负责细致梳理培训管理流程，使其能够掌握培训班管理的基本流程和关键要素，从容应对培训班前期资料准备（包括培训通知编制下发、回执整理、培训场地预订、师资选聘、培训课程资料整理印刷等工作）、培训班过程实施（包括培训班开班组织、授课组织、食宿保障、培训期间学员管理、授课教师食宿交通安排等）、培训考核、培训班总结、测评及费用结算等全过程。

在藏期间，援藏人员协助帮扶单位（国网拉萨供电公司、国网西藏电力建设公司）人资部及相关专业部门完成了运检、安监等 20 多个短期培训班的组织、实施、管理工作，和本地培训专责一起，共同做好培训工作。

（三）　编制实训基地建设方案

一直以来，技能培训一直是国网西藏电力的弱项，因为缺乏实训设施，只在培训中心有个别退役的低压设备被当作实训设备，开展有限的几个培训项目。以往的技能实操类的培训，往往是用理论讲授的方式来开展，培训效果非常有限；特别必要的实操类培训通过外送方式实现，即派遣学员到其他地区具备实训条件的实训基地进行学习培训，但是培训成本非常高。因此，在力所能及的范围内，针对迫切需要解决的岗位培训，做好长期规划，分年度实施，建设自己的专项培训基地是十分必要的。

结合国网西藏电力在国网拉萨供电公司试点开展的营配融合改革要求，以及公司供电服务中心班组、岗位设置和人员配置等优化工作调整，需要对供电服务中心人员进行营配末端融合专项培训，使其掌握配电、营销的基本知识和技能，从而保证营配末端融合工作的顺利开展。因此，需建设公司营配融合实训基地，以满足全能型供电服务中心人才培训需求。同时，随着对供电可靠性要求的不断提高，对带电作业的要求也不断提高。西藏地区带电作业工作起步晚，且具有高原环境的特殊要求，需通过实训提高带电作业人员操作的规范性，提升操作安全，杜绝发生人身安全事故，提升带电作业人员的技术技能水平。

1. 建设规模

整个实训基地建设包括基础设施改造和实训设施建设两大部分。

（1）基础设施改造。基础设施改造部分为城东变电站站内设备区的改造工程，主要包括实训仓库、实训准备室、教师休息室，站内门卫室、卫生间及围墙修整。

（2）实训设施建设。实训设施建设部分按照营配融合及带电作业的相关技术实训要求进行，主要设备设施包括配电线路、低压配电运维实训设备、用电信息采集设备、多功能安装配线实训装置等。

配电线路包括由 6 根电杆、6 台开关组成的架空线路及由 2 台环网柜组成的电缆线路，架空电缆线路采用"手拉手"接线方式，低压配电运维实训设备包括智能总保护与线损异常排查实训装置、低压配电综合实训装置、电能表错误接线智能仿真装置各 1 台，电工基础实训装置 3 台，用电信息采集设备 1 台，多功能安装配线实训装置 2 台。

2. 实训区域划分

整个营配融合实训基地根据实训项目及功能划分为架空线路实训区、电缆线路实训区、基本技能操作区和检修技能操作区、低压配电运维技能流程化实训区、用电信息采集实训区、多功能安装配线实训区。各实训区域可开展的培训项目如下：

（1）架空线路实训区。包括登杆实训；登杆更换绝缘子，安装横担，更换线路，导线连接与修补，变台及附件安装与更换；线路巡视及简单故障处理；柱上开关、跌落式熔断器停送电操作；智能配电终端（FTU）的巡视与运维，故障诊断与联调；配电通信模块故障排查；架空线路抢修；10kV架空线路带电作业操作。

（2）电缆线路实训区。包括电缆故障巡测；环网柜的基本操作；电缆线路巡视及简单故障处理；环网柜的日常运维；智能站所终端（DTU）的巡视与运维；配电通信模块故障排查；电缆线路抢修。

（3）基本技能操作区。包括配电安全工器具使用；配电常用测量仪器仪表使用；常用配电工作票、操作票填写。

（4）检修技能操作区。包括拉线制作与安装；电缆头的制作；柱上开关、环网柜常见故障分析；智能终端常见故障分析。

（5）低压配电运维技能流程化实训区。包括计量装置实训；综合配电柜（JP柜）实训；采集运维、线损分析实训；配电技能实训；电工基础实训；电能表错误接线智能仿真培训。

（6）用电信息采集实训区。该装置适用于营销计量专业对不同类型、规格的计量电能表、采集终端的工作原理、性能特点进行探究和学习，模拟变电站计量环境、专用变压器用户、低压配电变压器台区的采集正常与典型异常运行；同时也可以配接仿真采集终端、集中器、单相智能电能表、三相智能电能表，观察运行现象，分析正确与错误，并排查处理；针对用电检查、装表接电、营销计量专业、用电采集人员及相应管理岗位上人员的异常故障排查分析、跨台区故障排查分析，低压居民集抄的技能培训与考核。

（7）多功能安装配线实训区。该区域采用柜体式结构，一部分元器件安装固定在柜体内部，主要的元器件让学员自己动手安装固定并设计线路进行接线。装置可以满足电工考核鉴定中的电力拖动控制、元器件安装、装表接电和无功补偿的实训项目需要。

另外，针对全能型供电服务中心对片区经理的营销及配电方面的技术技能要求，针对带电作业的操作技能要求，结合建设的实训设施，开发实训课程体系，包括培训方案编制、课程体系开发、课程课件开发、配套题库开发等内容。

3. 实训基地建设实施建议

为保障实训基地建设工作的顺利完成，同时考虑资金限制，建议按照三年计划完成全部实训设施的建设投运工作：第一年，完成配电技能实训场部分建设；第二年，完成营销技能实训场部分建设，实训室装修、设备安装和调试等；第三年，完成其他配套改造工程，包括实训仓库、实训准备室、门卫室等改造。

实训基地最终选址为退出运行的变电站，充分利用了站内场地及站内房屋，降低了投入成本。目前，已基本部署完成软硬件设施。

（四）协助开展年度培训计划编制，深度参与培训项目申报及实施

培训计划是按照一定的逻辑顺序排列的记录，从组织的战略出发，在全面、客观的培训需求分析基础上做出的对培训时间、培训地点、培训者、培训对象、培训方式和培训内容等的预先系统设定。一个完善的培训计划方案的实施，能有效促进企业员工的培训，对企业员工的培训发挥着重要的作用。国网西藏电力及各地市公司在培训计划规划方面还存在相对较弱的情况，普遍采用向下征集需求与自上而下安排相结合的方式。这种方式本身没有问题，只是要求在执行过程中要进行充分的调研，浮于表面或者机械地套用别的兄弟单位的计划安排显然是不能达到好的效果的。

在对国网西藏电力部分地市公司调研的基础上，协助开展年度培训计划的编制工作。以国网拉萨供电公司为例，围绕设备部相关人才培养工作的需求，按照新入职员工、青年员工、骨干员工、技术专家分级编制其培训计划，对培训频次、培训内容、培训方式、师资配备给出详细

建议，并参与到年度培训计划的编制过程中。同时，还深度参与培训开发项目的立项申请及实施过程。针对培训体系建设需求，编制相应的培训开发项目可行性研究报告，在成功立项之后，参与到项目实施过程中，担任部分任务开发及评审工作。例如，协助成功申请"运检部岗位培训方案及考核题库开发"等项目，有效促进了运检相关专业的人才培养及考核工作。

◤（五）◢ 打造示范岗位培训体系，建立长期合作关系

适合该单位的各岗位培训体系建设是一个长期复杂的工作，需要持续不断的积累与完善。以某个岗位为示范，打造岗位培训体系，完善各方培训资源的建设开发，对形成岗位的培训体系开发思路具有重要的参考作用。因此，结合国网西藏电力配电自动化建设应用工作的推进，选择配电自动化岗位人员来编制培训体系。

配电自动化岗位培训体系包括培训课程体系、师资管理、培训效果评估、培训流程管理及培训设施建设等部分，该体系的建设同样体现了统一规划、统一实施的思想，充分结合了年度培训开发项目申报工作，通过配电自动化仿真系统建设、配电自动化课程体开发两个培训开发项目解决了部分实训设施的建设工作以及课程体系开发及培训效果评估工作，通过与学校以及其他帮扶单位合作，解决了授课师资储备、咨询专家储备及培训管理体系的建设工作，从而形成了适合西藏的岗位培训体系建设方式，为下一步其他岗位的培训体系建设工作提供了可参考、可复制的经验，为岗位人才培养工作的自主开展奠定了坚实的基础。

四、实际成效及推广价值

◤（一）◢ 援藏方式由输血向造血的转变

国家倡导援藏模式由"输血"式向"造血"式转变，其中最重要的

就是要实现西藏本地人才的培养。以人才援藏帮扶工作开展为起点，充分发挥学校电力人才培养专长，协助国网西藏电力及下属地市公司梳理电力人才现状，并以此为基础逐步构建培训体系，建设培训设施，规范培训执行，提升培训能力，真正启动"输血"式援助向"造血"式帮扶的转变工作，对促进当地发展具有非常重要的作用。

（二）　立足长远规划，重视短期执行

做好培训服务工作必须要协助受训一方从根本上解决培训工作开展的痛点和难点问题。必须具备全局意识，立足长远规划。只有做到"心中有数"，才能"落笔有神"，才能准确把握培训工作开展的方向与关键节点。同时，也要关注短期执行。长期规划需要一个个的短期执行来实现，短期培训项目的实施效果，直接影响长期规划的最终成效。另外，短期执行的效果好坏也是检验培训服务能力及专业能力的关键因素。因此，长期规划与短期执行二者相辅相成，同样重要。

（三）　赢得信任，长期合作模式

双方能够长期合作的基础就是建立信任关系。"将心比心""以心换心"讲的都是以诚相待、设身处地，也就是"共情"。将自己真正放置于需求方所处的环境中，才能体会对方的感受，才能真正找到适合对方的解决方案。同时，要具备专业的水平、专注的态度，才能够真正打动对方，建立长期互信的关系。这也是从短期合作向长期合作跨越的关键问题之一。

定制服务、精益求精，实现短期委托向长期合作的跨越

——中广核新能源公司技术人员系列市场化培训班

□ 贾　涛

　　2018～2019 年山东电力高等专科学校为中广核新能源控股有限公司（以下简称"中广核新能源公司"）举办了一系列市场化培训班，并且受委托开展技能鉴定工作。为了满足对方的培训需求及鉴定要求，学校组织专家进行培训项目开发，将培训资料交由对方审核，获得了对方的认可。在培训及鉴定的实施过程中，双方密切沟通、及时调整，最终取得了良好的培训效果及满意的鉴定结果。培训过后，对方送来了感谢信，表达了长期合作的意向。这一系列市场化培训班带来的启示是，技能鉴定工作有着广阔的市场前景，通过依托学校的师资、实训资源的优势，开拓技能鉴定市场化大有可为。

一、前期筹备

　　为了满足中广核新能源公司的培训需求，达到预期的培训效果，在前期筹备过程中双方就培训方案进行了深入的沟通，共同确定了培训方案。同时根据培训方案，山东电力高等专科学校选取国网山东省电力公司电力科学研究院、国网山东省电力公司检修公司、国网山东省电力公

司济南供电公司等多单位高压试验专家召开了项目开发会，开发出具有针对性的培训专用教材（259页）以及培训专用课件。在开班前提前确定了满足培训项目所需的理论教室、实训场地、餐饮住宿等硬件条件，根据培训需求制定合理的课程安排，并提前准备好教学材料，提供充足的饮用水和体育用品。

二、培训实施

（一）培训班管理

山东电力高等专科学校选定了责任心强、工作认真、具有较强组织管理能力的教师担任专职班主任，为培训班的教学活动提供优质服务。中广核新能源公司和学校对培训班都非常重视，举办了开班典礼，强调了培训班的管理制度，对学员提出了具体要求。为了加强学员管理，中广核新能源公司派出了两位培训师进行跟班，对学员进行分组，并选拔班、组长负责培训期间学员们的学习生活，充分发挥学员的自我管理能力，营造出良好的学习氛围。办班期间班主任和跟班培训师积极与学员沟通，及时了解学员的学习需求，积极向授课教师反馈，保障学员的学习热情和学习进度。

（二）培训班实施

培训采取技术讲座、案例教学、参观交流和实训操作等灵活多样的形式，注重技能提升，提高学员分析及解决生产现场问题的能力。选取国网山东省电力公司电力科学研究院、国网山东省电力公司检修公司、国网山东省电力公司济南供电公司等单位业务水平高、实践经验丰富的培训师进行授课，包括多名高压专业博士、高压专业金牌教练等，培训师不仅具有丰富的高压试验工作经验，而且均具有高级职称。

培训过程中积极与培训学员和培训师进行交流，了解到学员对实际设备更加感兴趣，除了事先安排的高压试验大厅，又增加了输电线路实训场、配电自动化实训室等实训场所的现场讲解环节，取得了良好的效果。

针对学员培训过程中的短板，为更好完成最后的考核鉴定，特意安排了考前辅导。

三、技能鉴定

技能鉴定成绩由结业理论成绩、实操主观题成绩、技能实操成绩、现场答辩成绩四部分组成。理论和实操主观题采用统一时间考试，技能实操与现场答辩均采取抽签的方式，决定鉴定人员的鉴定场次和项目。

四、考核结果

非鉴定人员考核结果为结业理论考试成绩，鉴定人员考核结果为结业理论考试、实操主观题考试、技能实操考试和现场答辩四个项目的综合成绩，各项占比由中广核新能源公司统一规定，各项原始成绩已反馈给中广核新能源公司。

五、主要成果与成效

中广核新能源公司、山东电力高等专科学校以及部门领导高度重视该系列培训班，进行多次沟通协调，教务管理中心、山东电力技术发展中心等部门给予了大力支持和帮助。培训班的成功举办，是各方面团结协作、共同努力的结果。学员来自中广核新能源公司各地输变电专业技术人员，现场经验略显不足。通过与学员的交流了解到，通过此次培训，学员对高压试验工作有了更为清晰的认知，从高压试验基本原理、试验结果分析判断、高压试验管理规定、试验操作方法及常用特殊检测方法等多个维度进行了工作要点的梳理，借鉴了国家电网有限公司的相关工作标准及制度，为以后工作提供了技术支撑。

第十章

国际化，提升职业教育的影响力

> " 更好地实施人才强国战略，努力建设一支能够站在世界科技前沿、勇于开拓创新的高素质人才队伍。
>
> ——习近平 "

　　山东电力高等专科学校积极服务国家"一带一路"建设，紧跟国家电网走出去战略，全力支撑公司国际业务发展。山东电力高等专科学校紧跟公司国际化发展步伐，聚焦"专门、专项、专业"，全力实施"123"国际化发展战略，努力打造技术技能国际培训交流平台。举办 NGCP 等高端技术技能体系化培训班，与美国东南电工培训中心合作举办配电网不停电作业培训项目高级班，选派骨干培训师赴埃塞俄比亚，开展配电网技术、安全及应用培训，成功承办第二届上合组织国家职工技能大赛、国际青年能源论坛、中电联国际化人才发展论坛、"一带一路"电力能源高级管理人员研讨班等具有一批国际影响力的培训竞赛项目。服务"一带一路"，电力国际合作交流成效显著。

　　本章共有六个案例，分别从一次跨越国界的"技能握手"、将技术和文化输往凡湖之畔、"一带一路"电力能源高级管理人才研讨班、中美配电网不停电作业培训项目案例、"走出去"海外培训的新篇章、中阿能源领域合作的桥梁与纽带六个方面阐释了四化驱动之国际化人才培养问题。其中，将技术和文化输往凡湖之畔、中美配电网不停电作业培训项目案例位于二维码中。

一次跨越国界的"技能握手"

——承办第二届上合组织国家职工技能大赛

□ 杨巍巍　荣　潇

2019 年 11 月 27 日~12 月 3 日，中华全国总工会顺利举办第二届上合组织国家职工技能大赛。山东电力高等专科学校负责 11 月 28 日~11 月 30 日济南段的技能竞赛任务，包括技能大赛、技能展示、技术交流、工匠论坛、文化交流等活动。在全校干部职工的共同努力下，圆满完成了此次大赛的筹备和举办工作。此次比赛为上合组织国家职工实现技能融通、民心相通搭建了良好平台，有利于进一步促进上合组织国家产业工人交流合作，助推上合组织国家经济高质量发展。

一、实施背景

第二届上合组织国家职工技能大赛由国家电网有限公司承办，山东电力高等专科学校、国网北京市电力公司和国网山东省电力公司协办。此次大赛是贯彻落实习近平总书记外交思想和在上合组织元首理事会上的讲话精神，积极参与共建"一带一路"建设的一项重要举措，旨在为上合组织国家职工实现技能融通、民心相通搭建交流平台，推动互学互鉴，共同发展。与此同时，带动各国电力行业的交流和发展。

二、主要目标

促进上合组织成员国广大职工的人文交流，加深友谊，推动各国相互理解、相互尊重、相互信任，共同构筑上合组织国家发展观、安全观、合作观、文明观和全球治理观。借助此次大赛举办，推动相关国家电力合作，加强国家电网有限公司与各国同行在能源转型、技术标准、人文交流等领域的合作，互通有无、交流互鉴，共同推进能源转型、电力发展，共同应对新一轮产业和能源革命带来的新趋势、新挑战。

三、实施过程

（一）统筹策划，全力做好大赛前期各项准备工作

2019 年 6 月中旬，接到承办第二届上合组织国家职工技能大赛竞赛的工作任务，山东电力高等专科学校上下高度重视，组织校内专家人才进行集中研讨、系统策划，经过多轮次汇报沟通，由国家电网有限公司营销部审核把关，中华全国总工会最终审定，确定设置三个竞赛项目，分别是"不停电更换单相电能表""低压三相四线电能计量装置联合接线"和"高压三相三线电能计量装置接线分析"。

为确保办出水平、办出特色、办出亮点，2019 年 10 月 29 日，山东电力高等专科学校组织人员到第一届上合组织国家职工技能大赛承办方中国石油管道学院进行实地调研，对第一届大赛各场地进行了现场参观，并对大赛的组织环节和竞赛细节进行了沟通交流，结合此次大赛实际情况，滚动更新竞赛整体方案。

坚持利旧和新建相结合，充分利用现有实训室设备设施，根据竞赛需求进行了英文表计更新和参数设置等。"不停电更换单相电能表"是为此次大赛专门设立的竞赛项目，需要实现竞赛场地从无到有的突破，由计量工程系（电力营销培训部）牵头进行选址、制定建设方案等工

作，在安全第一的前提下抢抓工期，仅用一周时间便完成全部"不停电更换单相电能表"竞赛场地的设施布置，实训室的竣工标志着此次大赛所有竞赛场地全部准备就绪。

按照每个项目参赛计划，全面梳理实训室软硬件设备，及时维护、修缮及订购设备，准备充足的全新安全防护用具、工器具和耗材。由于"不停电更换单相电能表"是一个全新的竞赛项目，并没有现成的操作装置，根据竞赛需求，多次研讨、设计，最终开发研制出了适合此项目比赛的装置，在合作厂家的大力支持配合下，定制了14台"不停电更换单相电能表竞赛操作装置"和160只单相、40只三相三线、40只三相四线英文版智能电能表以及40只用电信息采集数据集中器，升级改造了20只英文版的相位伏安表。升级更新系统软件，逐一摸排设备硬件，更换状态不稳、元器件老旧的线路板以及更换操作面板和英文版电能表、集中器等。开发研制了基于AI视觉的电子裁判系统，并对设备装置进行打孔、供电、布置网线等特殊定制，确保该系统在"低压三相四线电能计量装置联合接线"项目中能够有效应用。

参照世界技能大赛竞赛管理规则，各比赛项目设项目竞赛管理与服务团队，负责该项目竞赛的具体组织实施和技术工作。

1. 裁判长和裁判员

根据公司安排，此次大赛的裁判长、裁判员团队由学校、公司系统内各单位选派推荐，主要负责组织制定大赛相关项目技术文件、组织比赛及评分、处理竞赛过程中出现的问题等。大赛设总裁判长1名、分项裁判30名，共计31名，其中，学校专职教师15名，公司系统内各单位专家15人。

2. 场地工作人员

由学校专兼职教师担任，各项目场地分别设经理1名，负责该项目比赛区域内设施设备、工具材料等竞赛保障工作。每个项目配备2名场地管理员、1名引导员。其中场地管理员协助场地经理做好该项目比赛区域内设施设备、工具材料等竞赛保障工作；引导员负责参赛选手的入场识别与场地引导。

3. 翻译人员

三个竞赛项目场地分别配备英语和俄语翻译各 1 名，共 6 人；负责在模拟演练、赛前热身和竞赛期间与国外选手进行沟通交流，解决问题。

4. 志愿者

大赛设接待与服务工作志愿者 24 人，并进行了专题培训，每个国家代表队设专门联络志愿者 1 人，设场地引导志愿者 10 人。志愿者负责赛事期间参赛选手的全程沟通、引导服务。

（二）履职尽责，顺利举办大赛裁判员培训班

为确保裁判能够尽快熟悉大赛的整个流程，以及竞赛规则和评分细则等，由计量工程系（电力营销培训部）组织，于 11 月 27～28 日，对所有裁判进行了为期两天的培训，对大赛整体情况的介绍、国际裁判行为准则及裁判员职业道德、竞赛规则、应急突发情况处理及常用英语进行了讲解。拿出主要精力和时间采用现场模拟演练教学的方式，通过裁判员真刀真枪的操作演练确保每名裁判对整个竞赛流程了然于胸，为大赛的圆满举办奠定了坚实基础。

（三）热情服务，志愿者工作有声有色

在选手到学校前召开志愿者动员大会，相关部门领导及全体志愿者参加会议。会议对此次大赛的重要性、大赛流程、志愿者服务内容及分工、重要时间节点安排、国际礼仪、安全保密等都做了细致说明。会后，全体志愿者在指导老师的带领下按照时间节点熟悉彩排预设路线和相关引领环节，志愿者们热情周到的服务成为此次大赛一道靓丽的风景线，得到了各参赛国和参赛选手的赞许。

（四） 综合施策，圆满完成本次大赛竞赛组织工作

为确保各国选手都能够更好地发挥自己的技术技能水平，此次大赛专门设置了赛前演练环节，按照抽定的分组进行了实战的模拟演练，计量工程系（电力营销培训部）精心筹备拍摄了标准化操作视频，安排了分项裁判长进行示范操作，分组进行一对一辅导，通过近三个半小时的赛前演练，进一步了解了选手的技能水平，也使选手们熟悉了竞赛项目，奠定了正式比赛的信心和基础。

为了保证公平竞赛，赛务组制定了竞赛抽签方案，并于 11 月 29 日下午 13:30 召开了各国选手领队会暨抽签仪式，会议由此次大赛总裁判长主持，会议就此次大赛的具体流程及竞赛环节做了简要说明，对各国领队提出的相关问题进行了沟通交流。

在竞赛环节，共安排了 9 个场次的赛前热身和竞赛项目。在赛前热身环节，每位裁判对接参赛选手，在确保安全的基础上，全程监督指导。在竞赛休息期间，志愿者热情服务，翻译人员耐心沟通，赛场恢复迅速有序。在竞赛过程中，裁判员公平公正，选手们认真投入，工作人员细致严谨，充分展现了国内外电力职工良好的职业素养和技能水平。

从整体环节上看，整个竞赛过程中，组织有序、分工明确，沟通顺畅、衔接顺利，竞赛设备未出现故障，整体运行良好，选手在现场未对设备或工具提出任何异议，实现了零差错、零失误。从最终成绩来看，在团体队伍中，中国队人均得分 296.47 分（三个项目满分 300 分），排名第一；蒙古队人均得分 256.39，排名第二；吉尔吉斯斯坦队人均得分 251.54，排名第三。在单项个人中，中国队三个队员包揽前三名，最高分为 297.11 分，第四名为蒙古队选手，得分 260.34 分。总体来说，中国队的成绩都高于国外参赛队，但是差距并不是很大，国外选手需要克服场地、设备、语言等环节上的生疏，能赛出这样的成绩，已经着实不易。

竞赛结束后，各国选手纷纷拍照留念，表达对此次竞赛的赞许以及

第四篇 『四化』驱动是 **特色**

对裁判、工作人员、志愿者的谢意，并将这些感想与感动都写入了留言册中，送给了竞赛组，作为永久的纪念。

四、条件保障

（一）　餐饮服务保障

按照大赛工作安排，分区域分别为参赛选手及领队、大国工匠论坛嘉宾、大赛裁判员、专业翻译、演职人员、新闻媒体、后勤保障和服务人员提供就餐服务。为确保餐饮服务到位，前期充分调研各国选手饮食习惯，从食品采购到制作严控质量关，在制作工艺上精益求精，大赛期间未曾出现食物中毒等现象，餐饮服务获得各类人员一致好评。

（二）　住宿及会务服务保障

为做好此次高规格国际接待，提前做好各项准备及接待工作：为提升员工精神面貌、规范仪容仪表，量体制作新工装；提前对接待所需物品，如洗漱用品、转换插头、电热水壶等客房房间和会议室的物品做好费用预算和采购计划；细化服务方案，工作任务落实到人；反复核实房间安排，根据大赛选手语言合理排房；聘请外事处及山东旅游职业学院专家及老师开展国际礼仪培训，提升员工国际礼仪服务意识；选聘山东交通学院26名学生担任礼仪服务志愿者；细化各区域卫生，如玻璃清理、地毯洗涤、物品配备；设施设备的检查，重点对水、电、暖进行检查调试，对地毯开缝、房门变形进行修复；会议席签、茶歇物品配备。

（三）　车辆服务保障

为保障大赛期间出行便利，学校车队共提供服务车辆19辆。与会期间全部车辆均配备瓶装水、抽纸等物品服务，中巴车特别提供了口杯、雨伞等物品，同时配备了空气净化器、充气泵等应急装备，得到了乘车人的广泛好评，圆满完成赛会车辆服务工作。

（四） 宣传保障

大赛期间，全程开展大赛期间主要活动的摄影、录像工作；认真把握开幕式结束等时间节点，组织全体人员合影留念。及时跟进大赛最新动态，编发新闻通讯在学校网站发布，积极对接国家级媒体、公司媒体，报道大赛活动信息。第二届上合组织国家职工技能大赛已经受到《工人日报》、山东新闻联播、《国家电网报》、大众日报等公司系统内外十余家官方媒体报道，赛事盛况广受关注，有效彰显了学校良好形象，全面体现了公司共同推进能源转型、电力发展、服务上合国家互通有无、交流互鉴的国网担当。

（五） 网络保障

学校成立技术支持组，负责观摩室视频转播、住宿及竞赛现场网络保障等工作。赛前明确视频转播需求，确定转播方案，组织三次模拟转播，并对转播效果进行评估，力求效果达到最佳。此次转播使用统一视频监控平台，赛前对三个实训室六个摄像头进行全面检查，保证输入信号源的稳定。对学校南山公寓网络进行全面检查，尤其是无线外网及前台网络通过增加无线 AP、优化链路等方式保证网络通畅。同时做好应急值班保障工作。比赛当天技术支持组全体成员在现场值班值守，如有故障保证 5 分钟内到达现场，建立值班微信群，保证电话畅通，做好应急处置准备工作，提前准备好备用交换机、切换器、笔记本电池、成品网线、无线 AP 等，如遇突发状况尽快解决问题。

五、主要成果与成效

（一） 精心策划，彰显学校非凡的国际活动策划能力

为纪念第二届上合组织国家职工技能大赛的圆满举办，以电能表为元素，设计制作了大赛纪念品，送给上合组织秘书处作为永久纪念。该

纪念品所用电能表是此次大赛专用英文版单相费控智能电能表，表的底座是纯手工木制，主要体现工匠精神，表上编有 18 个带国旗的铅封，代表上合组织的 18 个国家手拉手、心连心，在整个表座前后留有所有参赛国领队和选手的签名，作为对此次大赛永恒的留念，预示着共同书写上合组织未来美丽华章。

（二） 精益求精，创新开发电子裁判系统

对"低压三相四线电能计量装置联合接线"竞赛项目接线工艺部分的评分采用基于 AI 视觉的电子裁判系统，有效消除了人工评判的主观影响，这在国内尚属首次。

该系统是专门为此次大赛而开发的系统，依托部门在装表接电实训和竞赛上多年积累的经验和洞见，将泛在电力物联网技术架构创新性的应用在竞赛评价工作中，将工艺类实训和竞赛的评价数据化、智能化，应用 AI 视觉算法进行接线工艺的客观评价，有效消除了人工干预的影响。此系统遵循泛在电力物联网技术架构，在感知层，通过机器视觉高精度感知将工艺接线的正确接线、水平度、垂直度和线间距等因素进行客观数据化；在网络层和平台层，汇集实时图像数据，通过自适应校正算法进行自动畸变校正，并实现图像数据清洗和存储；在应用层，通过 AI 视觉算法，计算出水平度、垂直度等工艺参数，并根据评分标准计分，同时也对扣分项进行解读，查找问题，实现基于客观数据驱动的工艺水平迭代提高。

（三） 工匠绝活展示，搭建技能融通的交流平台

此次上合组织国家职工技能竞赛工匠绝活展示环节，邀请了来自电力、煤炭、石油、医药和雕刻五个行业的 5 组工匠团队，分别展示了各自绝活。台上 1 分钟，台下 10 年功，工匠们娴熟的技术背后是劳动精神的传承与弘扬。活动期间，邀请了学校创新团队和部分学员现场观摩，现场感受工匠精神，为未来科研创新和实践开拓了思路。

（四）　专业专注，志愿服务广受赞誉

为确保大赛期间各个环节有序进行，组建了由 24 名学员组成的志愿者队伍，全程负责各国选手在学校大赛期间所有环节的引导、通知、对接、服务工作。

（1）加强教育，切实提高政治站位，在赛前召开志愿者动员大会，宣贯此次大赛的重要性，使每位志愿者清楚认识到此次服务工作的重要性，提高政治站位。

（2）精心策划，认真执行服务计划，制定志愿者服务手册，确立工作职责和服务内容；建立志愿者服务工作群，及时分享工作动态，积极配合大赛日程安排，确保服务工作精准到位；在每天中午和晚上，定时召开碰头会，及时沟通反馈问题并积极协调解决。

（3）因地制宜，提供个性化服务。充分发挥志愿服务的个人化及全面化的功能，在接到任务后，各位志愿者提前查阅所引导国家的风俗习惯，在日常服务工作中注重不同选手的个性化需求，在尊重对方国家文化的同时积极传播中国传统文化，起到了文化交流使者的作用，向世界展示中国青年蓬勃向上的精神风貌和文化自信。

六、体会与思考

（一）　统一思想、众志成城是顺利完成此次大赛的重要前提

此次大赛是有史以来山东电力高等专科学校承办层次最高、参赛国最多、嘉宾规模最大的一次政治任务。此次大赛能够顺利举办，得益于学校领导的靠前指挥，学校领导多次亲临现场督导视察，提出了很多中肯的意见和建议；也得益于学校全体职工的努力付出，在大赛的整个过程中，能够坚持全院上下一盘棋，心往一处用，劲往一处使，加班加

点、献计献策、不辞辛苦、主动作为，各工作组主动沟通，相互补台，经常到凌晨两三点钟还坚守在工作岗位。另外，各设备厂家都在赛前一个多月就组织公司的精兵强将驻扎在济南，利用新员工培训期间的晚间间隙，逐一摸排设备、更换老旧元器件，组织应急演练，这些都为大赛的顺利举办奠定了坚实的基础。

（二）总结提升、开拓创新，全面应用此次大赛的各项成果

此次大赛中，负责赛事筹备的计量工程系（电力营销培训部）全体员工团结一致，攻坚克难，精益求精，在短时间内，建设了一个全新的实训室，研制出了一整套不停电更换电能表操作装置，开发出了基于 AI 视觉的电子裁判系统，录制剪辑了英俄版的项目操作标准化视频等，这些都为进一步拓宽国际化视野、提高教学效果奠定了坚实的基础，下一步，应全面总结此次大赛经验，保护知识产权，开发实训项目，将此次大赛中新的思路、好的做法继续延伸应用。

（三）深入思考、完善机制，进一步拓展学校国际化平台

承接上合组织国家职工技能大赛是学校发展的重大机遇，不可否认，学校主办这种大型赛事的经验尚少，国际化思路尚未完全打开，一些环节流程还需精雕细琢，这些都需要在今后的工作中不断积累，增强交流，稳步提高，努力建设具有国际化工作能力的管理和师资团队。应持续学习、超前谋划，深入总结此次承接大赛经验，全面梳理在国际化培训、文化交流、大型赛事等方面的宝贵经验，固化目前国际化活动的流程，加快机制建设，有利于进一步提升管理效能。

举办上合组织国家职工技能大赛，是贯彻落实习近平主席重要指示精神，携手应对风险挑战，促进上合组织国家共同繁荣的具体行动；是发挥工会组织优势，促进职工技能交流互鉴，助推上合组织国家经济高质量发展的生动实践。学校将以此届大赛为契机，在中华全国总工会对

外合作框架下，大力弘扬"上海精神""丝路精神"，携手上合组织和"一带一路"沿线国家工会组织，加强工作交流，促进民心相通，开展务实合作，为夯实"一带一路"建设和上合组织发展的民意基础作出更大贡献。

将技术和文化输往凡湖之畔

——土耳其凡城 600MW 背靠背换流站运维培训

□ 尹青华　高楠楠

　　近几年来，山东电力高等专科学校相继开展了多次国际化项目培训，形成了一套切实可行、注重实效的国际化培训实践经验。该案例主要根据 2019 年 9 月份学校承办的土耳其凡城 600MW 背靠背换流站运维培训班，从技术、培训、创新、服务等方面总结了管理过程的经验。在这些经验的基础上，学校将进一步大力开拓国际化培训业务，全力服务公司国际化战略。

更多精彩内容
请扫码阅读

"一带一路"电力能源高级管理人才研讨班

□ 尹青华　高楠楠

近几年来，山东电力高等专科学校相继开展了系列国际化项目培训，形成了一套切实可行、注重实效的国际化培训实践经验。此案例主要根据 2018 年 4 月学校承办的"一带一路"电力能源高级管理人才研讨班，从办班流程梳理、工作方案制定、保障条件实施等方面总结了管理过程的经验。在这些经验的基础上，学校将进一步大力开拓国际化培训业务，全力服务公司国际化战略。

一、实施背景

近年来，国家电网有限公司以落实国家"一带一路"战略为契机，国际化步伐铿锵有力，"走出去"已经成为"金色名片"。伴随着"资金走出去""工程走出去"，公司国际业务已经进入"文化和标准走出去"的阶段。这一阶段，走出去的不仅仅是装备和技术，更关键的是中华民族的文化基因、价值标准，这些元素的输送，需要"培训"这一工具发挥作用。

2016、2017 年山东电力高等专科学校相继开展了两期菲律宾 NGCP 项目培训，取得了圆满成功；2017 年学校承办"国际青年能源论坛——

中国站"活动，向多国电力青年英才展现了国家电网有限公司的实力和品牌，学校国际化迈出坚实一步。

二、主要目标

根据国网国际部工作安排，2018年4月13～27日，"一带一路"国家及地区电力能源高级管理人员培训班分别在北京、济南、西安、香港开展专题讲座、研讨交流、实地参观等活动，来自菲律宾、印尼、马来西亚、泰国、尼泊尔、巴基斯坦、哈萨克斯坦、土耳其、波兰、俄罗斯10个国家的27名学员参加该培训班。

培训内容包括《国网公司发展战略》《全球能源互联网》《变电设备状态检修》《继电保护新技术》等课程，向各国专家现场展示了特高压带电作业及无人机巡线技术，同时还到国家电网有限公司特高压试验基地、1000kV特高压泉城变电站、山东电工电气集团产业基地进行现场参观。

三、实施过程

在培训班准备阶段，通过各配合部门多次会议研讨，进行任务分解，落实相关责任，明确具体目标，梳理工作流程，将实施过程划分为以下几个方面：

（一）　开班典礼

开班典礼（见图10-1）是在学术报告厅内举行的，虽然只有短短的半小时时间，但是充满了仪式感，这都要归功于前期确定典礼流程、选聘主持人、制作欢迎辞、选派培训代表发言、合

图 10-1　开班典礼

影留念、布置会场座次、打印席签等各项工作，每一个环节、每一个细节的精益求精。其中在打印席签环节，因为有的学员名字有缩写，负责这项工作的老师，反复和带队老师沟通确认，一个字母一个字母的校对，大写小写丝毫不忽视。

（二） 学校济南校区参观

济南校区参观（见图10-2）过程中，学校安排专职教师在各实训室内围绕实训设备进行中、英文讲解和现场交流。参观路线的选择、具体时间安排也是经过学校领导和办公室人员的仔细反复推敲制定，并且多次彩排演

图 10-2　济南校区参观

练，尽量做到不走回头路、不走多余的路，同时还要考虑沿途润物细无声般地给学员们提供洗手间等休息场所的要求。

（三） 培训教学交流

培训教学交流是此次培训的核心环节。培训教学组通过与主办方沟通，征求课程优化意见，确定课程体系；组织专家试讲评审，进行课件和讲义优化，还需要提前做好课程和培训教学资料准备工作。每次课程至少2人全程跟班，做好相应记录；每天书面征求意见、建议，并及时反馈，协调解决学员提出的问题，处理突发事件。跟班人员配合进行照片拍摄采集工作。

（四） 现场参观交流

现场参观交流包括传统文化交流、赴山东电工电气集团产业基地现场参观交流、赴济南1000kV泉城变电站现场参观交流等，组织人员需要提前做好与参观地点的对接工作，联系安排车辆；安排专人陪同参

观，确保人身和交通安全；陪同人员协助讲解、回答学员问题，确保交流效果，还要做好突发事件的应对和处理工作。

（五）　文体交流活动

文体交流活动是在济南校区综合训练馆内进行的，旨在促进沟通交流，展示中华文化与学校特色。来宾与学校代表开展太极拳、书法展示、乒乓球、羽毛球等文体交流，学校党建工作部（工会）负责组织实施，陪同人员协助讲解、回答学员问题，并安排专人进行照片拍摄采集工作。

（六）　中期总结分享会

最后的中期总结分享会上，包含播放回顾视频、领导致辞讲话、学员代表中期总结分享、赠送开班合影照片和学校特色文化纪念品等内容。相关人员各司其职，各项工作有条不紊。学员不仅收获了知识，也收获了喜悦和感动。

四、条件保障

通过充分考虑此次培训的规模、层次等因素，对相关工作进行了任务分解，落实任务责任，倒排工期，明确时间节点，下设了四个工作小组保障实施。

（一）　面面俱到的接待工作组

接待组在国网国际部的指导下，协调全程各项活动，与国际部提前对接，负责全过程联系引导工作。

主要工作内容包括：

（1）负责培训班在北京期间的所有活动协调安排和组织。

（2）负责学员从北京到济南及从济南到西安的陪同服务。

（3）负责汇总提供学员和工作人员的票务及住宿信息。

（4）负责制订接送站计划，组织接送站工作。

（5）负责参加培训班活动的领导和来宾接待工作。

（6）负责开班典礼和中期总结分享会的策划与组织实施。

（7）负责院领导致辞文稿的起草、修订与翻译工作。

（8）负责院领导临场翻译工作。

（9）负责欢迎横幅、欢迎卡、胸牌、服务指南等双语资料的设计、审定与印制工作，负责准备学校特色文化纪念品。

（二）　精益求精的培训教学工作组

培训教学组主要负责课程筹备、文化交流、参观安排、培训资料准备等诸项工作。

具体工作内容包括：

（1）根据培训班活动安排，准备培训项目的师资协调、课程内容等。

（2）负责落实生产现场参观事宜，与现场对接，组织来宾参观实训设施，并做好引导、讲解等工作。

（3）负责培训课件、讲义等双语资料的审定与印制工作。

（4）负责落实培训教学活动细节安排，提出教室桌椅布置要求，检查、更新、调试多媒体设备，并协调即时技术支持，保证投影系统、音响系统工作正常。

（5）负责席签、笔记本、意见反馈表等培训教学用双语资料的设计、审定与印制工作。

（6）负责全程跟班，做好培训教学服务和突发事件处理工作。

（三）　全力以赴的服务保障工作组

服务保障工作组主要负责网络、电教设备、饮食、住宿、医疗、安保、用车等工作。

具体工作内容包括：

（1）负责提供培训班举行期间的饮食服务。采取自助餐形式，中西结合、中餐为主，考虑宗教信仰等因素合理搭配膳食。食品饮品摆放中英文名。

（2）负责提供培训班举行期间山东的住宿、票务、交通、会场、礼宾、茶歇等服务。

（3）负责做好医疗服务工作。安排英语水平较高的工作人员值班，做好治疗常见病（伤风感冒等）的准备，做好应对突发性疾病特别是传染性疾病的准备。

（4）负责培训班举行期间治安、消防、院内交通、门卫管理及安全应急处置等工作。按规定做好外籍人员住宿备案。加强餐厅、南山公寓周边的安保巡视工作，按照外事管理规定，做好应急事件处理预案。

（5）负责落实研讨室桌椅、白板等的布置，检查、更新、调试电脑及多媒体设备，保证投影系统、音响系统工作正常并提供即时技术支持。

（6）负责培训公寓和研讨用教室的有线、无线网络保障工作，确保培训班举办期间讨论用教室、培训公寓网络畅通。

（7）负责院内参观车辆、培训班举办期间应急车辆和接送站以及外出参观交流等所需大巴车的服务安排。

（四）　精彩绝伦的宣传及文体活动工作组

宣传及文体活动工作组主要工作内容包括：

（1）负责学校宣传视频、学校宣传页的制作和播放。

（2）负责宣传报道文稿起草工作，经审核后在学校内网发布，并报送公司媒体。

（3）负责全过程影像素材采集记录。授课过程、文化交流、参观等，全程摄录像（其中培训教学部分全程录像），确保将各项活动均完整清晰记录下来。

（4）负责精选照片制作回顾视频，于中期总结分享会播放。

（5）开班典礼结束后，负责组织培训班学员合影，并为每位学员印制成合影照片，于中期总结分享会赠送给学员。

（6）负责在学校的太极拳、书法、羽毛球、乒乓球等文化交流活动的组织。各工作小组之间密切配合，工作组成员每天早上召开碰头会，对当天的工作安排进行确认；每天晚上召开沟通会，对当天的工作任务完成情况进行沟通，对工作过程中遇到的问题及处理结果进行汇总，相互提醒，共同提高，最后圆满完成了培训任务。

五、主要成果与成效

山东电力高等专科学校高度重视此次研讨班，在研讨组织、现场观摩和文化交流方面做了认真准备，各国电力和能源专家在此切磋宝贵经验，交流全新认知，播撒友谊种子，拓展发展平台，共同为电力和能源事业发展做出积极贡献。

此次研讨班充分展现了国家电网有限公司在特高压输电、智能电网、配电管理等方面的技术优势，进一步提升了公司品牌的国际影响力，为公司高水平高质量拓展国际业务提供了有效助力。随着参与人员的持续增加、所覆盖的国家和地区不断拓展，研讨班将为"一带一路"建设夯实民意基础，进一步凝聚丝路沿线国家的发展共识，积极推动电力能源领域的发展与合作，实现更高水平的互利共赢。

中美配电网不停电作业培训项目案例

□ 宁　琦

近年来，山东电力高等专科学校紧跟国家电网有限公司国际化发展步伐，发布实施了国际化业务"123"基本方略，国际合作交流业务全面突破，逐步形成了国际电力技术技能培训多样化、国际电力人才交流常态化、国际化业务持续提升的良好局面。通过"请进来""走出去""携起手"等多种方式，先后完成了中美合作配电网项目、"一带一路"电力能源高管研讨班、NGCP高级技术人员、柬埔寨电力技术人员培训班、埃塞俄比亚配电网项目、国际青年能源论坛等。

该项目通过对中美合作配电网不停电作业培训项目深入总结经验、深度挖掘技术，最终通过应用形成统一、高效的国际化培训项目管理体系，为学校基于"国际合作模式"的国际化培训开展积累宝贵经验。同时，优化中美合作配电网不停电作业培训项目培训成果，并加以推广应用。优化完善 10kV 和 0.4kV 配电网不停电作业人才培养体系，为实现公司世界一流配电网建设目标，提供强有力的人才支撑。

更多精彩内容
请扫码阅读

"走出去"海外培训的新篇章

——埃塞俄比亚配电网配套培训项目

□ 李宏伟　荆　辉

一、案例背景

伴随着国家"一带一路"倡议的深入推进，国家电网有限公司在海外业务拓展上也行稳致远。近年来，国家电网有限公司贯彻落实习近平总书记"构建人类命运共同体"倡议，服务"一带一路"建设取得了突破性进展。目前，国家电网有限公司已经稳健运营菲律宾、巴西、葡萄牙、澳大利亚、意大利、希腊等国家电力能源业务，国际影响力和话语权得到不断加强，在世界后台上发出了中国电力的时代强音。

山东电力高等专科学校作为国家电网有限公司的直属教育培训单位，输出技术技能、传播国网文化、展示品牌价值、促进共享共通，一直是学校服务国家电网有限公司海外战略布局，建设国际化培训之路的价值取向。2018年3月29日~5月14日，为积极响应国家"一带一路"的号召，服务国家电网有限公司"走出去"战略，经过前期的精细筹备，学校派出了项目培训团队，赴非洲联盟所在地埃塞俄比亚（以下简称"埃塞"）执行了配电网技术技能培训任务。

任务历时47天，培训团队的6名教师行程累计超过2万千米，足迹遍布该国5座主要城市（见图10-3），全程用英语讲授了配电网架结构、配电网一二次设备、配电网自动化、配电网案例作业规程等 11 个模块的课程，传授了配电网相关技术技能，对埃塞配电网公司（EEU）145 名技术骨干进行了培训，制作发放 1521 页的各类培训教学辅助材料 489 份、33495 页的《课程讲义》145 套，形成 1 万余字、40 余页的讲研结果和数据分析报告，为该国配电网升级改造项目的调试验收工作提供了强有力的技术支撑，极大地提升了当地配电网技术技能人员的运维管理水平，为埃塞配电网的发展提供了强有力的智力支持和人才支持，得到了 EEU 和参培学员的充分肯定与认可。

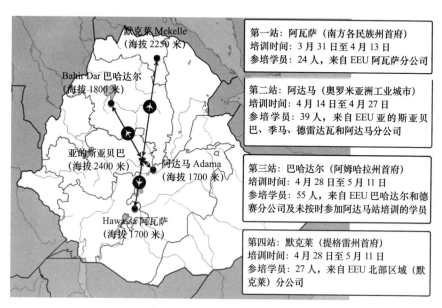

图 10-3　项目团队培训实施路径图

二、主要过程

2017 年 3 月，应国家电网中国电力技术装备有限公司（以下简称"中电装备公司"，该公司为埃塞配电网工程项目的中国 EPC 中标方）邀请，学校领导带队，组成学校第一个海外培训项目推介团组，前往埃塞开展专题推介工作。行前，团组进行了充分的准备，编辑印制了精美的宣传册，拍摄制作了英文版专题宣传片，系统梳理了学校的培训资源和国际化项目潜力，制作了图文并茂的宣讲 PPT。

在埃塞期间，推介团组先后访问了埃塞俄比亚输电公司（EEP）、埃塞俄比亚配电公司（EEU）、埃塞俄比亚水能灌溉及电力部、500kV HOLETA 变电站，还访问了亚迪斯大学电气学院、埃塞国家职业教育中心、联合国教科文组织驻非盟机构。推介过程中展示出的国家电网有限公司技术实力和学校在电力技术技能培训的核心能力，给各方均留下了深刻印象，也促使埃塞俄比亚配电公司与学校达成了初步合作意向。

2017 年 7 月，中电装备公司向学校发来邀请函，邀请学校派出专业团队前去埃塞执行中低压配电网升级改造项目配套培训服务项目。学校精心挑选师资团队成员、商谈服务协议、着手准备培训课程，本着互信互利的原则，开展前期筹备工作。学校培训师资质、培训课程大纲和培训计划先后获得埃塞业主审核批准，培训交付和现场支持的细节皆逐一达成一致。

2018 年 1 月，学校与中电装备公司正式签署《埃塞中低压配电网升级改造项目培训服务委托合同》，学校第一个海外培训项目正式启动。按照培训合同，学校派出 6 名教师赴埃塞俄比亚阿达马（Adama）、阿瓦萨（Awassa）、巴哈达尔（Bahir Dar）、默克莱（Mekele）4 座城市开展全英文技术技能培训，为 EEU 技术人员传授配电网相关知识与技能，包括城市配电网基本架构、配电一二次设备及工作原理、配电自动化功能及系统模块、配电网安全工作规程及馈线自动化等内容。

学校对该项目给予了高度重视，组成以校领导为组长的筹备领导小组，编制筹备工作实施方案，各相关部门通力配合，严格按照时间节点，在涉外事务、培训开发、后勤保障等方面积极缜密地开展筹备工作。

（1）涉外事务方面，相继完成了培训团组证照资质办理、公司外事手续审批、收集汇总埃塞国内环境信息、出国人员行前培训等工作，确保了团组外事手续齐全合规。

（2）培训开发方面，按照中电装备公司的要求和 EEU 培训需求，结合埃塞配电网项目部提供的资料，形成了培训课程开发目录。2017年 12 月~2018 年 3 月，学校组织了多轮课程审核，包括试讲 6 次、说课 4 次，对课程内容的准确性、各章节安排的逻辑性和英语使用的正确性进行了严格的审核，开发成果得到中电装备公司和业主的认可。

（3）在后勤保障方面，各相关部门高效完成了境外保险购置，应急预案编制，常用药品准备，霍乱、黄热、流脑等疫苗接种等工作，为培训团组提供了必要的保障支持。

2018 年 3 月 29 日，学校举行隆重的出征仪式，学校领导授予项目组海外培训任务书，并寄寓殷切希望：走好海外培训第一步！

前方团队严格按照培训服务合同，认真执行培训任务，严格培训过程管理，加强学员考核工作，随时关注学员反馈信息，及时优化培训内容，切实保证了培训质量。项目执行期间，严格遵守外事纪律和保密规定，维护了国家和国家电网有限公司形象，同时克服了高原反应、身体不适、语言障碍，顺利完成了培训任务。

后勤保障团队组织建立团组成员家庭联系机制、技术支持机制和应急保障机制，组织建立常态化联系机制，跟踪前方培训各项活动，协调解决有关问题。前方团队每天向专用邮箱书面报告项目进展，重要活动提供图文信息，后方团队通过培训调度日报、专题报道等方式及时宣传工作成效，在《国家电网报》和国家电网有限公司网站发布信息各 1篇，编制《培训工作动态》20 期，学校内网发布信息 19 篇。

三、案例创新点

（一） 海外培训体系注重"四同时"

（1）在培训课程体系方面，突破以往国内培训授课偏重技术技能的传统，在传授国家电网有限公司技术标准的同时加大中国文化和公司企业文化的宣讲力度，努力做到"讲好中国故事、传播国网文化、传授国网技术"，增加学员对中国、对国家电网有限公司文化、技术的双重认同感，互为增益。

（2）在培训师管理方面，项目团队高标准、严要求，在细致严格实施培训教学工作的同时，要求每一位成员严格遵守埃塞当地的法律法规，尊重民风民俗，尊重参培学员，这为项目团队后期与学员营造和谐、愉快的培训氛围奠定了良好基础。

（3）在培训评估方面，每一个培训循环，除了在培训后期做好学员成绩评估反馈外，为充分了解学员的培训需求和自身水平，在培训前期还认真进行了配电网专业方向的需求调研和学前评估，保证了培训的有的放矢。

（4）在培训管理方面，学校、EEU、中电装备公司三方明确分工，形成三方协同、齐抓共管的管理机制，有力保证了培训顺畅高效的实施和不同城市间的衔接过渡。

（二） 海外培训理念突出"三转变"

（1）在培训教学的理念上，埃塞属于世界上最不发达的国家之一，但同时也是非洲极少数没有被殖民过的国家，因此参培学员的民族自豪感强烈，针对这一情况，培训团队将原定的"中埃对比授课"转变为"发展展望授课"，拉近了中埃两国的距离，加深了参培学员对中国电力企业的认同感。

（2）在培训服务的理念上，由提供"单程培训服务"向"后续培训服务"转变延伸，除做好此次培训授课外，还对当地供电公司生产运行、设备运行等情况进行了大量实地走访调研，编制了开发后续培训市场的专项调研报告，为下一步深耕非洲电力培训市场打下了基础。

（3）在培训组织实施的理念上，由"项目完工后的培训执行"转变为"项目全周期实施的培训介入"，通过此次培训，项目团队认为，因海外工程项目外部环境复杂、政策形势多变，为保证培训的针对性，确保未来工程交接顺利，应在项目初期，甚至是在项目招标阶段，就将培训纳入工程项目的实施过程，通盘考虑，保证后期培训的针对性和实用性。

（三） 海外培训模式强调"三落地"

（1）以任务式主题教学为导向，以教学情境创设为手段，以交流互动为方式，大量采用生动的图片、视频和动画，确保参培学员在培训教学中的"参与落地"。

（2）充分运用与当地文化、工作实际相关的场景和案例向学员们讲解培训内容，如以当地大型水鸟集群造成配电网相间短路的问题设置教学情境，以当地特有的高大灌木树类比配电网 SCADA 系统，确保培训内容在培训教学中的"理解落地"。

（3）团队每到一个新城市，首先奔赴生产现场察看当地配电网线路及设备，围绕生产运行的实际情况和真实设备修正培训内容，确保培训教学内容的"针对落地"。

（四） 海外团队组建遵循"三标准"

考虑到海外培训项目实施的语言障碍、水土不服等不利因素，而海外培训项目又直接关系到国家、公司的外在形象，意义重大，培训项目的师资保障愈发重要。为确保师资团队对埃塞配电网培训项目的强有力支撑，学校在选拔组建师资团队时遵循了三个标准：一是培训师的政治标准要高，"外事无小事"，师资团队的 6 名培训师中，5 名党员、1 名入党积极分子在日常工作中均能做到讲大局、能奉献、肯吃苦、敢战斗。二是培训师的外语应用标准要高，6 名培训师中，3 人之前参与过专业课程的英文培训，1 人取得 ATD 协会 Master 大师认证，1 人为海归，均具有较强的英语应用能力。三是培训师的专业素养标准要高，6 名培训师中，4 人为博士，2 人为硕士，从事专业培训多年，具有丰富的培训教学经验。在此次培训中，师资团队选拔的 3 个高标准，是此次培训能够圆满完成的重要因素之一。

四、案例的推广应用情况及实际效果

埃塞俄比亚作为非盟所在地，与中国在各领域保持长期合作，但基础设施水平，特别是电网建设水平相对落后，限制了其工业和国民经济发展。山东电力高等专科学校执行埃塞配电网配套培训项目，帮助当地提升电网建设和运维水平，既是积极响应国家"一带一路"的号召，也是国家电网有限公司输出工程、输出技术、输出文化的重要一环。

（一）　充分展示了国家电网有限公司卓越优秀的企业文化

在培训策划、培训组织等环节中，国网人所表现出的严谨、务实，使埃塞方参培学员切实感受到了国家电网有限公司"努力超越，追求卓越"的企业精神，体会到了"诚信、责任、创新、奉献"的核心价值观，理解了构建全球能源互联网所体现的开放、合作包容的大国形象，以及国家电网有限公司作为位列世界五百强第二名的国际化大企业所蕴藏的巨大软实力。

（二）　初步奠定了中埃两国电力培训交流的良好基础

此次培训通过精准设计课程、精心组织项目实施，使参培学员始终保持高度的学习热情，对培训教学内容表现出了极大的兴趣，与教师围绕课程内容进行了大量的交流研讨，取得了良好的培训教学效果。同时，在培训项目实施过程中，培训教学组多次拜访各培训地点供电公司负责人并邀请其参加开班仪式，通过介绍师资组成、教学安排、课程内容等情况，取得了埃塞方的充分信任与高度支持。埃塞方管理层和参培学员均表达了希望延续并加深培训交流的意愿，为国家电网有限公司与埃塞电网公司的培训合作与技术交流打下了坚实的基础。

（三）　有力支撑了埃塞配电网升级改造项目的向前推进

培训教学团队以埃塞配电网升级改造项目内容、工程进展情况、施工图纸和设备说明书等一手资料为基础精心设计课程，确保培训教学内容与实际工程现场的一致性，提升了学员对电力系统和配电网的总体认识水平，掌握了将来开展配电一二次设备运维、配电 SCADA 系统运维等工作所需的基础知识，增强了电力安全生产意识，提升了与中方人员开展项目合作的契合度。项目结束后，参培学员在多个场合向中方人员表达了对课程内容的高度认同，表示此次培训必将对今后的日常工作开展起到巨大的帮助作用。

（四）　摸索建立了一套高效的海外培训项目管控体系

为确保项目的成功实施，学校成立了工作领导小组以及课程开发、教学实施、服务保障、宣传报道等工作小组，梳理了学校国际培训业务管控流程，明确了管控界面和管控标准，制定了完善的筹备工作方案，保证了项目策划、方案开发、课程设计、后勤保障、组织实施、效果反馈等各环节的有序推进，摸索形成了一套系统的海外培训项目运作模式和实施机制，编制开发了一系列相关支撑文件，为后续海外培训项目的开展提供了重要的参考资料，奠定了坚实的基础。

中阿能源领域合作的桥梁与纽带

——中阿清洁能源培训中心 2019 年智能电网培训项目

□ 任玉保 李宏伟 荆 辉

一、案例背景

（一） 研究背景与拟解决的主要问题

在 2018 年 11 月国家能源局委托国家电网有限公司牵头开展中阿清洁培训中心智能电网领域能力建设工作以来，山东电力高等专科学校按照公司部署，坚决贯彻落实国家能源局确立的能源国际交流合作"一个关系、四个平台"中的"中国—阿盟合作平台"工作思路，在阿盟能源部及阿盟驻华代表处的支持下，注重文化结缘和互通互鉴，在 2019 年 7 月和 11 月于济南成功举办两期智能电网培训项目，在较短时间内较为全面地展示了我国和公司在清洁能源并网、泛在电力物联网和智能电网等方面的发展成就和技术实力，得到了阿盟能源部代表的高度肯定，影响力不断扩大。

（二） 案例摘要

1. 第一期基本情况

2019 年 5 月底，经过与阿拉伯国家联盟（以下简称"阿盟"）驻华代表处、阿盟能源部的不断磋商沟通，学校通过阿盟向其成员国发送了培训班日程，接受各国报名，其后共收到阿盟能源部、吉布提、埃及、伊拉克、约旦、科摩罗、索马里、突尼斯、也门、阿联酋等电力主管部门及电力企业共 18 人的报名信息，学校配合公司第一时间出具了来华邀请函协助办理来华手续，之后其中的 10 人由于自身原因明确告知阿盟及我方不能参加此次培训。

7 月 20 日，来自阿盟能源部、阿联酋阿布扎比能源局、沙特国家电网、沙特电力公司以及科摩罗能源主管部门的 8 名来宾陆续抵达济南，7 月 22 日举行开班典礼，随后至 7 月 25 日开展各项活动，7 月 25 日举办结业典礼，7 月 26 日各国来宾自济南返程，如图 10-4 和图 10-5 所示。

图 10-4　学校校长刘云厚与第　　　　图 10-5　国家电网国际化发
　　　一期学员座谈　　　　　　　　　　　展专题讲座现场

2. 第二期基本情况

2019 年 10 月初，阿盟能源部与公司取得联系，提出希望在 11 月下半月举办第二期智能电网培训项目。经国家能源局批准，学校向阿盟能源部发送了培训班日程，接受各国报名，其后共收到阿盟能源部、埃及、伊拉克、科威特、阿曼、沙特阿拉伯、也门等电力主管部门及电力企业共 21 人的报名信息，学校配合公司第一时间出具了来华邀请函协助办理来华手续，之后其中的 3 人（科威特 2 人、伊拉克 1 人）由于自身原因及所在国安全局势未能参加此次培训。

11 月 23 日，来自阿盟能源部、埃及、阿曼、沙特阿拉伯、也门的 18 名来宾陆续抵达济南，11 月 25 日举行开班典礼，随后至 11 月 28 日开展各项活动，11 月 28 日举办结业典礼，11 月 29 日各国来宾自济南返程，如图 10-6 和图 10-7 所示。

图 10-6　学校副校长王立新　　　图 10-7　泛在电力物联网专
与第二期学员座谈　　　　　　　题讲座现场

3. 案例获奖情况

参加两期培训班的学员均为当地政府能源部门或电力公司的青壮年员工，且在各自单位具有一定的话语权，未来能够对当地电力发展及与中国电力领域的合作产生一定影响。从与学员的分享交流和留言情况来看，培训取得了令人满意的培训效果，实现了学员对我国及公司在电力领域发展成就的充分认可。其中，埃及及阿曼学员均表达了将向本国电力公司优先推荐公司合作项目的强烈意愿。

二、主要过程

　通过交流，了解阿盟国家能源发展、中阿电力合作项目及电力培训需求

为进一步了解阿盟国家清洁能源发展及中阿电力合作项目情况，促进中阿在清洁能源及电力领域其他的后续合作，服务国家"一带一路"及公司国际化发展战略，培训期间项目组向参培学员发放了调研问卷，同时与学员进行了深入的沟通交流，现将相关情况汇报如下：

1. 阿盟国家清洁能源发展情况

阿盟国家目前的主要发电形式是燃气轮机发电，未来清洁能源发展的重点是太阳能，其次是风电。在清洁能源发电方面，埃及清洁能源发展较快，国家颁布了可再生能源法，制定了明确的清洁能源发展规划，且有相应的组织管理机构（新能源与再生能源局、公用电力企业和消费者保护监管局、可再生能源和能源效率区域中心）。目前埃及清洁能源装机占比为 10%，如图 10-8 所示，计划到 2022 年和 2035 年分别提高到 20% 和 40%；阿联酋、沙特、阿曼的清洁能源发电处于起步阶段，但是政府鼓励力度较大。阿联酋制定了 2050 能源战略，目标是到 2050 年实现 50% 的能源供应来自清洁能源，2019 年 4 月，该国努尔阿布扎比太阳能光伏电站正式投入商业运营，是目前全球装机容量最大的太阳能独立发电地面电站。沙特政府制定并发布了《国家转型计划》，大力发展清洁能源，力争 2020 年实现清洁能源电力装机占比 4% 的目标。阿曼目前在建 500MW 光伏项目，计划 2030 年装机占比达到 20%。也门、科摩罗由于国内经济形势不好，目前尚未开展清洁能源发电的建设。

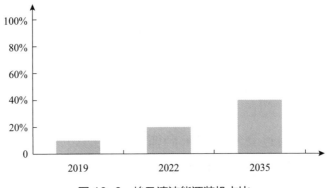

图 10-8　埃及清洁能源装机占比

　　总体来说，阿盟国家因独特的石油及天然气资源禀赋，清洁能源发展较慢，相关发展规模及发展速度均落后于世界其他国家，且各国发展差异化较大。但随着世界各国对清洁能源发展认识的不断深入，近年来，该地区国家充分意识到清洁能源发展的重要意义，加大了对清洁能源的开发及利用力度，未来太阳能光伏发电、光热发电将是该地区清洁能源发展的重要方向。此外，目前阿盟国家在发展清洁能源方面存在的主要问题包括：清洁能源发电的安装和运行维护成本太高；清洁能源发电的电力难以有效存储；清洁能源并网带来的电网不稳定，较低的公众意识和员工缺乏相关的经验和技术技能也制约着清洁能源的发展。

2. 中阿电力合作项目情况

伴随着国家"一带一路"倡议和公司国际化战略的不断推进，阿盟国家与我国在电力领域的合作逐渐增多，目前较大的电力合作项目主要有：

（1）埃及 EETC500kV Ⅰ 期输电线路项目。该项目工程范围包括新建位于巴西马特格罗索州卡纳拉纳的 230kV 变电站 1 座，扩建位于巴西马特格罗索州的帕拉纳伊塔站、克劳迪亚站、帕拉纳廷加站、黑贝隆站 500kV 变电站 4 座，合同金额为 7.6 亿美元，目前正在执行合同。

（2）沙特—埃及 ±500kV 直流联网换流站项目。

该项目包含 3 个换流站，分别为位于埃及境内的班达尔 ±500kV 换流站，位于沙特境内的塔布克 ±500kV 换流站和麦地那 ±500kV 换流站，其中班达尔换流站和麦地那换流站换流容量为 3000MW，塔布克换流站换流容量为 1500MW，工程总造价预计 10 亿美元，该标包总工期 52 个月，目前正在竞标。

（3）阿曼国家电网公司股权收购。该项目为阿曼国家电网公司 49% 股权收购，2019 年 12 月 5 日，国家电网有限公司中标该项目。

（二）　未来培训工作重点

1. 继续深化清洁能源相关培训

大力发展清洁能源已成为各国共识，阿盟国家近年来发展意愿同样强烈，但在清洁能源并网、存储、调度等方面，该地区国家经验欠缺，技术手段有限，收集的 20 份调研问卷中，接近 60% 的问卷中都提到了上述清洁能源发展的瓶颈问题，相关技术交流及培训的需求旺盛。

2. 全面开展智能电网及泛在电力物联网相关培训

培训项目实施中，90% 的学员表达了对智能电网、泛在电力物联网等电网前沿技术、发展趋势的强烈兴趣。在未来培训项目需求方面，

85%的调研问卷推荐了智能电网、泛在电力物联网的相关课程，这也说明了公司在电力领域的发展成就得到了参培学员的高度认可。

3. 超前做好输变电运维、换流站运维的储备培训项目

从中阿电力合作项目的发展来看，输电线路、变电站、换流站占到较大比例，伴随着中阿未来电力合作交流的良好态势，相关潜在培训市场较为广阔，有必要超前做好输变电运维、换流站运维等国际化培训项目的储备工作。

（三）　针对学员情况，合理安排课程

针对两期培训班的学员均为当地政府能源部门或电力公司的青壮年员工，且在各自单位具有一定的话语权，能够对当地电力发展及与中国电力领域的合作产生一定影响的特点，在课程安排上避免了过多技术技能的具体阐述，而以电力先进技术及装备的整体介绍、应用情况、应用意义、发展趋势为主，辅之以先进的、大型的生产现场及科研院所参观，实现技术技能和文化的双重输出，增强我方在技术领域及意识形态方面的影响力。

（四）　内容丰富，形式多样，重在分享交流

培训内容既安排了泛在电力物联网、清洁能源并网、智能变电站、特高压等前沿技术的讲解，又安排了儒家文化、电工电气、电科院等形式多样的参观交流活动，课程安排较为合理，取得了令人满意的培训效果。

三、案例创新点

（1）依托"中国—阿盟合作平台"，注重文化结缘和互通互鉴，在阿盟能源部及阿盟驻华代表处的支持下，在2019年7月和11月于济南

成功举办两期智能电网培训项目。

（2）合理安排课程内容，避免过多技术技能的具体阐述，而应以电力先进技术及装备的整体介绍、应用情况、应用意义、发展趋势为主，辅之以先进的、大型的生产现场及科研院所参观，在较短的时间内实现了技术技能和文化的双重输出。

（3）培训期间项目组通过向参培学员发放调研问卷，同时与学员进行深入的沟通交流，深入了解了阿盟国家的能源发展情况和中阿电力合作项目情况，以及阿盟国家未来的培训需求，为今后与阿盟的深度合作打下了基础，指明了方向。

（4）培训形式多样，通过专题讲座、实地参观、演示观摩等活动向阿盟国家来宾彰显了我国作为全球清洁能源第一大国参与全球能源治理的实力与自信。

四、案例的推广应用情况及实际效果

山东电力高等专科学校在多期国际化培训交流项目举办的基础上，固化经验，用心准备，以技术交流和人文交流为主要抓手，侧重传播以泛在电力物联网为核心的能源互联网理念，活动内容含公司核心技术、工程实践以及我国传统文化，各项工作平稳有序，圆满完成了各项工作任务，取得了良好效果，对于中阿清洁能源电力人才的民心相通起到了积极的推动作用。

（一） 彰显了我国参与全球能源治理的实力与自信

智能电网培训项目通过专题讲座、实地参观、演示观摩等活动向阿盟国家来宾彰显了我国作为全球清洁能源第一大国参与全球能源治理的实力与自信，正如第一期学员、阿联酋阿布扎比能源局能源高级专员阿卡巴尔所说，"这个培训向我们展示了为什么中国能够引领世界智能电网和自动化领域。"

在培训班举办期间，学员们在了解到我国清洁能源发展成就之后所表现出的触动和态度转变，也从侧面印证了其对于我国清洁能源、智能电网发展成就的认可。从分享交流和留言情况来看，各国来宾对公司留下了美好而深刻的印象，达到了项目的预期目标和效果。第二期学员、也门公共电力部工程师格里曼表示，现在也门正处于战乱之中，但人们都想要和平与发展，他非常荣幸能有这样一个机会来参加培训，学习我国先进的技术，希望今后能进一步加强合作交流。第二期学员阿曼玛尊电力公司运行部门专家阿尔阿莱米在留言中写道："这是我参加过的最重要的项目。我建议阿曼和中国在以下领域开展合作，一是培训课程，包括清洁能源、智能变电站运行规程、配电网自动化；二是中国生产的重要电力设备，包括变压器、智能配电设备、清洁能源产品等。"随着项目的举办，作为主办部门的阿盟能源部，对于项目表现出了越来越多的关注和更加积极的回应，配合力度和参与程度不断增强，选送学员从首期的 8 人增加至第二期的 18 人，并向我方发出了参加 2020 年 4 月在吉布提举办的以"创新服务阿拉伯世界的可再生能源发展"为主题的2020 年阿拉伯国家可再生能源论坛的邀请。

（二）　展示了公司在清洁能源发展领域的技术与底蕴

作为全球接入清洁能源规模最大的电网，公司在电网建设、调度运行、市场交易、技术创新等多个方面大力促进新能源消纳，拥有着先进的技术和深厚的底蕴，在第一期培训班的《大规模清洁能源接入管理》课程中，主讲嘉宾、国调中心副总工程师裴哲义与来宾们共同分享了清洁能源并网控制技术，让来宾们大开眼界，不断询问着公司的运营经验。

正如第二期学员、沙特能源部气候变化专家阿尔莫阿里米在留言中所说："参观的实训设施和设备非常好和有用。我见到了以前从未见过的设备，非常先进的技术"，公司的综合实力得到了阿拉伯国家学员们的肯定，提升了学员们对中国技术的接受程度。第二期学员、埃及国家能源控制中心计算机专家沙希尔表示："我认为本次培训非常棒，组织井然有序，安排合理，服务人员很耐心。目前贵公司和 ABB、通用、西门子等公司正在竞争位于开罗的埃及国家能源调度中心竞标，我会向我们的领导推荐贵公司。"

（三）　体现了学校服务国际能源合作的作用和价值

　　智能培训项目的圆满举办，锻炼了学校国际化管理、师资和服务团队的综合能力，学校在国际能源合作中发挥的技术与人文交流作用不断展现。作为学校承办的首个面向阿拉伯地区的培训项目，学校认真开展国别与民情研究，邀请阿拉伯事务专家举办阿拉伯通识讲座，在授课上做到紧跟政策、聚焦前沿，在管理上做到严谨细致、专业专注，在后勤上做到严守纪律、适度接待，与各国学员频繁互动，用真心换真情，培训效果得到了阿盟能源部的高度认可。参与第二期培训班的阿盟能源部二等秘书贝尔胡特主动提出，希望 2020 年智能电网培训项目在阿盟地区举办，表示阿盟已经选取了埃及、摩洛哥和苏丹作为候选举办国，体现出很大的诚意。阿曼输电公司调控中心高级工程师阿尔贾达尼则在留言中写道："我想感谢学校各项事务的安排，感谢与我们分享如此有价值的课程。我对你们在大数据分析、控制自动化、物联网和智能电网平台等领域的创新想法特别感兴趣。也希望这次合作在阿曼和中国能源部门之间是一个好的开端。希望这次合作是打开阿曼和中国能源发展贸易市场的开端。"

第五篇 创新发展是动力

第十一章

管理创新，推动职业教育可持续发展

> "
>
> 抓创新就是抓发展，谋创新就是谋未来。不创新就要落后，创新慢了也要落后。
>
> ——习近平
>
> "

新时代的发展中，大众行业追求创新、各个领域致力革新，职业教育也不例外。特别是 2020 年疫情之后，职业教育在新形势之后如何突破创新，不仅仅要借助新技术，更重要的是管理思想和模式的创新。创新发展是新时期职业教育管理健康发展的根本要求，只有把握好职业教育管理创新的正确方向，提高职业教育管理质量，才能真正实现职业教育管理模式的健康与完善。

职业教育的管理创新，在很大程度上取决于办学主体的决策与管理，决策上的与时俱进，管理上的不断创新，永远是职业教育沿着正确道路进化与发展的根本保障。

本章共有五个案例，分别从 SGTC—TED 学术交流活动、《电子技术及实训》混合式教学模式改革与实践、指尖上的学习社区、铁的纪律铺就学员学生成长成才之路、"网格"育人筑牢本质安全防线五个方面阐释了职业教育管理创新问题。其中，《电子技术及实训》混合式教学模式改革与实践、"网格"育人筑牢本质安全防线两个案例位于二维码中。

搭建学术交流平台　创新开展
"SGTC-TED"学术交流活动

□ 王仕韬

为加快推进国际一流企业大学建设，充分发挥山东电力高等专科学校 20 支科研创新团队的创新引领作用，营造高效、开放、协作的科研氛围，在全院范围内，通过借鉴 TED 的形式，策划、组织和开展了以"创新·赢未来"为主题的"SGTC-TED 学术交流活动"。7 月 15 日～8 月 26 日期间，每周三下午的 16：00～17：30 在图书馆三楼组织实施了第一阶段"SGTC-TED 学术交流活动"，共 7 次。现将活动的组织情况及活动效果总结如下。

一、实施背景

当前，国家电网有限公司正在加快建设具有中国特色国际领先的能源互联网企业。从落实能源安全新战略来看，要求我们把科技作为第一动力，在增强我国能源电力领域科技实力中发挥"大国重器"作用；从推进公司战略看，要实现"国际领先"，"核心技术领先"是重中之重，公司比以往任何时候都需要科技创新的引领和支撑。山东电力高等专科学校要主动对接公司战略目标，以更大的决心、更实的措施扎实推进科技创新。

山东电力高等专科学校具有做好科技创新工作的基础和条件。一方面国家电网有限公司全面加大科技创新工作力度，科研投入再创新高，同时全面推进"放管服"改革，为有效激发创新创造的积极性提供了良好的环境。另一方面我们与国家电网有限公司主要科研单位、装备制造单位、部分先进省级电力公司签订了战略合作协议，为合作开展科技创新提供了广阔舞台。山东电力高等专科学校拥有高素质人才队伍，只要坚定信心、奋发作为，科技创新工作一定能够达到新的高度，为国家电网有限公司实现"国际领先"贡献自己的力量。

二、主要目标

山东电力高等专科学校组建了 20 个学校科研创新团队，进一步明确了科技创新工作的定位与研发方向，研究领域范围覆盖了学校全部核心业务。学校为科技创新团队提供了经费保证和政策支持，各科技创新团队积极开展工作，取得了明显成效。

积极创造条件，鼓励团队之间开展深度交流，真正使学校成为"人才成长的赋能引擎、业务创新的链接中台、知识传播的智库阵地"，这是举办 SGTC-TED 学术交流活动的"初心"和目标。

三、实施过程

（一） 活动组织过程

"SGTC-TED"活动自 5 月开始筹备，经历了前期的主题策划征集和充分的演讲准备，活动得以顺利开展。

1. 主题策划征集

教务管理中心明确了交流方案，发布了征集通知。各团队准备交流内容，确定主讲人，在 6 月底报送到了教务管理中心。教务管理中心组织审定了 20 个主题，并发布了活动计划。20 个主题中，13 个主题是关于电力前沿技术的，涉及电力系统的发输变配用的各个环节；3 个主题是关于网络学习方面的，包括知识管理、网络课程建设、企业文化建设，是核心业务所在；2 个专题是关于生产安全的，从培训实际出发，保障安全生产；2 个主题是关于心理健康的，提供了心理疏导的有效方法。

2. 活动准备

主题确定后，各团队充分吸收借鉴 TED 演讲的形式和技巧，内部演练，持续优化。同时，教务管理中心确定了"创新·赢未来"的宣传主题，设计和搭建了讲台。网络大学运管中心提供了图书馆三楼大厅整洁愉悦的环境开展活动；数字媒体处的直播团队全程跟踪拍摄活动，提供了数字直播服务。

3. 活动开展

7 月 15 日在图书馆三楼举行了活动启动仪式，活动正式开展。每周三下午的时间，各个团队的主讲人到台前分享最新技术前沿专题，并现场与领导和老师进行交流。活动得到了学校领导重视，并亲临现场指导。刘云厚校长参加了活动的启动仪式，并发表了现场讲话，对活动提出了要求。活动过程中，丛阳书记参加了第六次活动，并发表了现场讲话。李勤道副校长也参加了第三次活动。王立新副校长全程参与了活动，从活动的策划组织、场地布置、交流安排、反馈评价的各个方面都给予了详细的指导。

（二） 活动交流情况

除了到现场观摩的人员外，校内的专业人员还通过观看网络直播的方式参与到活动交流之中，有些部门在会议室进行了线上集中观摩学习。通过电子邮件和随机发放调查问卷的方式，获得了对活动的反馈评价。

参加现场活动的人员每期在 50 人左右。除各团队成员外，教务管理中心负责人、各团队所在部门负责人、科技管理处工作人员也参加了现场观摩交流。学术交流活动分为主题分享和交流互动两个环节进行。

交流互动过程中，参加现场活动的学校领导、部门负责人和团队骨干人员都提出了深度问题，与分享人进行了专业探讨。演讲者也讲述了在团队的组建和组织过程中的经历，介绍了新技术的应用和优势，与大家交流。

通过电子邮件、现场调查问卷的方式，随机抽取现场观众对活动交流的效果进行反馈。根据反馈情况，每场三位主讲人中分数最高一位为"优秀"，其余为"良好"。

四、主要成果与成效

活动是推动学术交流与合作，提升学校核心竞争力，形成"众创、众智"的科技创新氛围的一次重要尝试。学术交流活动基本达到院领导"新、准、实"的要求。通过开展这次活动，取得了以下四个方面的积极效果：

1. 促进了对前沿技术的跟踪

科技发展的前沿变化迅速，需要长期跟踪学习，不断总结。通过前期开展的学术交流活动，提高了团队的学术敏锐度。

2. 促进了项目课题开发

通过开展专业科技前沿讲座，及时总结讨论，分享交流了各个专业方向的科研专长，提升了相关领域课题的关注度，推进了项目课题开发。

3. 发挥了团队的引领作用

开展科技前沿综述讲座，充分发挥了团队的集体作战能力，锻炼了团队专题开发和呈现能力。

4. 营造了良好的学术氛围

每周一次开设的专业学术讲座和研讨，相关专业教师踊跃参与分享交流，带动了青年教师的积极性，形成了良好的学术氛围。

《电子技术及实训》混合式教学模式改革与实践

□ 赵笑笑

2020 年注定是不平凡的一年，在疫情背景下的停课不停教、不停学，各高校都陆续给出了在线授课的方案。教师如何在新形势下进行"混合式教学设计与实践"，如何准备和选择在线教学相关的资源、平台、工具，如何组织线上的"混合式教学"，对于教师来说都是一个挑战。为了更好地打赢这场战役，做到停课不停教，课程组探讨了疫情背景下的混合式教学设计与实践，主要解决混合式教学中的四个要素：教学资源、教学平台、教学工具、教学模式，做到四位一体的混合式教学。

面对突如其来的疫情，作为教师，我们一刻不敢放松。虽然我们不能冲在防疫的第一线，但我们可以守护好这份育人的职业。接到延期开学的通知，但疫情防控期间我们的教学不能停，于是我们利用各种平台和教育信息化手段和形式进行网络教研，虽然不能面对面交流，但是也可以主要围绕如何进行线上教学、学生学习环境现状、如何进行教学设计等问题进行讨论。

更多精彩内容
请扫码阅读

第五篇 创新发展是 **动力**

指尖上的学习社区

——智慧学习驱动班组长综合素质持续提升

□ 倪慧君　赵义术　苏庆民

一、案例背景

（一）全面提升公司基层班组长的综合素质是公司推进发展战略的本质需求

建设具有中国特色国际领先的能源互联网企业是国家电网有限公司的战略目标，是习近平新时代中国特色社会主义思想在公司契合企情、网情、国情的生动实践。加强公司人才梯队建设，提高队伍整体素质，是确保公司战略目标稳步落地重要的人才举措。班组长是公司最基层的管理人员，所谓"兵头将尾"，是"千条线"下面的那根"针"。班组长的能力素质很大程度上直接影响着公司战略的落地能力和执行力，重视班组长培养就是抓住了基层员工队伍建设的"牛鼻子"。

（二）突破班组长培养遇到的瓶颈

1. 突破班组长队伍建设需求与传统解决方案之间的错位

全面提升公司 9 万余名班组长的管理素质能力并缓解工学矛盾，从根本上实现学习、知识资源与工作场景、流程紧密融合，形成"即学即用"与"即用即学"的模式。

2. 突破成人学习的遗忘曲线困境

针对成人记忆力下降的现实，能够快速找到相关的专家或社区群体协助解决问题。

3. 突破传统班组长培养目标分散、脱离实际问题

聚焦价值创造的生命周期，建立"以终为始"的能力提升新模式。

（三） 主要目标与成果

1. 主要目标

通过校企共教，为在职者提供线上线下相融合的智慧学习生态社区，该社区为班组长提供了知识资源与工作场景、流程紧密融合的在线学习社区，实现"即学即用"与"即用即学"的效果。

2. 主要成果

（1）为公司提供了近万人的高素质班组长。

（2）输出了标准化488名省公司培养师。

（3）开发了智慧学习生态社区微信公众平台，内嵌知识服务区、工作辅助区、互动社区"三区合一"的在线指导。

二、实施过程

（一） 整体设计

1. 聚焦价值创造的培养目标的设定

基于公司绩效目标与工作职责，采用与公司典型业务与岗位的班组长座谈以及在线互动方式，提炼在工作中真正创造工作成效的知识点与技能项。

2. 基于生态圈"以终为始"的培养内容开发

（1）依据培养对员工职业生涯发展的影响效果，将培养受众分为新任班组长、胜任班组长和优秀班组长。反复沟通、深入明确培养重点，形成涵盖"管理基础拓展、管理能力提升、管理实践分享"三个模块的培养内容。每个模块中的培养重点内容形成梯队。由此为后续的全生命周期培养嵌入内生自发动力。

（2）基于梯队的培养，开发生态圈"以终为始"的培养项目梯队。表现为：每个班组长的全生命周期的培养，以及与班组长有关的工作生态圈中相关人员的能力提升培养。

3. 三阶段推进线上线下融合的智慧学习培养设计

每个受训员工都必须处理好自身的学习场域与工作场域。这二者本身就是一个生态圈，学习能解决的是知识的取得，而工作需要解决的是任务执行的问题，即知识的应用。

（1）开发三阶段培养模式。

第一阶段：网络课程。倡导全员自主学习，提升自我学习、自我解决问题能力。

第二阶段：集中培养。采用案例教学、集中辅导、互相交流等进一步改善培养效果。

第三阶段：工作现场培养。研究课题的跟进与在岗公司主管的反馈。

（2）"国网青年说"公众平台的资源推进与互动。

三方面的信息随时共享，并不断跟进培养质量。

4. 开发知识服务区、工作辅助区、工作互动区"三区合一"的智慧学习生态圈，实现问题解决、知识服务、工作辅助的实时互动社区

（1）对拟解决问题，实现由专家或社区群体协助解决问题的通力合作。

（2）按需找到相关知识来服务工作中所碰到问题的知识服务。

（3）在工作过程中针对不同的场景或流程，提供有关知识，即时解决所碰到问题——工作辅助的生态学习系统。

（二）　培养案例实施

1.　学情介绍

（1）新任班组长，任职时间不足 2 年的班组长，基本特征是年轻、高学历、积极性高。最大挑战是角色变换——从被管理者到管理者。培养重点：角色认知、管理基础知识、班组标准化建设。

（2）胜任班组长，任职 2 年以上的成熟班组长，基本特征是爱岗敬业、班组管理工作绩效良好、获得上下级广泛的认同。最大挑战：找准发展的方向。培养重点：专业技能和管理能力双提升。

（3）优秀班组长，任职 3 年以上的胜任班组长中的佼佼者，基本特征是管理能力出众，班组管理绩效卓越。最大挑战：如何成为更高级别的优秀管理者。培养重点：领导力与教练力。

2.　培养师资标准化运作

（1）示范性优秀班组长的培养。每门课程均设两名培养师构成培养师组，一名主讲，一名助讲。确保培养周期的全过程中培养师资都可以在线解答。

（2）标准化 488 名省公司培养师的项目培养。优选省公司的培养师资队伍，通过对培养方案的解读和交流、课件的制作和现场面授以及后期跟踪辅导等互动环节，实现培养的一体化运作。

3.　三阶培养模式运用

围绕着"人"的教育培养与应用型塑造来展开，采用三阶培养模式。一是"培养＋训练"的培养主导形式，发生在培养的第二阶段。依托课程内容，设计实训项目完成培养，大师工作室成为职业能力延展场。二是"岗位＋研创"的企业主导型，发生在项目第三阶段，回到工作岗位上的培养模式，主体是企业的师傅与专家大师。三是"学习＋

在线辅导"的智慧学习生态型，发生在整个生命周期，尤其在工作实践中，这一模式尤为持久。

集中培养课堂形式进一步采用四步法设计分层次导入。第一步以"疯狂猜图""看图说话"等为切入点，激发班组长对于培养的内在需求；第二步以案说法，即"带来问题、带来经验，带回思路、带回方法、带回案例"，带领班组长一起分析问题，发现自身薄弱；第三步进入迷宫探索——理论解读；第四步进入大家都来说的"竞"技场。

4. 互动生态圈的运作

依托"国网青年说"，嵌入三个模块（三区）：

（1）知识服务区。即社区群体知识体系，涉及《不忘初心 牢记使命》《岗位知识荟萃》《前沿追踪》等。

（2）工作辅助区。提供岗位情景知识导图，实现在工作过程中对应不同的场景或流程，提供有关知识，即时解决所碰到的问题。

（3）互动社区。根据不同的需求，会有不同的专家或社区群体协助解决问题。

5. 生态多元评价

学员学生在知识和技能建构过程活动中，对表现出来的能力的评价不是单一维度的数值能够反映的，而是多维度、综合能力的体现。三阶培养模式采用综合评价方式：网络培养实行学分制。达标学分120分，其中：必修课程13门，达标学分为85学分；选修课程达标学分35学分，班组长可结合个人实际从20门选修课程中选择6~9门课程。集中培养采用在线考试方式，方式内容涉及案例分析与小组在线合作模式。工作现场采用智慧学习生态圈下载量、浏览量及互动数量等进行综合加权考核。

三、教学实施成效

（一）　为公司培养了大批优秀的订单式的班组长队伍

为国家电网有限公司提供了9万余名具有强大履职能力和综合管理素质的班组长。更为重要的是输送了488名培养师团队，为后期的培养工作提供了强有力的师资支撑。

（二）　真正实现了全面聚焦于公司价值创造

首先，通过"解决带来问题、共享带来经验，并将思路、方法、案例带回"的模式，实现对国家电网有限公司一线生产的价值创造。其次，培养采用"以终为始"的学习生态圈模式，一方面通过知识服务区—工作辅助区—工作互动区"三区合一"的学习生态圈的支撑，全面实现全生命周期的服务于一线班组长的工作与成长需求。另一方面，通过学习生态圈的互动实现全产业链的培养服务。

（三）　打造智慧学习的"三区合一"的生态圈，实现学习场域与工作场域的无缝对接

（四）　依托于智慧学习生态圈的互动社区与大数据平台，实现服务于公司发展战略需求的敏捷培养响应模式

在互联网的时代、在O2O的时代，商业环境瞬息万变，企业必须快速适应变化。依托于智慧学习生态圈，实现两个层次的"敏捷"：第一层，在学习生态平台中"即知即行"的工作辅助体系实现培养结果敏捷；第二层，在学习生态平台中"互动"的专家辅助体系实现时间敏捷，快速提升工作成效。

铁的纪律铺就学员学生成长成才之路

——建立从学员学生入院到结业（毕业）全流程"准军事化"管理工作机制

□ 刘　峰

为落实立德树人根本任务、践行国家电网有限公司优秀企业文化、提升本质安全管理水平，山东电力高等专科学校建立从学员学生入院到结业（毕业）全流程"准军事化"管理工作机制，通过入学教育工作实践、行为举止养成实践、安全风险管控实践、校区对标管理实践和就业指导教育实践，全面落实"打造铁的纪律"理念，进而将铁的纪律转化为学员学生的思想自觉和行动自觉，努力打造一支又红又专、德才兼备、全面发展的中国特色社会主义合格建设者和可靠接班人队伍。

一、实施背景

（一）以铁的纪律教育引导学员学生是学校落实立德树人根本任务的重要举措

中华民族伟大复兴的中国梦急需有理想、有本领、有担当的青年一代勇于接过历史的接力棒来完成自己的历史使命。学员学生作为担当民族复兴大任的青年一代，必将大有可为，也必将大有作为。坚持"准军事化"管理，以铁的纪律教育引导学员学生，就是山东电力高等专科学校坚持以习近平新时代中国特色社会主义思想为指导，全面贯彻党的教育方针，落实立德树人根本任务，用社会主义核心价值观引领知识教育和道德建设，引导学员学生勤学、修德、明辨、笃实，努力打造学员学生人人都能成才、人人皆可出彩的生动局面，为实现中华民族伟大复兴的中国梦提供强大的智力支持和人才支撑。

（二）以铁的纪律教育引导学员学生是学校践行公司优秀企业文化的重要实践

山东电力高等专科学校作为国家电网有限公司直属的运营保障单位，秉承国家电网有限公司优秀企业文化。国家电网有限公司建设具有中国特色国际领先的能源互联网企业，离不开一代又一代的新生力量继续坚定铁的信念、承负铁的担当、严守铁的纪律，努力践行"人民电业为人民"的企业宗旨和"努力超越、追求卓越"的企业精神。坚持"准军事化"管理，以铁的纪律教育引导学员学生，就是学校践行国家电网有限公司优秀企业文化，引导学员学生始终保持强烈的事业心、责任感，敢为人先、勇当排头，在理想信念、价值取向、知识学习、意志品质、思维能力、创新精神、社会实践和使命担当方面不断超越过去、超越他人、超越自我。

（三）以铁的纪律教育引导学员学生是学校提升本质安全管理水平的重要内容

学员学生安全是学校管理永恒的话题，因为学员学生安全不仅关乎学员学生个人，还影响着家庭、送培单位、学校甚至全社会的安全稳定。全力确保学员学生安全是学校健康稳定运营的"红线"，学员学生安全责任事故是学校绝不可以跨入的"禁区"。一旦触碰"红线"、跨入"禁区"，轻则对学校造成一定程度的消极负面影响，重则影响学校的生存与发展。坚持"准军事化"管理，以铁的纪律教育引导学员学生，就是学校坚持"生命至上"，强化"以学员学生为本"的本质安全管理理念，通过安全风险管控和安全隐患治理，不断筑牢安全工作防线，持续提高本质安全水平，全力确保学员学生安全稳定。

二、主要目标

以习近平新时代中国特色社会主义思想为指导，全面贯彻党的教育方针，深入落实立德树人根本任务，深度挖掘学员学生工作职能，通过强化基础、突出重点、精准发力，建立从学员学生入院到结业（毕业）全流程"准军事化"管理工作机制，教育引导学员学生做到思想认识旗帜鲜明、方向正确，规矩意识严明严守、常做表率，安全理念常驻心中、时刻警醒，学习执行不折不扣、精益求精，社会责任主动响应、积极履行，努力成长为又红又专、德才兼备、全面发展的中国特色社会主义合格建设者和可靠接班人。

三、实施过程

（一）围绕铁的纪律育人理念，开展入学教育工作实践

入学教育是学校人才培养的第一课。上好第一课，能够教育引导学员学生认真遵守学校制度，科学规划学校生活，更好更快地实现成长成才。

（1）开展安全教育。扎实落实"预防为主"工作方针，在学员学生入院之初开展安全教育第一课，深入宣贯学校安全管理制度，培育学员学生安全风险意识、遵章作业意识和自我保护意识。

（2）开展制度宣贯。按年度滚动修编《学员手册》和《学生手册》，在学员学生中弘扬合规管理精神，强化学员学生管理制度执行的严肃性和权威性。

（3）开展军事训练。围绕立德树人根本任务和强军目标根本要求，抓好教官选派，落实岗前培训，强化过程管控，教育引导学员学生努力

克服困难，勇于挑战自我，强化国防意识，磨炼意志品质，不断培养严明的组织纪律性和团结进取的奋斗精神。

（二）落实立德树人根本任务，开展行为举止养成实践

学员学生的行为举止不仅反映学员学生个人的外在表现和内在品质，更直接反映出学校在落实立德树人根本任务，培育和践行社会主义核心价值观方面的工作成效和质量。2018 年，山东电力高等专科学校全面贯彻党的教育方针，根据《公民道德建设实施纲要》《高等学校学生行为准则》等文件精神，研究制定了《学员学生行为举止与文明礼仪规范》，在理想信念、道德品行、安全生产、学习创新、公众场所、仪容仪表、社交礼仪、会议活动、餐厅就餐、网络行为 10 个方面对学员学生日常行为举止进行标准化和规范化教育管理，在深入开展文明校园创建，为学员学生成长成才营造好气候、创造好生态的同时，对学员学生日常行为举止提出明确要求，在潜移默化中引导学员学生牢固树立正确的世界观、人生观、价值观，促进学员学生全面健康发展。

（三）深化安全工作责任体系，开展安全风险管控实践

在所有影响安全的因素中，最大、最不可控的因素就是人的安全，在学校层面就是学员学生的安全。校园安全具有群体性、分散性、突发性、流动性的特点和规律，解决校园安全问题和短板，必须下大工夫强基础、抓重点、补短板。

（1）常态开展学员学生工作持续安全创建活动。以学员学生思想引领为主线，严格按照国家法律法规和学校制度开展学员学生管理工作，确保活动年度内不发生学员学生严重违纪事件，学员学生人身伤亡责任事件，影响公司、学校声誉的舆情事件，以及学员学生突发事件、安全事件迟报、漏报、瞒报情况。

（2）创新开展学员学生教室和公寓安全责任区建设。在学员学生教室和公寓建立安全责任区制度，明确安全责任人，建立安全管理职责，

建立考核标准，大力营造"人人讲安全、人人管安全、人人抓安全"的安全工作氛围。

（四） 聚焦学管工作主营主业，开展校区对标管理实践

对标管理是指通过树立标杆主体，其他主体从各个方面与标杆主体进行比较、分析、判断，以学习标杆主体的先进经验来改善自身的不足，进而赶超标杆主体，努力创造一流业绩。2016年以来，山东电力高等专科学校实行校区对标工作制度，其中，学员学生对标指标体系设置学员学生早操出勤率、学员学生晚自习出勤率、学员学生违规违纪情况、学员学生教室标准化管理执行率、学员学生公寓标准化管理执行率、学管人员早操出勤率、学管人员夜间值班情况7个指标，其中涉及学员学生的考核指标对学员学生意志品质和进取精神的锤炼培养具有重要的推动作用。通过辅导员长时期坚持不懈地教育引导，学员学生明显展现出作为电专人的自觉担当和主动作为，学员学生可以在整个学制期间从严落实学校"准军事化"管理要求，在遵章守纪、个人卫生等方面始终坚持做到标准化、流程化。

（五） 围绕就业工作目标任务，开展就业指导教育实践

就业是最大的民生。近年来，受毕业生规模、经济下行压力等多种因素影响，尤其是2020年新冠肺炎疫情因素的叠加影响，学校毕业生就业形势复杂严峻。在此背景下，山东电力高等专科学校认真落实党中央、国务院和地方就业主管部门决策部署，进一步提高政治站位，切实增强责任感、使命感和紧迫感，细化就业工作安排，精心组织就业活动，为统筹推进新冠肺炎疫情防控和经济社会发展作出了应有贡献。尤其在就业指导过程中，学校在为毕业生做好形势政策教育的基础上，下大力气沟通就业单位，邀请就业单位招聘人员实地参观毕业生教室、公寓、食堂等重点场所，重点宣介毕业生在遵章守纪、行为举止、专业学习等方面的日常表现和综合能力，以及往年各重点就业单位对学校毕业

生满意度调查情况，用"准军事化"管理实践助推毕业生就业工作。

四、实际成效及推广价值

（一）　学员学生将铁的纪律转化为思想自觉和行动自觉

　　学员来院参加培训前，在各送培单位已经实际工作一段时间，普遍适应国家电网有限公司优秀企业文化，通过参加培训以达到进一步适应工作岗位、投身具有中国特色国际领先的能源互联网企业建设的目的。学生入院前，身份为高中毕业生（参加高考录取为普通专科学生）和初中毕业生（参加中考录取为五年一贯制专科学生），对学校生活的普遍憧憬为"开放"和"自由"，进入学校后发现与憧憬并不一致，存在一定程度的落差，但经过一段时间的校内学习和生活后，逐步改观对"准军事化"管理模式的认识，并将其转化为思想自觉和行动自觉。为进一步证明此项工作实际成效及推广价值，设计了包括5道简易问题的调查问卷，并随机抽样1097名不同年级、不同专业学生进行匿名答卷。统计结果如下：

1. 作为新生报到前对大学生活的认识

　　题目设计两个选项分别为：A. 开放和自由；B. "准军事化"管理。其中，选择 A 选项的学生有 842 人、占 76.75%，选择 B 选项的学生有255 人、占 23.25%，如图 11–1 所示。结果反映出新生在入学报到前对大学生活的普遍认识为开放和自由。

图 11–1　作为新生报到前对大学生活的认识

2. 作为新生刚报到时对"准军事化"管理模式的接受程度

题目设计三个选项分别为：A. 接受；B. 基本接受；C. 不接受。其中，选择 A 选项的学生有 313 人、占 28.53%，选择 B 选项的学生有 459 人、占 41.84%，选择 C 选项的学生有 325 人、占 29.63%，如图 11-2 所示。结果反映出有近 1/3/ 的学生在入院之初，还无法正确理解通过"准军事化"管理模式促进学生快速成长成才的初衷。

图 11-2　作为新生刚报到时对"准军事化"
管理模式的接受程度

3. 经过一段时间的学习和生活后对"准军事化"管理模式的接受程度

题目设计三个选项分别为：A. 接受；B. 基本接受；C. 不接受。其中，选择 A 选项的学生有 379 人、占 34.55%，选择 B 选项的学生有 464 人、占 42.30%，选择 C 选项的学生有 254 人、占 23.15%，如图 11-3 所示。结果反映出有相当一部分学生在入院一段时间后，逐步了解通过"准军事化"管理模式促进学生快速成长成才的初衷，从"不接受"逐步转变为"基本接受"直至"接受"。

图 11-3　经过一段时间的学习和生活后对"准军事化"
管理模式的接受程度

4. "准军事化"管理模式对学生个人成长成才的影响程度

题目设计三个选项分别为：A. 有较大影响；B. 有一定影响；C. 无影响。其中，选择 A 选项的学生有 362 人、占 33.00%，选择 B 选项的学生有 584 人、占 53.24%，选择 C 选项的学生有 151 人、占 13.76%，如图 11-4 所示。结果反映出大部分学生已经接受并积极配合"准军事化"管理模式。

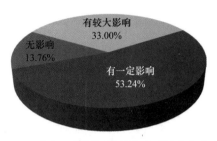

图 11-4 "准军事化"管理模式对学生个人成长
成才的影响程度

5. 高中（初中）同学所在大学的管理模式

题目设计两个选项分别为：A. 开放和自由；B. "准军事化"管理。其中，选择 A 选项的学生有 766 人、占 69.83%，选择 B 选项的学生有 331 人、占 30.17%，如图 11-5 所示。结果反映出绝大多数高校并未同学校一样执行"准军事化"管理模式，学校"准军事化"管理模式在当前立德树人大背景下具有较大的推广价值。

图 11-5 高中（初中）同学所在大学的管理模式

（二） 就业单位对毕业生的满意度持续保持高位

就业单位对毕业生的满意度情况，是衡量毕业生综合素质和学校育人水平的重要标准。通过对近五年（2015—2019 年）来院招聘重点就业单位进行回访调查显示，学校毕业生在政治素养、专业水平、职业能力和工作态度方面持续保持高位（数据来源于《山东电力高等专科学校 2019 就业质量分析报告》）。

1. 政治素养

政治素养指坚定正确的政治方向和信仰，反映出毕业生以理想信念为魂，坚定不移用习近平新时代中国特色社会主义思想武装自己。就业单位对学校毕业生政治素养的评价结果显示，"很满意"占 71.82%，"满意"占 19.09%，"一般"占 9.09%，如图 11-6 所示。

图 11-6　就业单位对学校毕业生政治素养的评价

2. 专业水平

专业水平指具备的专业素质和能力，反映出毕业生在校学习期间是否有效掌握所学专业知识体系，是否能够达到相关岗位所需专业要求。就业单位对学校毕业生专业水平的评价结果显示，"很满意"占 68.18%，"满意"占 22.73%，"一般"占 9.09%，如图 11-7 所示。

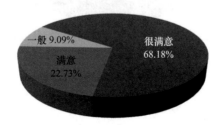

图 11-7　就业单位对学校毕业生专业水平的评价

3. 职业能力

职业能力指从事职业的多种能力的综合，反映出毕业生就业后对岗位的适应性和对问题困难的解决程度。就业单位对学校毕业生职业能力的评价结果显示，"很满意"占 68.18%，"满意"占 24.55%，"一般"占 7.27%，如图 11-8 所示。

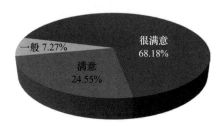

图 11-8　就业单位对学校毕业生职业能力的评价

4. 工作态度

工作态度指对工作所持有的评价和行为倾向，包括工作的认真度、责任度、努力程度等，反映出毕业生对就业岗位的认可度和满意度。就业单位对学校毕业生工作态度的评价结果显示，"很满意"占 70.91%，"满意"占 21.82%，"一般"占 7.27%，如图 11-9 所示。

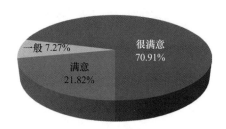

图 11-9　就业单位对学校毕业生工作态度的评价

上述 4 项满意度指标反映出就业单位对学校毕业生质量的肯定，也直接展现出学校"准军事化"管理模式在人才培养和学生综合素质培育方面较为有效，具有较大的推广价值。

"网格"育人筑牢本质安全防线

□ 杨　蕾　姚广志

"生命至上、安全第一"。安全是平安和谐校园的基础，是亲情之所愿、家庭之所依、企业之所系，是"以人为本"的最本质要求。学生安全管理工作则是高校生存与发展的重要性、基础性工作，事关学生生命安危、事关学生健康成长、事关人才培养质量。山东电力高等专科学校泰安校区工作部通过构建"网格"育人模式，完善学生管理与服务体系，让学生的思想政治引领、日常事务管理等各项工作在网格中进行，多角度、多层级的筑牢本质安全防线，为"人才强企、教育兴业"的学校使命提供强大安全支撑动力，具有十分重要的意义和作用。

更多精彩内容
请扫码阅读

第十二章

科技创新，为高质量发展
增添新动能

"

科技创新是提高社会生产力和综合国力的战略支撑，必须摆在国家发展全局的核心位置。我们要实现全面建成小康社会奋斗目标，实现中华民族伟大复兴，必须集中力量推进科技创新，真正把创新驱动发展战略落到实处。

——习近平

"

职业教育，要与科技创新同行。山东电力高等专科学校充分发挥科技创新的战略支撑作用。一是围绕推动电力产业链高端紧缺人才培训的项目，形成一批如特高压交直流带电作业、智能电网运维、电力智能辅助系统开发、智能调度等品牌培训项目。二是围绕支撑电力产业转型升级，加强科技创新团队建设，大规模推进科技成果转化应用。三是围绕数字化转型构建全产业链人才培养知识资源体系，推进知识资源管理集成。四是围绕实现电力行业的碳达峰、碳中和目标，大力推进污染防治等技术攻关和应用推广。五是围绕提高创新体系整体效能，以激发人才活力为重点，启动新一轮科技体制改革。

本章共有四个案例，分别从科技创新团队建设，现场作业人员的"护身符"、锐意进取、勇于创新、线上促线下、创新聚动能等四个方面阐释了科技创新问题。其中，锐意进取、勇于创新案例位于二维码中。

抓好科技创新团队建设，
培育创新文化

□ 李经纬

山东电力高等专科学校加强科技创新顶层设计，聚焦公司建设具有中国特色国际领先的能源互联网企业和学校建设国际一流企业大学的战略目标，建立合理的科研激励机制，打造高素质人才队伍，建设高水平科研项目，培育高质量科研成果。科学统筹学校内外部优势资源，采取跨专业、跨部门等灵活开放的组织方式，组建了 20 个科研创新团队，研究领域覆盖了学校的核心业务，逐步形成了以团队和个人相结合、研究任务和专业发展相结合的科研组织。

一、实施背景

（一）　党和国家确立人才引领发展的战略地位

人才是第一资源，创新是第一动力。近年来，习近平总书记将科技创新摆在国家发展的核心位置，高度重视科技创新。走创新发展之路，首先要重视集聚创新人才。牢固树立人才引领发展的战略地位，全面聚集人才，着力夯实创新发展人才基础。功以才成，业由才广。世上一切事物中人是最宝贵的，一切创新成果都是人做出来的。硬实力、软实力归根结底要靠人才实力。当前，我国高水平创新人才仍然不足，特别是科技领军人才匮乏。要加强人才投入，优化人才政策，营造有利于创新创业的郑川江，构建有效的引才用才机制，形成科技创新新局面。

（二） 公司对人才队伍建设提出了新要求

国家电网有限公司科技创新大会提出："我们在人才队伍方面，科技人才队伍建设存在短板，顶尖人才和高水平创新团队比较缺乏，技能人才激励不足，创新创造的内在动力有待提高。"

围绕人才培养"三大工程"，全面夯实创新根基。人才是创新的根基，创新驱动实质上是人才驱动；硬实力、软实力，归根到底要靠人才实力。要"搭台子"、大力实施高端人才引领工程，开展公司首席科学家选拔工作，研究建立高水平专家学术聘任制度，加快培养一批"大专家"。要"铺路子"、大力实施电力工匠塑造工程，健全技能人才培养、使用、评价、激励制度，加快培养一批"大工匠"。要"架梯子"、大力实施青年人才托举工程，让青年科研人员"扛大旗""挑大梁"，使公司科技队伍青蓝相继、人才辈出。

（三） 学校对人才队伍建设提出了新目标

山东电力高等专科学校要求要大力夯实创新根基，在科技人才培养上实现突破。要主动适应公司战略实施和创新发展需要，着力建设一支结构合理、素质优良的科研创新人才队伍。一是大力实施高层次科技人才培养工程；二是大力实施电力工匠塑造工程；三是大力实施青年人才托举工程。要坚决防止专家人才脱离主业现象，让专业专才成为员工追求的方向。学校要发展成为一个懂技术、会技术、传技术的学校，必须要加强科技人才队伍建设，培育一批学校专家人才、科研骨干、优秀团队。

二、主要目标

培养一批核心技术能力突出、集成创新能力强的创新型领军科技人才，建设一批有视野、有业务、有活力的柔性创新团队，参与一批公司重点技术攻关项目，形成和孵化一批公司重大创新成果。实现创新推动学校培训业务产业化升级，支撑公司和学校创新发展的能力与水平明显提升，学校核心竞争力显著增强。

三、实施过程

（一）　科技创新团队组建

2019年3月28日，教务管理中心发布《关于做好科研创新团队申报工作的通知》，组织开展2019年学校科研创新团队组建工作。通知确立了团队组建要以学校重点建设专业为龙头，围绕公司发展战略为重点研究方向，团队带头人以及团队成员的申报条件。按照加大对高学历人才支持力度、鼓励跨专业跨部门联合申报、统筹院内外部优势资源的原则，鼓励培训教学一线高学历人才、首席培训师积极开展科研创新工作。经团队申报、部门推荐、审查答辩、学校审定等程序，确定了2019年度20个科研创新团队，共计138人，其中外部专家11人。

（二）　政策支持

科研创新团队公布后，山东电力高等专科学校发布一系列相关举措支撑创新团队开展各项学术交流，研究开发活动。学校2019年科技工作会议上提出设立专项资金100万元，用于支持各科研创新团队学习、交流、调研、收资，开展创新研发前期工作。各团队所在部门要积极行动、主动作为，进一步落实创新团队研究所需的科研条件，及时协调解决团队研发过程中的困难和问题。随后学校发布《关于进一步加强科技创新开放合作工作的通知》，支持科研创新团队开展学术交流，强化学校层面学术交流活动，加大开放合作，进一步发挥创新团队带动作用，持续提升创新研发能力。2020年，学校制定了《科研创新团队管理暂行规定》，规范科研创新团队管理，加强科技项目合作研发和创新队伍建设，充分发挥创新团队的示范引领作用，不断提高学校科技研发实力。

（三）活动开展

1. 科研创新团队工作推进会

为切实发挥科研创新团队带动作用，进一步做好科技创新工作，山东电力高等专科学校每季度召开科研创新团队工作推进会。会议安排近期科研创新团队的重点工作，从学校和部门层面推进科研创新团队的专题调研，持续开展科技创新讲座，全面加强团队建设工作。推进会上各创新团队分享心得，总结创新团队开展的各项工作及取得的阶段性成果，剖析团队前期工作的不足，有序推进创新团队建设，扎扎实实开展科技创新工作。

2. 科技交流座谈会

为活跃学术气氛、促进学术交流，山东电力高等专科学校邀请国网山东电科院、三峡大学等专家学者开展学术交流活动。结合选题立项、过程管理、成果转化等方面，学校确立了科研创新团队的工作重点。一是要挖掘课题，培育大项目、大成果；二是科研开发吸纳高水平专家，组建高水平队伍；三是提出创新团队三年发展计划，到 2021 年学校建立 10 个智慧实训平台。

3. 现场调研

2019 年，山东电力高等专科学校领导分别带队前往省内科研院所、科研基地、科研企业开展现场调研。调研期间，学校员工既在现场听取了典型经验的介绍，也与各单位员工进行了面对面的交流，实地参观了生产和经营管理现场，并就教育培训工作如何更好为现场服务进行了热烈的讨论和交流。拓展专家人才专业视野，激发创新活力。

4. SGTC-TED 学术交流活动

2020 年 7 月 15 日，以"创新·赢未来"为主题的"SGTC-TED"

学术交流活动正式开启。"SGTC-TED"学术交流活动共有20个交流话题，涉及电力专业先进技术、教育数字化技术、心理健康研究、安全管理等领域，利用7周时间，每周三下午分享3个话题，促进学校队伍建设和科技创新。学校参照TED模式，创新建立了SGTC-TED（Technology，Education，Design）技术交流活动，旨在传递理念、启迪智慧、分享成果，引领培训创新发展，进一步提升学校核心竞争力。

（四） 项目支撑

人才是基础，项目是纽带。科研创新团队需站在推动专业发展和学校发展的高度，围绕重点储备领域，切实发挥创新引领作用，凝练高质量研发项目。各团队在需求建议征集阶段，必须申报下一年度科研开发储备项目，教务管理中心对征集的研究开发项目需求建议进行梳理、论证与审核，为下一步科技项目可行性研究评审打下坚实基础。

四、实际成效及推广价值

（一） 激发了学校科研创新活力

大力弘扬科学精神、创新精神、工匠精神，尊重基层首创精神，点燃职工创新活力。凝聚校内外创新力量，加大校企协同创新，营造开放合作创新生态。充分利用公司重大科技项目协同创新机制，主动加入高水平团队工作，积极参与创新共同体建设，提高自身原创能力。汇聚各类创新资源和力量，共同开展科技项目研发，拓展学校创新"朋友圈"，营造开放合作创新生态。

（二） 深化了科研队伍的能力水平

持续开展的培训项目开发工作，深化了学校与公司总部、生产单位、科研院校的沟通交流，以特高压、智能电网、分布式能源发电、电网调度等为主要内容，选取高端培训项目，提供相关技术支持，形成了以专家人才为主体，高等院校、科研单位及生产一线专家为支撑的复合型开发团队，广泛吸纳高端科研资源和人才，使"外脑"参与到项目中来，学校科技研发能力水平得到显著提升。

（三） 提升了科技管理能力

科技管理工作从单一的"管项目"逐渐演变成"管发展、管项目、管队伍、管成果"多功能管理工作，高站位、长眼光加强关键技术体系布局，使科技创新工作充分服务于学校建设国际一流企业大学的战略目标。根据专业优势和业务需求，科学规划电力基础前瞻性技术、电力培训与职业教育新技术、企业文化传播技术的研究布局。紧跟能源互联网、数字化、新基建发展方向，在清洁高效可持续的能源电力关键技术方面加强项目预研，跟随公司科技最新发展，争取创新性成果转化落地。探索掌握信息通信技术在培训教学各个环节的技术革新应用，为培训模式、业态和方式的"三个转变"提供有力的技术支撑。布局研究公司企业文化传播要求，以新技术新手段服务公司战略和文化宣贯。

现场作业人员的"护身符"

——基于人工智能技术的电力现场作业人身安全智能辅助系统研发

□ 张正茂

电力生产是一个动态、复杂、多变的系统，据统计，90%以上的安全责任事故是由于违章作业而造成的，其中，78%是由于习惯性违章造成的，这些事故几乎全部发生在生产一线。虽然电力企业制定了严格的电力安全生产规程，但是规章制度执行不到位、缺少监管评价先进技术手段是目前存在的突出问题。近年来，连续发生的多起现场作业安全事故，也充分暴露出电力现场作业中存在的安全网管控薄弱的问题。为此，研究先进的人工智能技术，对电力作业现场进行实时管控和评价，将有助于提高现场生产的安全管控能力，破解电力企业安全生产管理工作难题。

一、实施背景

（一） 问题的来源

近年来，党中央坚持以人民为中心的发展思想，把安全生产摆在了前所未有的突出位置。习近平总书记多次强调，要牢固树立发展决不能以牺牲安全为代价的红线意识，要以对人民极端负责任的态度抓好安全生产工作。党的十九大报告指出，要"树立安全发展理念，弘扬生命至上、安全第一的思想"，强调要完善安全生产责任制，坚决遏制重特大安全事故的发生。

国家电网有限公司始终坚持把安全生产放在首位，全方位推进本质安全建设，结合安全生产问题清单专项梳理，深入推进安全生产督查、"六查六防"专项行动、基建安全事故反思教育等工作，印发领导干部和管理人员到岗到位规范、现场作业"十不干"等一系列安全生产文件，下大力气夯实安全生产基础。

然而，电力生产作业现场是一个动态、复杂、多变的系统。随着电网技术复杂程度的不断升高，影响电网安全的因素越来越多，安全生产形势日益严峻。《国家电网有限公司关于加强当前生产作业现场人身安全管控工作的通知》（国家电网安质〔2018〕489号）指出，安全生产中仍然存在着较为严重的突出问题：

（1）存在安全生产思想认识不到位、安全责任不落实、制度执行不严格、基础工作不扎实等问题。

（2）没有牢固树立"违章就是事故"的理念，没有严格执行《安全生产反违章工作管理办法》。

（3）作业安全管控标准化工作中存在作业安全评估不严、内容不全以及执行不到位等问题。

（4）各种高风险作业和小型分散作业现场的人身风险管控措施存在执行不到位情况。

（5）全过程安全监督管理还需强化，对各类现场安全管控措施到位情况的监督以及集体企业的安全管理需进一步加强。

（6）作业现场人员的安全素质评价比较薄弱，目前只能通过考试了解其安全素质，但最能表现其安全素质的现场实操评价目前还未开展。

由此可见，虽然国家电网有限公司制定了完备的电网安全生产规程，但是规章制度执行不到位、缺少监管评价先进技术手段依然是目前存在的突出问题。

（二）　解决方案的提出

人工智能（AI）是研究、开发用于模拟、延伸和扩展人的智能能力的理论、方法、技术及应用的一门新的技术科学，其工作原理是计算机通过语音识别、图像识别、读取知识库、人机交互、物理传感等方式，获得音视频的感知输入，然后从大数据中进行学习，得到一个有决策和创造能力的大脑，利用大数据、强计算、新算法来对当前面临的一些情况做出反应与处理。

国外人工智能的研究应用主要以 Google、微软、Facebook、IBM、亚马逊等科技巨头为主，其中 Google 是全球在人工智能领域投入最大且整体实力最强的公司。国内的人工智能研究应用主要以百度、腾讯、阿里巴巴等互联网公司为代表，其紧跟国际上最先进技术，并在各自领域有所突破，其中百度是国内人工智能领域投入最大、布局最广且整体实力最强的公司。

近年来，随着以深度学习为代表的第三代人工智能算法的快速发展和计算机硬件如 CPU 及 GPU 等高速发展，AI 技术逐渐应用到多个行业领域当中。现在无论是各种智能穿戴设备，还是各种进入家庭的陪护、安防、学习机器人、智能家居、医疗系统，人工智能的研究成果正带给我们的生活和工作方式的改变。人工智能技术迅速发展起来，为加强生产作业现场的安全管控提供了可能，国家和企业也出台相关文件支持人工智能技术在生产现场中的应用。例如国家能源局在 2018 年印发的《电力安全生产工作思路和重点任务安排的通知》（国能发安全〔2018〕15 号）中强调："推进人工智能等技术在电力生产现场作业人员安全管控中的应用"。

国家电网有限公司组织开展了人工智能专项规划编制工作，规划瞄准未来人工智能技术研发、推广应用及产业发展，从输变电、配用电、新能源、调度控制等电网各个业务场景开展研究与试点应用。

为主动适应国家安全生产发展要求和行业生产需求，提高生产作业现场的安全管控水平，保障现场作业人员的人身安全，山东电力高等专科学校电气工程系（电网运行培训部）等专业部门提出将人工智能技术应用于电力作业现场，自动识别现场作业中的违章行为并进行实时预警，加强对生产作业现场的安全管控，进一步保障现场作业人员的人身安全。

二、主要目标

（一）　总体目标

通过研制一套基于人工智能技术的便携式现场作业人身安全智能辅助系统及成套设备，加强对现场作业人员的安全监护，实现对作业现场中常见违章行为的自动识别、预警、记录及安全评价等，提高现场作业的安全管控水平，降低习惯性违章和人身伤亡风险，推动现场作业人员安全意识和安全作业能力提升。

（二）　主要研究内容

（1）现场作业人员的身份验证。实现人脸识别和指纹识别，对操作人和监护人进行身份验证，杜绝违规替代作业。

（2）目标检测与识别。实现设备类型和状态识别，对人员、设备、标识牌、安全工器具、仪器仪表和开关状态等进行自动检测和识别。

（3）人员违章行为的识别。实现对现场作业人员未佩戴安全帽、未佩戴绝缘手套验电、走错设备间隔或擅自解锁设备等违章行为进行自动检测并告警。

（4）现场作业过程辅助。通过智能手持终端代替传统的纸质操作票或工作票，实现现场作业过程辅助，规范操作步骤和行为，有效杜绝了跳项、漏项等违章操作。

（5）作业行为的分析记录与评价。记录现场作业人员操作数据，对操作过程的安全性进行自动评价。

三、实施过程

为保障项目的顺利实施，山东电力高等专科学校成立了人工智能项目工作组，全力支持该项目的研发工作，项目组成员由学校人工智能技术领域专家、具有丰富现场作业经验的现场作业人员、国内相关电力智能设备的研发与制造单位等组成。项目组结合学校实训 220kV 变电站、配电登杆作业实训场等与电力作业现场一致的实训设施，开展相关技术研发和设备研制工作。

（一）　制定研发方案

项目组对现场作业的主要流程、典型工作内容、常见的违章危险点等进行了深入分析和调研，对系统研发中的关键问题和难点进行了深入研讨，制定项目的总体研发方案，确定系统的总体功能需求和技术方案。

系统设计由便携式智能视觉辅助终端（AI 视觉智能单元）和手持式智能移动终端两部分组成，如图 12-1 所示。

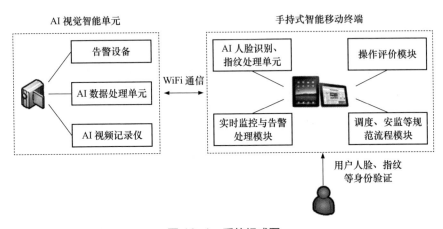

图 12-1　系统组成图

AI 视觉智能单元是系统的最前端设备，任务是实现视频图像的采集、智能分析、目标检测与识别、自动告警等功能；并通过 WiFi 通信方式将视频数据与告警信息上传到手持式智能移动终端。AI 视觉智能单元采用机器深度学习算法，可以将采集的视频图像与违章行为模型进行实时比对，自动识别出现场作业中的违章行为，并发出告警信息。

在手持式智能移动终端中开发专用的应用 App，导入现场作业的操作内容，作业人员按照 App 的步骤要求逐步完成现场操作，手持式智能移动终端与 AI 视觉智能单元实时通信、相互配合，完成每一步操作安全性与正确性的检测与识别，对现场作业过程进行监护、告警、操作记录与评价等，同时手持式智能移动终端还集成 AI 人脸自动识别或指纹处理单元，可以进行作业人员的身份验证。

（二） 攻克技术难点

为实现人身安全智能辅助系统对现场设备、人员行为的精确识别和评估，需要大量有效样本的支持，涉及计算机视觉、机器学习、深度神经网络、物联网等多个前沿技术。研发过程的技术关键点包括：

1. 多种类别目标物的高精度识别

AI 视觉智能单元需要对现场作业人员、主要设备、标识牌、安全工器具、仪表和开关状态、是否佩戴安全帽及绝缘手套等多种类别的目标物进行高精度的识别，因此在海量有效样本库建立、数据预处理、网络泛化性和网络优化上比一般的识别任务更具有难度和挑战性。经过深入的研究，项目组采用的具体解决途径如下：

（1）预处理。图像预处理环节中，在综合考虑深度网络模型特点及电力系统中检测物体的特征下，采取图像扩充、图像二值化、图像直方图和图像梯度四种不同的技术手段。其中，图像扩充可以旋转、裁剪、色域变换和尺度变换等，针对不同检测目标选取相应的扩充方式。图像二值化适用于所检测物体与环境色彩对比较为明显的情况，能够将检测物体与背景分离，凸显出物体轮廓。

（2）深度网络的构建和训练。深度网络的构建可以分为选择模型架构、设置超参数和训练模型三个步骤进行。三个步骤并不是相互孤立的，而是互相形成闭环反馈机制。不同的模型架构在计算速度、使用场景方面等具备不同特性，因此选择一个合适的模型架构在实际应用中尤为重要。超参数的设置对模型的最终效果起到直接的影响，是在不改变模型结构的情况下优化和提高模型效果的最有效手段。超参数的设置和模型架构的选择，应根据模型训练后的表现进行相应的调整。分类算法基于 VGG 和 ResNet，侧重于轻量化工作；识别算法基于 Faster-RCNN和 Yolo，侧重于网络结构和超参数优化。

2. 低功耗、高速推断的定制化视觉辅助终端

基于系统实时检测、告警的需求，深度神经网络模型的推断过程需要放入前端设备，这就对视觉处理终端的功耗和推断速度提出了苛刻的要求。首先硬件选型上就要求 AI 核心开发板必须在低功耗下满足所有的计算性能，如何利用好 CPU 和 GPU（或其他 AI 计算芯片）各自的加速性能及其联合加速性能是其中的一个难点。项目组在芯片选型时依据算力、功耗、体积等重要指标，进行 AI 专用加速芯片的选型，同时需要支持多路 1080p 30FPS 的视频接入，具备多种规格视频编解码，满足各种图像检测任务的要求。在模型训练时，采用大数据技术、高性能GPU 训练；在模型移植时，以剪枝技术实现神经网络结构简化，以适应便携式 GPU 计算单元算力要求。

3. 变电站便携式人工智能处理器边缘计算技术

在保证精度满足实际运用条件下，研究深度神经网络的轻量化技术，实现深度神经网络在嵌入式设备上的高效实时运行是一个技术难点。基于系统实时检测、告警的需求，深度神经网络模型的推断过程需要放入前端设备。然而 PC 端已训练的深度神经网络模型虽然精度较高，但占用内存、算力过大，无法直接用于智能手持终端，经过深入研究和测试，项目组采用了基于神经网络的加速与压缩技术的解决方案。

1. AI 视觉智能单元

AI 视觉智能单元设计为可穿戴式，是电力现场作业人身安全智能辅助系统的最前端设备，佩戴在监护人员胸前，装有可见光等传感器，可发出任务语音提示，是违章行为实时识别与告警、现场作业过程实时管控的关键装备，它按照操作票的指示，分析操作人员作业过程的正确性，若有异常当场发出语音告警提示，并将结果事件上传给手持式智能移动终端。

AI 视觉智能单元的硬件部分由核心板、载板、外壳三部分组成。

核心板选用 NVIDIA Jetson TX2，它是一台基于 NVIDIA Pascal^{TM} 架构的 AI 单模块计算机，同时配合基于 ARM 架构的 CPU 集群。除了对模型本身进行优化和加速，在基于 NVIDIA GPU 的硬件上还可以进行专门的神经网络推断引擎加速。在 CPU 计算资源利用方面，配合 Caffe2 对多核 CPU 进行编程加速，充分利用 CPU 计算特性提高卷积计算速度。

载板选用 RTSO-9003U，它是一款搭配 NVIDIA® Jetson^{TM} TX1/TX2 核心模块的低成本、小体积载板，载板长、宽尺寸与 NVIDIA Jetson® TX1/TX2 模块一致，适合紧凑型部署需求。面向工业部署应用，主要接口进行了静电安全保护设计，采用了高可靠性的电源应用方案，具有丰富的对外接口，全板器件采用宽温型号。

外壳采用 Z505U，它是一款基于 NVIDIA Jetson^{TM} TX1/TX2 设计的新型飞云智盒^{TM}，采用超级强固轻型铝合金材料设计，具备优秀的散热能力，整体尺寸小巧轻便，具有优秀的人体工学结构，预留有便于现场安装的侧翼结构。

AI 视觉智能单元的软件平台选用 Pytorch 和 Caffe2。Caffe2 具有灵活性和模块化的特点，便于在移动端部署应用和大规模分布式计算。同时，该平台对硬件设备的 CPU 和 GPU 加速友好，原生支持 CPU 多核编程加速。支持 C++ 编程，对硬件平台移植性强，可移植到 iOS、Android、Windows 和 Linux 操作系统。

2. 手持式智能移动终端

手持式智能移动终端采用工业化的平板电脑，与 AI 视觉智能单元配套，通过 WiFi/ 蓝牙无线通信网络连接，作为人身安全智能辅助系统的人机界面。它主要有以下功能：

（1）安装项目研发的现场作业专用 App（见图 12-2），生成或接收操作票，将操作票的任务逐条下发给 AI 视觉智能单元，并通过语音指导作业人员的现场操作；

图 12-2　手持式智能移动终端
现场作业专用 App

（2）作业人员可以使用手持式智能移动终端接收和判断 AI 视觉智能单元传回的操作票执行结果，并下发下一步执行任务；

（3）可以通过现场作业专用 App，采用人脸识别或指纹识别方式对现场作业人员的身份进行核实，监督是否存在违规替代作业人员；

（4）可以通过现场作业专用 App，查看 AI 视觉智能单元实时采集的视频图像、AI 识别结果、操作安全评价等。

3. 逻辑流程设计

基于人工智能技术的电力现场作业人身安全智能辅助系统的工作流程（见图 12-3）设计如下：

（1）现场监控人员和作业人员使用手持式智能移动终端，分别进行身份验证，进入现场作业专用 App 程序；

（2）现场监控人员从 App 程序中调出待执行的操作票，选择并确认第一个操作步骤，开始执行监督和评价工作；

（3）AI 视觉智能单元采集现场作业视频文件，并把视频文件逐帧转换为 RGB 图像；

（4）AI 视觉智能单元加载经过修改的、使用扩充图像样本进行训练的且运用模型结构剪枝和权重量化方法轻量化之后的深度神经网络 YOLO-V3；

（5）AI 视觉智能单元将 RGB 图像依次输入加载好的 YOLO-V3 中，对操作装备、安全防具、电力设备和标识等进行自动识别，并判断作业人员的操作行为是否符合安全规范；

（6）AI 视觉智能单元根据识别和判断结果，当场发出警告，并给出评价；

（7）AI 视觉智能单元将视频识别和评价结果发送到手持式智能移动终端，实时可视化地展现给现场监控人员；

（8）现场监控人员确认评价结果并选择进入下一步骤或结束本次作业。

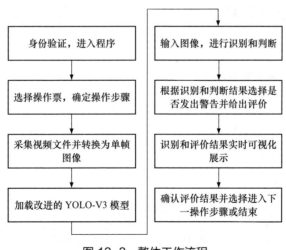

图 12-3　整体工作流程

四、实际成效及推广价值

（一） 主要研发成果

此案例研发的电力现场作业人身安全智能辅助系统可以有效识别电力作业现场中的习惯性违章，预防电力安全生产事故，保障现场作业人员人身安全。系统实现的主要功能包括：

1. 现场人员的身份识别

工作人员是现场作业的主体，但在作业现场，由于各种原因导致人员配置不齐强行施工或违规替代作业的现象比比皆是，特别是在小型分散作业现场更加严重。通过人工智能系统对工作票上标注的人员进行识别可杜绝这种现象，如图 12-4 所示。

图 12-4　作业人员身份验证

2. 目标检测与识别

系统通过监护人身上的 AI 视觉传感器和数据处理单元，可实现对现场作业人员、设备标识、安全工器具、开关状态等的自动检测与识别，如图 12-5 所示。

图 12-5　目标检测与识别（一）

图 12-5　目标检测与识别（二）

3. 人员违章行为的识别

在实现人员、设备、安全工器具识别的基础上，系统对操作人员的行为进行实时跟踪检测，一旦发现未佩戴安全帽、走错设备间隔或未佩戴绝缘手套验电、擅自解锁设备等违章行为，立即发出报警，防止发生人身伤亡事故，如图 12-6 所示。

图 12-6　人员违章行为的识别

4. 现场作业过程的过程管控

通过手持式智能移动终端代替传统的纸质操作票或工作票，可以实现对现场作业过程的过程管控，如图 12-7 所示。系统可自动识别作业人员的操作步骤和行为，有效杜绝跳项、漏项等违章操作。同时，手持式智能移动终端还可与变电站监控系统对接，实时读取变电站监控系统的遥控信号及遥测、遥信数据，实时监测远方遥控操作，防止误操作的发生。

防止跳项、漏项操作　　　　　　　　　　遥控误操作预警

图 12-7　现场作业过程的过程管控

5. 现场作业的安全评价与培训

现场作业完成后，系统将根据现场作业完成情况，对整个作业过程进行安全评价，并将评价结果和违章记录等传送到系统后台数据库，为后期通过大数据分析，得到现场作业中存在的主要问题和开展安全培训提供数据支撑，如图 12-8 所示。

现场作业评价结果　　　　　　　　　　违章记录与扣分

图 12-8　现场作业的安全评价与培训

（二）　成效及推广价值

此案例研发的电力现场作业人身安全智能辅助系统，依托大数据、便携式人工智能等先进技术，实现了现场作业人员作业过程的实时监控，有效解决了如何从技术角度进行现场作业行为的安全管控问题，对

杜绝电力作业现场中习惯性违章导致的电网和人身伤亡事故、提高电力企业的安全生产管理水平具有重要作用，同时科学评价现场人员安全意识与技能，为有针对性实施安全素质与技能培训、加强现场的安全管理提供有力的数据支撑，对提高电力生产现场作业的安全管控水平、保障现场作业人员的人身安全和电网的安全运行具有重要意义。项目研发成果具有广阔的市场开发和应用前景，以电力行业中变电站作业现场为例，国家电网有限公司具备配置该系统条件的 220kV 以上变电站约有7000 余座，如果在每个变电站配置安全智能辅助系统，仅此一项就将产生巨大的市场规模。此技术不仅可以在发输变配用各环节现场作业中进行应用，还可以推广至煤炭、建筑等高危行业中，发展前景广阔，具有很高的经济价值和社会价值。

锐意进取　勇于创新

——国网青创赛获奖项目案例

□ 王　磊

创新是一个民族进步的灵魂，是一个国家富强发达的不竭动力。培养具有创新能力的高素质人才是时代的呼唤和国家发展的要求。在国家电网有限公司第四届青年创新创意大赛上，电气自动化系抽取优秀教师组建团队，针对目前电力系统痛点问题，创新性地提出《基于大数据平台的电网故障诊断及追踪系统》作为参赛作品。经过将近半年的资料搜集、磨合整理、项目实施、现场答辩等环节，最终获得铜奖。现将主要经验总结如下：

更多精彩内容
请扫码阅读

线上促线下，创新聚动能

——VUCA 时代职业教育教学模式的创新与实践

□ 鹿　优　司泰龙

随着职业教育改革日益深化，对教学质量和人才层次的要求也与日俱增，如何有效利用先进教育技术和理念的优势，弥补资源不足的劣势，紧抓传统领域转型升级的机遇，战胜外部复杂多变局势的挑战，成为突破瓶颈、提升效益的关键。此文从职业教育面临的形势与问题着眼，阐明创新教学模式的必要性和可行性，提出工作的目标和内涵，分析解决问题所需的条件保障，详细论述教学模式创新点及实施过程，通过试点和实践，分析创新的成效与价值意义。此文所述的职业教育包括职业学历教育和职业技能培训，职业院校学生和职业培训学员都是职业教育的培养对象，统称为学员，并将职业院校教师、外聘专家以及职业培训专兼职培训师统称为教员。

一、实施背景

VUCA 最初诞生于军事领域，是用于描述冷战后多边世界军事态势的术语，其内涵可简述为不稳定性（volatility）、不确定（uncertainty）、复杂性（complexity）和模糊性（ambiguity），伴随经济全球化发展，逐渐引入商业领域和教育领域，描述具有难以预知、复杂变化的特点之新常态。当前职业教育面临的环境也呈现出 VUCA 的特性，在内部环境和外部态势上均有显著表现。

（一） 内部环境分析

传统职业教育以教师为中心，以常规课堂教学为主要教学形式，突出理论知识的宣贯，对学员的反应关注有限，学员对教学过程缺乏兴趣和关注，体验感和获得感也相对匮乏。该教学模式虽然被广泛应用，但对资源消耗较大，运行不够灵活，效果易受环境因素影响，与预期存在较大差距。随着企业承担更多社会责任，新入职员工规模逐年递增，职业技能培训需求随之扩大，意味着在既定周期内要完成更多的培训量。所以，沿用传统教学模式，既无法满足学员的学习需求，也无法完成既定教学培训任务，创新成为提升质量和效率的必然要求。

（二） 外部环境分析

"互联网+"时代，外部形势变化剧烈而迅猛，传统模式在迅捷发展的技术面前备受冲击，促进了新业态形成。突发的新型冠状病毒肺炎疫情是对传统教学模式的一次挑战，加速了教学模式创新增效的步伐。"互联网+"的双刃剑效应得以彰显，新技术为解决问题、克服困难提供了有力支撑，成为打破常规、出奇制胜的法宝。大数据、云计算、物联网、移动互联网、人工智能、区块链等技术的应用推广，灵活了教学模式，优化了学习体验。线上线下相结合的学习模式极大缓解了疫情为教学带来的不利影响，降低了资源消耗，弥补了时间损失。所以，线上线下相结合为创新提供了思路，应用新技术和新设备应对 VUCA 对业务的影响是可行的，职业教育教学模式创新的突破口在于建立以学员为中心的情境体验式教学模式，帮助学员建立目标，尊重学员学习需求，培养学员自主学习能力。

二、主要目标

（一） 目标

根据对职业教育面临形势的分析和研判，确定教学模式创新的思路为：以学员为中心，以赋能为核心，以先进教育技术为支撑，突出目标导向，突出需求差异，突出情境体验，着重培养职业技能和职业素养。

（二） 方案

（1）明确目标，呈现状态。依据培养方案构建职业能力建设"学习地图"，明确各项知识、技能、态度的养成路线和衔接关系，通过多媒体方式向学员展示能力成长拓扑结构，为学员呈现清晰的学习目标和能力大纲，对于长期培养的学员，甚至可将能力项分解到具体知识技能点，以明确每天每课的学习目标。当学员完成学习任务并考评达标后，以图形化、显性化的方式即时发布学习情况，在学习地图上标注能力位置及状态，实时告知学员能力成长情况。

（2）丰富资源，满足需求。得益于"互联网+"的技术加持，教学资源建设和"大数据"积累显示出敏捷高效的特点，微课、视频、资料、题库、电子教材等各型教学资源的设计开发和迭代优化周期显著缩短，职业教育软实力明显增强，成为满足学员个性化学习需求的前提。帮助学员建立职业能力养成规划，接纳学员能力成长过程的差异化，为学员的个性化成长提供资源支撑和咨询指导。

（3）代入情境，自主学习。充分考虑知识技能应用的职业情境，从用以致学的角度引起学员对能力养成的关注，通过代入职业情境、体验职业角色，以及具体的操作技能实训，让学员深入理解技术标准。在认知职业情境、感受技能操作的基础上，开展"能力众筹"，适时提取学员的知识技能学习需求，一是便于掌握学员的知识技能盲点和缺项，有利于开展定制化的帮扶；二是能够从学员的角度审视实践教学过程，定

第五篇　创新发展是 *动力*

位关注点和兴趣点；三是为师资水平提升提供导向，实现教学相长。结合学员能力需求和教学目标，设计主观性、开放性的学习环节，鼓励学员通过调查研究自主完成学习任务。

三、实施过程

职业教育以赋予学员职业能力为主旨。一项职业能力可以视为一组知识、技能、态度的综合运用，所以职业教育可以看作以培养职业能力为目标的知识、技能、态度的学习。知识、态度的学习主要体现在职业素养培育，在此称为知识内化。技能的学习集中表现为操作能力训练，在此称为技能进阶。职业教育教学模式的创新就是应用先进教育技术和资源，重构并优化知识内化流程和技能进阶流程。

（一）　知识内化流程创新实践

知识内化主要设计了 5 个环节 15 个步骤，其中课前环节 2 个、课上环节 1 个、课后环节 2 个，主要以网络大学、智慧教室、媒体中心等教学资源为支撑。每个环节包含 3 个步骤，具体流程如图 12-9 所示。

课前第一环节为情境代入。一是引起关注，学员通过网络大学收阅多媒体资料，资料紧贴工作实际，从职业情境出发，应用目标知识点解决具体问题，引起学员对目标知识点的关注并激发兴趣；二是概述纵览，学员在线收阅学习计划和内容概述，明确学习目标、学习内容、学习收获以及所需相关知识基础，认清目标知识点在职业能力中的作用和意义；三是需求反馈，教员通过网络大学征集学员的学习需求、能力提升需求，对学员进行远程问卷调查，探明学员知识储备状况和能力缺项，有针对性的设计开发学习活动。

课前第二环节为慕课学习。一是网课自学，教员通过网络大学推送目标知识点及所需相关知识点的讲解网课，学员在规定时间内完成线上课程的学习；二是在线测验，教员根据推送网课内容，设计制作在线测

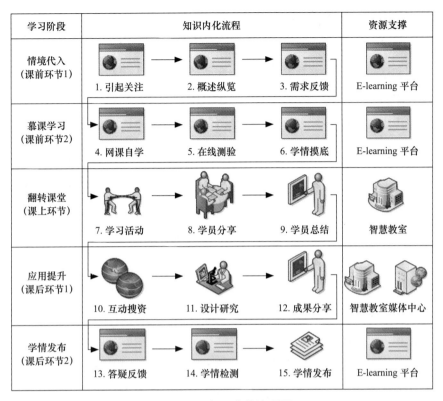

学习阶段	知识内化流程			资源支撑
情境代入 （课前环节1）	1. 引起关注	2. 概述纵览	3. 需求反馈	E-learning 平台
慕课学习 （课前环节2）	4. 网课自学	5. 在线测验	6. 学情摸底	E-learning 平台
翻转课堂 （课上环节）	7. 学习活动	8. 学员分享	9. 学员总结	智慧教室
应用提升 （课后环节1）	10. 互动搜资	11. 设计研究	12. 成果分享	智慧教室媒体中心
学情发布 （课后环节2）	13. 答疑反馈	14. 学情检测	15. 学情发布	E-learning 平台

图 12-9　知识内化流程图

试答卷，以客观题为主，主要考察目标知识点的掌握情况，学员在规定时间内完成在线测试并按要求提交答卷；三是学情摸底，网络大学汇总统计学员在线测验答卷，并对测验情况进行分析并形成报告，显示成绩及分布情况、试题错误率等各种统计信息，筛选错误率高、用时多的试题，便于教员迅速摸清网课学习情况以及各知识点掌握情况。

课上环节为翻转课堂。一是学习活动，教员组织学员参与"有意义、好记忆、能激励、可衡量"的学习活动，从做中学，提高学员参与度和获得感，活动方式可包括但不限于观摩发言、小组讨论、案例分析、角色扮演、分组对抗、强化练习、情景模拟，通过活动加速各知识点的内化；二是学员分享，教员引导学员充分交流在学习活动参与过程中发现的问题和有关的思考体会，从学员角度发掘主题、提炼精髓；三是学员总结，教员引导学员回顾主题，思考学习收获，就如何在职业情境中应用提出想法，帮助学员将知识增长转化为职业素养。

课后第一环节为应用提升。一是互动搜资，为深化对各项知识点的理解和运用，学员按要求设计解决职业情境的具体问题，连线一线、访谈专家，检索资料、收集数据、搜集线索，提升对问题的全方位认知，为解决问题做好储备和积累；二是设计研究，学员研究搜集各项资料，梳理思路，探寻既定问题的解决方案，运用所学知识点逐步完成有关设计并形成成果，成果可以体现为报告、演示文稿、视频等多媒体形式，经教员审阅指导后可进行迭代式优化完善；三是成果分享，学员设计成果作为学习资源，以多平台、自媒体等方式相互交流学习，作为学习达标的佐证材料之一，上传至网络大学。

课后第二环节为学情发布。一是答疑反馈，通过网络大学汇总问题及学习需求，平台通过"大数据"检索解答，或以"众包"模式组织专家论坛讨论，解决后集中向学员反馈，学习需求经教员确认后，通过网课推送等形式，满足学员的个性化能力成长需求；二是学情检测，教员结合职业情境，设计学情在线检测答卷，着重考查学员对目标知识点及相关知识点的运用能力，学员于规定时间内完成在线答题，网络大学统计并分析学员成绩，形成学员知识内化情况报告，学情检测成绩作为学习达标的佐证材料之一，在网络大学建档保存；三是学情发布，网络大学在学员能力成长拓扑上呈现达标进度、有关数据及状态。

（二）　技能进阶流程创新实践

技能进阶主要设计了 6 个环节 18 个步骤，其中课前环节 1 个、课上环节 2 个、课后环节 3 个，主要以网络大学、智慧教室、实训基地、媒体中心等教学资源为支撑。每个环节包含 3 个步骤，具体流程如图 12-10 所示。

课前环节为在线学习。一是线上自学，在规定时间内，学员通过网络大学完成微课视频等资料学习，主要关于实训科目工作情境、任务内容、标准化作业流程、风险防控、安全措施及注意事项；二是在线测

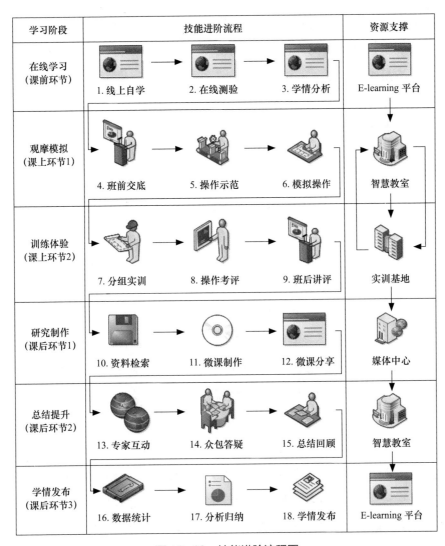

学习阶段	技能进阶流程			资源支撑
在线学习 (课前环节)	1. 线上自学	2. 在线测验	3. 学情分析	E-learning 平台
观摩模拟 (课上环节1)	4. 班前交底	5. 操作示范	6. 模拟操作	智慧教室
训练体验 (课上环节2)	7. 分组实训	8. 操作考评	9. 班后讲评	实训基地
研究制作 (课后环节1)	10. 资料检索	11. 微课制作	12. 微课分享	媒体中心
总结提升 (课后环节2)	13. 专家互动	14. 众包答疑	15. 总结回顾	智慧教室
学情发布 (课后环节3)	16. 数据统计	17. 分析归纳	18. 学情发布	E-learning 平台

图 12-10　技能进阶流程图

验，学员完成课前在线测试，测验内容包括安全事项、规程要求、操作步骤等实训科目要点，测验主要以客观题为主，主要评估规程、操作、安全要点的掌握程度；三是学情分析，网络大学汇总测验成绩，生成测验报告，根据测验情况对学员进行互补型分组，测试达标者获得实训操作许可，测试未达标者需查补缺项，重新测试。

课上第一环节为观摩模拟。一是班前交底，按照生产现场标准组织实训，根据规程要求，以教员为工作负责人、学员为工作班成员，召开班前会，交代工作任务、安全措施及注意事项，告知危险点，检查人员状态和工作准备情况，履行签字手续，完成工作票办理，落实安全措施；二是操作示范，工作负责人向工作班成员统一演示标准化操作过程，明确技术要点和安全注意事项；三是模拟操作，工作班成员在工作负责人指导下进行图纸作业、仿真操作等模拟操作，能够在虚拟情境中按照标准化工作流程完成操作任务。模拟操作可与分组实训交叉开展。

课上第二环节为训练体验。一是分组实训，工作班成员按照工位数量分组开展操作训练，工作负责人和专职监护人认真监护，及时发现和纠正不安全行为，工作班成员训练结束后应向工作负责人报告，轮空学员在教员指导下进行模拟操作训练；二是操作考评，工作负责人组织工作班成员依次进行操作考核，制定并公布评分标准，清理场地并做好安全措施，工作班成员操作期间，工作负责人和专职监护人对照评分标准按步骤评估并记录，录制操作全过程视频；三是班后讲评，工作负责人组织工作班成员清理现场，整理工器具材料，做到工完料净场地清，召开班后会，总结讲评工作开展情况，班后会结束，工作班安全撤离现场。

课后第一环节为研究制作。一是资料检索，突出问题导向，学员根据实训操作体验，检索收集并研究相关数据资料，深化对技术标准、规程的理解，提高职业技能操作能力，举一反三，积累经验；二是微课制作，学员取得考评阶段操作视频，结合相关资料的研究与个人操作体验，编辑制作个性化实训操作视频微课，突出情境、任务、风险防控、安全措施和标准化工作流程，为每项操作步骤加入注释和评论；三是微课分享，学员实训操作视频微课作为学习资源，以多平台、自媒体等方式相互交流学习，作为技能达标的佐证材料之一，上传至网络大学。

课后第二环节为总结提升。一是专家互动，连线生产一线岗位能手和专家，以实训科目为主题开展专题讲座，沟通交流业界新技术、新技能、新设备、新工艺，深化情境认知，促进能力迁移、学以致用；二是众包答疑，通过网络大学汇总疑点，从现有问题库中检索解答，若无法满足提问，则将问题推送至相应领域专家或论坛，以"众包"模式解决，问题及解答均经"大数据"收录处理，为专业背景相似学员推送，以满足潜在需求；三是总结回顾，学员回顾整个技能实训学习过程，进行个人总结思考，陈述工作任务开展的标准化工作流程，体现对规程标准的理解、对操作流程的建议、对安全措施的思考，形成实训总结报告，作为技能达标的佐证材料之一，上传至网络大学。

课后第三环节为学情发布。一是数据统计，将工作票、评分记录、操作视频、问题答疑、总结报告、测试成绩等任务资料按类别上传至网络大学存档，通过迭代形成"大数据"，为实践教学积累素材，为职业教育打造软实力，为人才培养提供资源支持；二是分析归纳，网络大学进行大数据智能统计分析，自动生成学员技能进阶报告，以数据、图表、视频等形式显性化技能成长情况、评估能力状态、预测趋势和短板，为优化人才培养策略提供依据和支撑；三是学情发布，网络大学在学员能力成长拓扑上呈现达标进度、有关数据及状态。

（三）　应用案例分析

山东电力高等专科学校作为国家电网有限公司企业大学，承担了企业新入职员工培训业务，通过培训使新员工具备必要的岗位胜任能力和职业素养。按照传统的职业教育教学模式，应开展一定周期的分批集中培训，在一个就业年度内完成每年新入职员工的培训。形势变化带来以下挑战：一是当前大型企业承担社会责任大，新入职员工呈现逐年递增的态势，原有的脱产式集中培训对资源要求较高，逐渐无法满足培训需求，培训质量受到影响；二是学员专业背景和知识技能接纳能力均存在较大差异，个性化学习需求难以满足，培训满意度难以保证；三是突发事件影响业务开展，例如受到新型冠状病毒肺炎疫情影响，集中培训在一定时期内无法开展，按照原计划原模式将无法完成培训任务。

山东电力高等专科学校通过形势分析和研判，统筹资源，创新培训教学模式，按照知识内化、技能进阶的新流程，以线上线下相结合的方式，灵活开展学习、互动、实训、答疑、测试等教学活动。在疫情高风险期，通过网络大学组织开展新员工线上课堂，根据培训方案推送企业文化和职业素养课程，实现"停课不停学"。在复工复产后，开展以操作技能实训为主的线下培训，突出关键技能项训练和过程考核，以线上促线下，保证了培训效果。根据在线学习参与度、互动反馈、实训操作成绩、在线检测成绩等指标加权评价学员学习情况，优化了学员综合考评方式。适当调整培训周期和批次，优化参培人员组合，减少人员聚集，降低疫情风险。通过创新教学模式，确保业务开展不受影响，保质保量完成了年度任务。

四、实际成效及推广价值

面对纷繁复杂的新形势，基于先进教育技术和学习理念，职业教育教学模式在创新中与时俱进，通过实践的检验和磨合，表现出良好的适应性，获得预期的应用效果和反馈，体现出创新为提质增效带来的旺盛生命力。

（一） 提高了学习资源的利用率

从资源优化配置和有效利用的角度，将先进技术和理念与职业教育教学流程相融合，以硬件优势促进职业教育软实力增长，充分发掘了各类学习资源的应用潜力，深入拓展了各型教育场景的互联互通，降低了优质学习资源的准入门槛，允许学员自主统筹学习时间，满足了学员碎片化学习需求，提升了教育培训效果。

（二） 积累了职业教育的大数据

智慧教室、网络大学等融合了人工智能的教学资源广泛参与到了职业教育教学过程中，不但同步记录了教学过程和教学资料，而且保存了学员的作业、答疑、反馈、成绩以及使用痕迹等数据，为客观分析学员学习效果，形成职业能力培养报告，提供数据支持；为精品课程建设和远程教育开展提供素材和资源。

（三）增强了学习过程的体验感

模块化、分阶段的学习流程，使教学过程具备灵活性，让教学双方能够从容应对各种情况，降低外部因素对学习的影响；自主学习比例增加，学员广泛参加线上线下的各类学习活动，通过体验式学习实现职业能力养成，逐渐成为教学的中心，教员不再是学习内容的宣贯者，而是作为学习的引导者、推动者、支持者，为学员解问答疑并提供技术支持。

（四）实现了教学过程的差异化

教学模式的创新强化了在线互动和反馈，能够及时掌握学员的学习状态和提取个性化的学习需求，教员根据每名学员不同的学习情况，设计并推送合适的学习内容，帮助学员完成学习目标，这种教学模式能够尊重学员专业水平的差异，尊重学员接受能力的差异，尊重学员学习需求的差异，显著改观了传统教学填鸭式的粗放模式。

（五）培养了自主学习的积极性

教学模式各环节以学员视角切入，以学习活动展开，以教员引导推动，以学习资源辅助，着力于学员自主学习能力的培育。该模式集成了"O2O+翻转课堂"的思想，翻转课堂不但翻转了教学过程，而且翻转了课堂中心，帮助学员明确目标，树立自主学习信心，体验自主学习过程，形成自主学习能力，培育"遇问题即解决""终身学习成长"的职业素养。